ANA FLOR RAUCCI

Soy la versión XP

heterosexual felizmente divorciada

EDICIONES B
GRUPO ZETA

Barcelona • Bogotá • Buenos Aires • Caracas • Madrid • México D.F. • Montevideo • Quito • Santiago de Chile

1.ª edición: abril 2006

Bailén, 84 - 08009 Barcelona (España)
www.edicionesb.com

Printed in Spain
ISBN: 84-666-2931-9
Depósito legal: B. 10.469-2006

Impreso por LIBERDÚPLEX, S.L.
Ctra. BV 2249 Km 7,4 Polígono Torrentfondo
08791 - Sant Llorenç d'Hortons (Barcelona)

ANA FLOR RAUCCI

Soy la versión XP
heterosexual
felizmente divorciada

1

Soyla

Bienvenido a mi mundo interior, ya que a partir de hoy yo me convertiré en su mejor compañía durante un buen tiempo: el tiempo que usted tarde en leer este libro, y después permaneceré por siempre en su memoria, ya que usted quedará marcado de por vida y le será imposible seguir viviendo sin recordarme, pues el día a día con sus detalles lo terminarán de convencer de que Soyla tenía razón.

Mi mundo queda en el planeta Bill Gates, ya que hace rato nos cambiaron el nombre del planeta Tierra y ni cuenta nos dimos; él es el hombre más rico del mundo hace ya varios años, pero eso no es lo importante, lo importante es la dependencia que tenemos de él, él nos programó, nos restauró, nos reseteó, y cada vez que él quiere nos fabrica una «nueva versión» y nosotros la compramos, nos la introducimos en nuestro día a día y sólo nos quedamos allí usándola hasta que él decida darnos una nueva y mejor versión para seguir funcionando en este nuevo planeta en el que vivimos, así somos, necesitamos un líder, un guía, como las ovejas, necesitamos a alguien que nos diga qué hacer y cómo hacerlo, estamos perdiendo la imaginación y la pasión por crear algo nuevo por medio de nosotros mismos, encontrar nuestros propios talentos ocultos, nos dan miedo los cambios y olvidamos nuestros sueños.

Ahora permítame felicitarlo por ser usted una persona inteligente y con buen sentido del humor —de este tipo de personas quedamos pocas en el mundo—, ya que usted ha escogido un buen libro para pasar un rato ameno y agradable que le dará a su mundo interior el verdadero conocimiento del Comportamiento Humano, no pretenda en ningún momento adversar mis pensamientos con lógicas caducas programadas en su mente, ya que yo, al igual que usted, pienso que sólo yo tengo la verdad en mi mente, y usted corre el gran riesgo de ridiculizarse a sí mismo en cualquier reunión donde se atreva a comentar y desmentir mis conclusiones, adquiridas después de tantos años de profundos estudios sobre el tema, y las personas inteligentes y con buen sentido del humor lo mirarán con lástima y desprecio, y usted terminaría con suerte en un manicomio gritando: «Es mentira... es mentira...» con cara de loco mientras levanta este libro en alto con las dos manos.

Ahora sí, una vez aclarado a quién va dirigido este tipo de lectura, quisiera presentarme: me llamo Soyla, ya saben que soy inteligente y que gozo de muy buen sentido del humor, soy muy observadora y sobre todo me gusta mucho escuchar lo que las personas comentan a mi alrededor, soy como una esponja, bueno, también soy una mujer especial, casi que soy una mujer perfecta de tanto que me he reprogramado, soy muy modesta como ya lo habrán notado, pero nadie es perfecto y para nada yo pretendo serlo, ya que las personas que se creen perfectas por lo general son aburridas y brutas; estuve casada dos veces, cinco años la primera vez y veinte años la segunda, así que dediqué veinticinco años de mi vida al «matrimonio», a la feliz vida de casada, de la cual no me arrepiento, ya que creo que fue la mejor experiencia de una buena parte de mi vida y creo que cualquier ser humano tiene que vivir en ese calvario con toda su intensidad, además, en esos años hubo momentos muy malos, pero la gran mayoría fueron momentos muy buenos y gracias a ellos tuve mis trofeos, que son mis hijos, que me hicieron crecer como mujer y como persona. Así que tengo algo de conocimiento sobre el comportamiento en pareja, sé cómo sobrevivir al divorcio, cómo superarlo y cómo aprender a canalizar las cosas buenas y malas que por lo general todos vivimos, pero creo que lo más importante fue descubrir cómo cada día nos buscamos nuestros propios problemas y luego queremos buscar culpables y nos pasamos toda la vida diciendo «La vida es muy dura», pero no es cierto. «La vida es bella siempre», sólo que nosotros mismos somos responsables de vivirla de una forma negativa o de una forma positiva.

Este libro trata sobre eso, cómo tuve que ir transformándome en una nueva mujer, para poder actualizarme al día a día y aceptar el comportamiento que tenemos tanto hombres y mujeres con respecto a la convivencia, el noviazgo, el matrimonio, el divorcio, la soledad, la búsqueda de la otra mitad, nuestras frustraciones y el por qué complicamos tanto todo que nos hace sentir tan infelices creyéndonos tan perfectos.

Y así como el planeta, yo también me cambié el nombre, ya que estoy convencida de que es algo que todo ser humano debería hacer una vez alcanzada la madurez, pues eso de cargar a cuestas con el nombre caprichoso que a los padres en un momento de estupidez les dio por colocarle a uno, sin consultarlo ni siquiera con una carta astral... Pienso que por lo menos deberían tomarse unos meses conociéndolo a uno para más o menos darse una idea de la personalidad que va tener esa nueva persona que ha entrado en su vida, pero no, los padres, muy irresponsablemente ellos, te enganchan semejante cruz, un nombre caprichoso para ese hijo sin conocerlo, sin haberle visto la cara y sin analizar si ese nombre puede compaginar con la personalidad de ese bebé que acaba de nacer... y es entonces cuando empiezan a ponerle a los bebés los nombres de los dioses del Olimpo, de los personajes de la última novela, de los apóstoles, de la combinación del nombre de la madre y el padre, soy de las que creen que uno debería tener los primeros veinte años un nombre provisional para luego ser uno mismo el que decida, me quiero llamar Gualterio o Eretnida.

Por ejemplo la autora: Ana Flor... típico nombre combinado, pobrecita, no hay forma de que las personas se acuerden de su nombre, todo el mundo oye Flor y, aunque parezca sencillo, sólo retienen el Flor, pero ni crean que la llaman Flor, ahí viene el enredo, comienzan a llamarla Ana Rosa, Ana Margarita, Ana Clavel... Ana Amapola... en fin, la mujer ha pasado media vida repitiendo: es Ana Flor... Ana Floooor.

Por otro lado, aquí entre usted y yo, le diré que deberían haberle puesto Inocencia, porque la pobre más confiada e inocente no puede ser y por eso le ha pasado todo lo que le ha pasado, por boba, por estar creyendo que todo el mundo es bueno y sincero... tan idiota ella, si no fuera por mí... no lo estaría contando, por eso el nombre hay que ponerlo con el tiempo, por lo menos hay que convivir un año con ese bebé para conocerlo.

El segundo ex marido de Inocencia (ya que parece que va a coleccionar maridos) se llama Rodrigo... sí, así como Rodrigo Díaz de Vivar, el famoso Cid Campeador, el muy creído, de verdad se cree la reencarnación del Cid, en lo único que se parece al Cid es en que dejaba a su mujer sola todo el tiempo mientras él vivía sus aventuras, y ella, al igual que Ximena, lo esperaba fielmente y lo recibía con la misma cara de boba, pero yo creo que a Rodrigo en realidad deberían haberle puesto Máximo ya que el tipo se cree lo máximo, el sobrado, el sabroso, el más bello... tan arrogante él.

Una vez conocí a un barman llamado Lindo, y de lindo no tenía ni lo blanco de los ojos, feo el desgraciado, y menos mal que era muy hombre porque, si no, ya se hubiese pegado un tiro, por lo menos aquí en Estados Unidos trabajar con una chapa en el pecho que dice Lindo no causa mayores efectos, ya que en inglés la palabra «lindo» no existe, pero el pobre venía de Puerto Rico, ¿se imaginan?, el muchacho tuvo que mudarse de país, me confesó que ya estaba acostumbrado a las bromas de todos los latinos que tenía que atender y que no le importaba, ya que tenía siempre preparada una expresión de cara de perro para aquellos latinos que intentaran comenzar a molestarlo.

El otro día estuve en una fiesta infantil y conocí a dos niños entre cuatro y seis años llamados Armani y Versace Rodríguez, tuve que hacer un gran esfuerzo para no reírme a carcajadas delante de la mamá de las pobres criaturas, pues hay que ser bien ridícula como para colocarles los apellidos de unos diseñadores como nombres a sus hijos, muy elegantes y chic los niños.

Y qué me dicen de todos aquellos a quienes les da por poner nombres de países o ciudades: Italia Josefina Sánchez, África Pastora Martínez, Washington

José Pérez, Hawai Carolina Smith, en fin, que en la variedad está el gusto, pareciera que al momento de decirnos: «Van a ser padres», el shock emocional es tan grande que nos idiotiza y queremos ser tan originales que pasamos nueve meses tratando de atentar contra nuestra propia creatividad.

Y ustedes se preguntarán qué significado puede tener el nombre de Soyla; pues para mí es el nombre perfecto ya que resume en una sola palabra lo que yo soy, ya que SOYLA que trabaja, Soy la que escribe, Soy la que cocina, Soy la que lava, Soy la que plancha, Soy la que lleva a mis hijos al colegio, Soy la que echa gasolina... Soy la que va al supermercado... Soy la que paga las cuentas... Soy la enfermera... Soy la que tiene que comprender... Soy la que pasa todo el día en el carro haciendo las veces de chófer... Soy la que... Soy la «nueva mujer versión XP» que hace de todo y que vive con el motorcito metido en donde ustedes ya saben —en mi disco duro—, organizando el día a día de todos los que viven a su alrededor.

¡¡Sí!! ¡¡¡Sí!!! Ya sé que muchas de ustedes estarán diciendo en este momento: pero ese nombre me queda perfecto a mí... y se sentirán tan identificadas, ya las siento hasta orgullosas... tan idiotas todas... empiecen a DELEGAR FUNCIONES, ya que ser una SOYLA en la vida les causará muchas rabias y agotamiento físico y NADIE, nadie, se lo agradecerá.

Tienen que ser como mi amiga llamada Yoahorita, ni crean que es japonesa, lo que es una sinvergüenza, que cualquier cosa que tú le pides te contesta: «Yo ahorita lo hago»... con una vocecita suave y melodiosa, y por supuesto no hace nada y siempre tiene una *Soyla* o un *Soylo* a su lado haciendo todo.

También tenía un amigo llamado Yavá, a ése le decías: Por favor, saca la basura, y te contestaba: Ya va...

y pasaron veinte años y jamás sacó la basura, y por supuesto la relación con él se pudrió.

Hasta parecemos familia, ya que conocemos a varios amigos con los mismos nombres, pero lo peor de la originalidad es colocarle el mismo nombre de los padres a los hijos, qué poca imaginación y arrogancia... sí, nos creemos tan maravillosos, estamos tan orgullosos de nosotros mismos, que queremos que nuestros hijos y nietos se llamen igual, la continuación de lo mismo... y el colmo de los colmos son aquellos que a todos sus hijos varones les ponen el mismo nombre del papá... increíble, ¿verdad?, conozco varios casos, y puede haber cuatro de ellos en la misma sala y tú llamas a uno y nadie contesta ya que cada uno de ellos cree que no es con él.

La Inocencia se crucificó, tuvo dos matrimonios y dos hijos varones, cada uno lleva el nombre de los ex maridos, así como para que no se le olvide nunca... —la pobre—, está como el personaje de doña Flor y sus dos maridos, pero créanme que no terminó como ella... ¡¡¡gracias a Dios!!!, ya que nadie podría terminar durmiendo en la misma cama con ese par de gordos juntos...

Y qué me dicen de los apodos, no es suficiente con cargar con un nombre ridículo, sino que siempre aparece un amigo muy gracioso y creativo a inventarte otro nombre, delante de todo el mundo, y como por obra y gracia del Espíritu Santo, el muy gracioso en un minuto te rebautiza por el resto de tu vida como Gallipato... Diente Frío... Cara e' muerto... Canalete... Cachaco... Cabeto... Masca Plancha... Rompirraja... Cara de Piedra... Merengue...

Y no te queda de otra que aceptar con el tiempo semejante apodo, sólo si te mudas de ciudad logras recuperar tu nombre, y estés donde estés, siempre en algún lugar, caminando por ahí tranquilo y feliz... aparecerá un fantasma del pasado para decirte: Pachanga, tiempo sin verte... y te lo suelta allí delante de tu nuevo jefe y tus nuevos amigos y vuelves a convertirte en Pachanga Pérez.

Pero nada como la flojera de los norteamericanos, ésos sí se pasan, primero que para ellos con un solo nombre basta y no es por nada, pero tienen toda la razón y más en estos tiempos, ellos buscan un nombre que sea lo más corto posible, ya que son tan organizados que ni piensan en tu personalidad sino en lo justo y simple de los espacios necesarios para llenar sus planillas de archivos que utilizarán en la vida para llevar el control de sus estadísticas, y lo triste es que a medida que vas creciendo ellos te lo van recortando, sí, si te llamas Robert, te dicen Bob, a los Gregory les dicen Greg, William son los Bill, Richard son los Rick...

Pero el colmo de la flojera de éstos es llamar a un hijo con dos letras, A. J. Smith, R. U. Barreth, no puedo creer que tengan nueve meses para pensar y no sean capaces de conseguir un nombre para su hijo, el conformarte con una o dos letras es como para pasarse la infancia preguntándose: ¿me faltó el nombre?, todos los niños enloquecen de emoción cuando aprenden por primera vez a escribir su nombre, pasan como cinco minutos en lograrlo escribir: Luis; sin embargo, otros sólo tienen que escribir: E.T.

Pero en la vida siempre existen los extremos, qué me dicen de los españoles, tan divinos ellos, ésos sí que son exagerados para todo, ellos le van poniendo un nombre a ese bebé cada mes de embarazo, tanto en femenino como en masculino (el sexo del niño no es importante), y como se lo van comentando a toda la familia, pues todos van opinando, y para que nadie quede molesto ni ofendido se los ponen todos, acompañados de un largo apellido para que suene noble y con clase.

Sí, porque los españoles son muy preparados, son bíblicos y muy cultos, y si no tienen descendencia o parentesco real, ellos se lo inventan y combinan su apellido con el pueblo donde nacieron y se criaron, así que al nuevo bebé no le quedará más remedio que cargar con un largo y rimbombante nombre muy parecido a éste: José María Froilán Jacinto Carlos Jorge de Jesús V Martínez del Valle Verde de la Rioja, ni en broma se van a conformar sólo con llamarlo José Martínez, ¿se imaginan la cara del niño cuando oye semejante nombre en el momento del bautizo?, no puede hacer otra cosa que ponerse a llorar como loco, y la mayoría de los familiares empiezan a comentar que al niño no le gusta que lo bañen, que se le está saliendo el diablo, no, señores, los niños lloran porque simplemente no les gusta el nombre que les están poniendo.

Y si es niña se llamaría María Teresita de Jesús Rocío Inmaculada Federica Cayetana González de la Borboña Ordóñez y Ruiz.

No va a llorar también esta niña el día del bautizo, claro que sí, yo también lloraría, además, cómo escribes este nombre cada vez que llenes un papel con información personal, e imposible que sueñe con mudarse a vivir en Estados Unidos.

Luego hay padres a los que les da por buscar un nombre con un significado que suene a guerrero, algo grandioso, fuerte, con personalidad, y luego el bebé resulta tan tímido que hasta se asusta del nombre, póngale Linda a una niña para que vea lo fea que se vuelve a medida que va creciendo, otros le ponen el nombre de un familiar o un amigo muy querido que murió como homenaje para recordarlo siempre —como si el muerto fuera a enterarse del detalle—, y el bebé tiene que cargar con el nombre del muerto, que no conoció ni conocerá, y que no tendrá nada que ver con aquella persona... caprichos de los padres.

Por ejemplo, yo ahora he comprendido que hay momentos en que el nombre no es tan importante, si estoy en una fiesta o en un bar y conozco a un hombre y me pregunta mi nombre, le digo que me llamo Mi Reina Bella, o Cosita Rica, o Preciosa, o Mi Amor Bello, cualquiera de ésos, la cara de los hombres cuando les dices que te llamas Cosita Rica es increíble, les rompes el servicio inmediatamente, y cuando reaccionan, ponen la cara igual a la del Lobo Feroz, estos nombres suenan rico, te hacen sentir desde el primer momento que eres especial y que te quieren mucho; primero, di cualquier nombre ya que nadie te va a pedir identificación, segundo, es una forma de comenzar una conversación en una forma diferente y divertida, tercero, lo más probable es que el tipo nunca más te va a llamar ni lo volverás a ver, así que para qué darle tu verdadero nombre.

Las ventajas son infinitas, el tipo pasará toda la noche diciéndome «Cosita Rica», y eso sube el ego y pasaré la noche feliz, luego, si no me llama más, será perfecto ya que no sabrá dónde ubicarme, y si me llama, será divino volver a oír: Hola, Mi Reina Bella. Y si por esas cosas raras de la vida te casas con él, por muy molesto que esté contigo en una fuerte discusión, siempre te estará diciendo: Pero bueno, Mi Amor Bello, ¿¿¿te gastaste dos mil dólares en zapatos???

Ésos son nombres perfectos para las mujeres ya que siempre sentiremos que las personas nos tienen cariño; se imaginan a un ex marido diciéndote: ¿Cómo estás, Cosita Rica...? Ya te deposité y espero que este mes no me pidas más... Cosita Rica, tú tienes que entender que yo no puedo más.

Y para los hombres aplico lo mismo ya que en los tiempos que estamos viviendo es dificilísimo conseguir un novio, y cuando lo consigues, no te dura sesenta días, así que ni me molesto en aprenderme su nombre —es desgastante—, ya que con el tiempo no sabes si fue Juan o Ricardo el que te engañó con la rubia gorda o si Fernando era el de la moto o el del Mercedes Benz, por eso ya a estas alturas del juego a todos los llamo Papacito, Papito, Mi Rey o Mi Amor, ellos me adoran ya que dicen que soy supercariñosa y yo me evito confusiones.

Y no hay nada peor que el cambiarse el apellido, cuando una mujer se casa, pierde su identidad, al principio te da tristeza tener que hacer a un lado tu apellido, que es tuyo, que es el único y real, el apellido de tu padre, de tu creador, para tener que usar el de un extraño que ni familia tuya es, pasas a ser la Sra. de Fulano de Tal, de seguro el que inventó esa ley fue un hombre posesivo y egoísta —raro ese hombre, ¿verdad?, ya que por lo general los hombres no son así—, yo nunca he oído que algún hombre en ningún país del mundo al casarse se cambie el apellido por el de su esposa, hay que luchar para cambiar ese mal patrón ejercido a través de los años, no tienen ni idea de lo que me ha costado en tiempo y dinero quitarme los apellidos de mis ex maridos en todos los documentos importantes, ¿qué hay de malo en conservar tu verdadero apellido el resto de tu vida? ¿Es que acaso nos compran cuando nos casamos? Es como un letrero que nos identifica como Propiedad Privada. ¿Y es que acaso merecemos más respeto por ser la Sra. de Tal?

De hecho hay personas que ni saben cuál es tu verdadero apellido y aun cuando te divorcies o enviudes seguirán conociéndote como la María de Tal.

Así que de aquí en adelante piensen muy bien en lo felices que están con su nombre, siéntanse identificados, y el que no esté contento con su nombre, vaya y cámbieselo, que usted es el único que carga con él.

2

La doble moral

HAZ LO QUE YO DIGO, PERO NO HAGAS LO QUE YO HAGO.

Sí, así vivimos todos, cada quien acentuando su porcentaje, unos mucho, otros poco, aconsejando y criticando, creyéndonos los mejores, los más correctos, los más espirituales, los más perfectos, y eso nos da derecho a pasar el día despedazando a todas las personas que se van cruzando en nuestra vida.

Nos levantamos y nos bañamos e inmediatamente comenzamos a vestirnos con esa doble moral, a hacer todo lo contrario de lo que realmente queremos hacer.

Nos leemos mil libros de nuevas filosofías de vida, las cuales nos parecen las más apropiadas y justas, creemos que por haber leído ese libro o por haber estado presentes en una charla, aquellos conceptos se arraigaron a nuestro día a día, y caminamos por la vida convencidos de que somos mejores personas.

Vivimos con nuestra propia verdad y ni siquiera nos escuchamos a nosotros mismos cuando hablamos de otra persona, sin darnos cuenta de que lo que estamos criticando o cuestionando es nuestro propio comportamiento, somos implacables con nuestros semejantes, intolerantes, vamos a la iglesia y no oímos que están hablando de nosotros, «nooo», yo no soy así, yo no soy racista, yo no soy egoísta, yo no soy hipócrita, yo no soy ladrón, ni oportunista, ni interesado... yo soy una excelente persona que respeta mucho a todos.

La misma iglesia que vive juzgándonos ha tenido que sincerarse y pagar sus cuotas de «doble moral».

Desde que vamos creciendo se nos va inculcando una serie de valores y principios que son las bases fundamentales para ser buenos seres humanos, es como los Diez Mandamientos que nos aprendemos de memoria sin ser capaces de aplicarlos ni analizarlos, de hecho, con el tiempo vamos acondicionando esos valores, esos principios y esos mandamientos según nuestra propia conveniencia, pues les vamos creando «enmiendas personales» según nos convenga, ya que siempre nos estamos creyendo muy correctos en todo lo que hacemos, siempre tenemos una justificación muy válida para justificar lo injustificable.

Hablamos con una férrea certeza de temas que no hemos vivido ni experimentado en carne propia, y sentenciamos; un ejemplo sería el tema de la eutanasia, vivir con una persona vegetal debe de ser muy duro y deprimente para todos sus seres queridos, sólo ellos saben lo que es el día a día en sus vidas, pero aquellos que no lo han vivido se llenan la boca defendiendo el derecho de ese vegetal durante un rato en una reunión y luego se van a su casa a continuar su linda y cómoda vida sintiéndose muy legítimos, ya que ellos en esa situación hubiesen actuado conformemente y diferente porque así nos creemos: Diferentes y Mejores que los demás, dicen por ahí que hay que caer en el hueco para saber que tan profundo es.

Nos creemos superiores, la humildad es un defecto y no una virtud, no sabemos colocarnos en los zapatos de los demás para por lo menos pensar durante un minuto si nosotros actuaríamos igual, mejor o peor que ese al que estamos criticando, estamos envueltos en un mundo de consumismo, y por lograr éxitos y gustos somos capaces de hacer daño sin el más mínimo remordimiento.

Etiquetamos, clasificamos y vamos separando el concepto del ser humano, somos tantos que tenemos que diferenciarlos: blancos, negros, gringos, asiáticos, indios, latinos, europeos, africanos, afroamericanos, mestizos... en fin, mil categorías, y por supuesto siempre seguimos pensando que la mayoría de los blancos son buenos y bonitos, que la mayoría de los negros son malos y feos, que los europeos son cultos y el latino es inculto...

Nos olvidamos de que en todas las partes del mundo hay personas buenas y malas independientemente de su color o su descendencia.

Nos olvidamos de tener presente una máxima maravillosa que debería ser el principio de cada uno de nuestros actos: «No le hagas a nadie lo que no te gustaría que te hicieran a ti.»

¿Qué es lo que nos está pasando? Deberíamos cada día ser mejores personas porque vamos creciendo y madurando. ¿Por qué tiramos la toalla y cada vez somos peores? Aunque soy de las que piensan que hay más gente buena que mala, y que cada día suceden millones de cosas maravillosas que no salen en los periódicos ni en la televisión porque no sabemos escuchar y disfrutar de las cosas buenas, somos morbosos, y eso es lo que vende más cada día.

Y no nos escuchamos cuando decimos: Ese tipo sí tiene suerte, montó ese negocio y en dos años se convirtió en millonario... y yo que he trabajado toda la vida honradamente sigo igual, ¿es que acaso ésa es la meta...?, ¿que todos tenemos que ser millonarios...?, ¿son más felices los millonarios...?

El que queramos ser exitosos no es malo, todo lo contrario, es maravilloso, pero tenemos que entender que se puede ser exitoso en la vida sin tener dinero, se puede tener éxito en muchas cosas sin ser millonario, los seres humanos maravillosos no se compran ni se venden, pero es que también hemos crecido en la clasificación de clase baja, clase media y clase alta... y claro está, nadie quiere estar en la clase baja... todos queremos pertenecer a la clase alta, a la alta sociedad, que la mayoría de las veces es la «alta suciedad», pero como ese mundo es muy caro tenemos que hacer cualquier cosa, hasta si es posible vender nuestra alma al diablo con tal de entrar a ese mundo maravilloso y sabroso, ya que es la única forma de sentirnos importantes, exitosos, reconocidos y respetados.

Y lamentablemente nos hemos convertido en ciudadanos de un mundo donde el dinero y el poder marcan las pautas y cada día vamos dejando que nos vayan arrinconando más y más hacia ese concepto, somos esnobs, nos manejan a través de la publicidad, los medios, nos visten de pies a cabeza, si usted no tiene este carro, este reloj, esta cartera, estos zapatos, este pantalón y esta camisa, usted no podrá vivir en este sitio, ni tener este yate, ni entrar a este club, y mucho menos comer en este restaurante y visitar el importantísimo y aburridísimo salón VIP ni caminar por esta acera, ya que usted de pronto es casi que caca de perro, ya que si usted no tiene el suficiente dinero para disfrazarse de cuanto diseñador se ponga de moda, usted no valdrá nada, usted podrá ser muy culto, muy educado, simpático, talentoso y muy buena persona, pero simplemente si no tiene dinero, usted no será considerado una persona digna de pertenecer a ciertas áreas impuestas en esta sociedad, pero ni crea que esto es ahora, en estos tiempos modernos, esto ha sido así siempre, lo terrible e irónico es oírnos hablar de igualdad y lucha por mejorar las cosas y hacer todo lo contrario.

Fabricamos y vendemos armas, luego creamos el conflicto y decimos que queremos paz... pero organizamos guerras y cada día más modernas, guerras televisadas, bombas inteligentes, destruimos todo un país para después hacer el gran negocio de reconstruirlo y sentirnos buenas personas. Estamos contra el aborto, pero a favor de la pena de muerte.

Somos caritativos cuando nos enseñan la cara de un niño con leucemia o quemado, salimos corriendo a ser muy generosos, ¿es que sólo sintiendo lástima somos capaces de ser generosos?, hasta lo descontamos de los impuestos, nos sentimos bien, bondadosos, nos filtramos en las grandes fundaciones para ayudar a recaudar miles de dólares en grandes fiestas, con los mejores trajes de los más caros diseñadores, y que por supuesto nos saquen la mejor de las fotos para aparecer en el periódico y en las revistas, pero eso sí, que escriban bien mi nombre y mi apellido.

Pero si es un familiar, un amigo, un compañero de trabajo, un empleado o el vecino el que tiene un problema y no está quemado, ni tiene cáncer o sida... a ése difícilmente le vamos a tender una mano, ¿por qué?, ¿por qué no somos igual de generosos?, tenemos que ser igualmente bondadosos que con las Fundaciones Maravillosas (que gracias a Dios existen en todas las partes del mundo), pero no somos generosos con nuestro vecino. ¿Tiene mi amigo, mi vecino, mi compañero de trabajo, mi empleada... que entrar en los requisitos de una fundación para que yo sea capaz de ayudarlo? ¿Por qué nos hacemos los locos con esa caridad que deberíamos hacer día a día y que roza nuestras vidas? ¿Por qué en vez de brindar nuestra mano la escondemos? ¿Por qué queremos caricias mientras estamos dando cachetadas? ¿Por qué exigir fidelidad si somos infieles? ¿Por qué pedimos sinceridad si somos mentirosos e hipócritas? ¿Por qué pedirle a tu hijo que respete a las mujeres si tú no respetas a su mamá? ¿Por qué me educa la televisión con micromensajes de valores altruistas y luego me hace ver todo lo contrario, que el éxito sólo está envuelto en sexo, droga, violencia y estafa?

Vivimos en un mundo donde el escándalo te produce dinero, Monica Lewinsky se hizo famosa mundialmente sin importarle destruir su alma, logrando cobrar una buena tajada por contar su verdad en un programa de televisión, y todos nos convertimos en los mayores jueces del planeta opinando, enjuiciando y crucificando a los protagonistas de esta tan publicitada historia, arreglada con el único fin de tumbar a un presidente, intereses creados, llenos de publicidad para dividir opiniones, para lograr objetivos sin importar a quién había que destruir, el gran culebrón del siglo pasado, donde cayeron y se embarraron muchos y al final todos perdieron, y Paula Jones, que fue una de las que empezaron la avalancha, salió muy airosa después de operarse de arriba abajo con el dinero obtenido, logró conseguir seis dígitos por salir desnuda en la revista *Penthouse*, pero claro, a ella la habían acosado sexualmente, pobrecita esta inocente mujer.

Vemos cómo en el mundo de la televisión, el cine y la música, mientras peor te comportas, más jugosos son tus contratos, vemos a un Ozzy Osbourne idiotizado por tanta droga, y su familia demuestra en vivo su decadente vida y rompe récords en el *raiting* —que es lo que importa en televisión—, sin importar que tan dañino sea el mensaje, Madonna besa en la boca a dos jovencitas y las tres venden más discos, los raperos, cuantas más entradas tengan en las cárceles y más leyes rompan, más dinero ganan sus disqueras, 2Pac, un cantante afroamericano con una vida llena de droga, sexo, delincuencia y malos ejemplos, al cual asesinaron en la calle un día cualquiera como a un perro, se convirtió prácticamente en un héroe para una generación de jóvenes en Estados Unidos, es el cantante muerto que más discos ha vendido, y su estilo de vestir, de pensar y sentir se ha arraigado como una de las modas más dañinas, estúpidas e incómodas, vemos a todos los jóvenes vestidos con pantalones y franelas cinco tallas más grandes, sus gorras de un lado, chaquetas bien gruesas aun en pleno verano y la más ordinaria y fea joyería guindando de sus cuellos, al lado de mujeres medio desnudas moviendo el trasero.

¿Cómo entonces explicarle a tu hijo que las drogas son malas y que tiene que estudiar si realmente lo que vemos es que el éxito que nos venden está en hacer las cosas malas y prohibidas para lograr ser famoso y millonario?

¿Cómo inculcarle buenos valores si nos estamos convirtiendo en una sociedad altamente morbosa donde los programas que vemos por televisión con más raiting son los más vulgares, donde se muestran las mayores miserias del ser humano?

Nos estamos convirtiendo en una sociedad tosca, vivimos en países donde lo crudo y fuerte puede ser altamente lucrativo. Y no estoy hablando del petróleo ni refiriéndome a él.

Por eso en la medida en que vayamos conociéndonos, yo les voy a demostrar como TODOS vamos aplicando esta «doble moral» en nuestro día a día y nos vamos destruyendo la posibilidad de ser realmente FELICES por estar completamente desenfocados, nos inclinamos para un lado o para el otro perdiendo la capacidad de concentrarnos para lograr permanecer en «el centro».

3

Me divorcié

Queridos lectores, aquí anexo una copia de un e-mail que envié en su momento a mis amigos de toda la vida que estaban esparcidos por el mundo.

Amigos cibernéticos, aquí estoy de nuevo casi un año después del último e-mail que les escribí, donde les anunciaba que me había separado de mi segundo esposo.

Pues bien, quiero darles las gracias a todos aquellos que durante este año estuvieron pendientes de mí, me escribieron, me llamaron para brindarme apoyo y darme ánimos, realmente, si no les contesté los e-mails, fue porque muchas veces no tenía ánimos y mi vida iba cambiando cada día de una forma que ni yo misma podía manejar y mucho menos estar clara en las respuestas que ustedes me pedían.

Ahora sí, pueden empezar a imprimir este periódico que les estoy mandando, y sírvanse un trago, ya que hoy estoy inspirada y lo que les viene es largo, pónganse cómodos que los voy a poner al día con mi vida con un e-mail muy musical.

La vida te da sorpresas... sorpresas te da la vida...

En junio del año pasado estaba cansada de vivir sola y ver que los Megaproyectos de mi adorado no daban frutos en la Venezuela maravillosa de Chávez. Hablé con él, quería que buscara un trabajo aquí en Estados Unidos, le dije que nos estábamos descapitalizando con tantos gastos de viajes, teléfonos y esa vida que él llevaba, y que yo me sentía abandonada y sentía que se estaba alejando de la familia cada día más... Ese mes decidí reforzar mis conversaciones poniéndome bien coqueta y sensual para atraerlo más a mí y así demostrarle que, aun cuando él no lograse sus objetivos profesionales, allí estaba yo deseándolo, queriéndolo y apoyándolo.

¿Qué sucedió...? Él decidió viajar cada vez más, pasar más tiempo en Venezuela, ya no venía ni los fines de semana, y cuando venía se iba a México a hacer otros negocios, que por supuesto tampoco se cristalizaban y sólo producían más gastos... Sentía como que me lo estaba haciendo a propósito; cuando estaba en Miami, pasaba horas en la oficina de nuestra casa, metido allí, y casi esperaba a que yo me durmiera para aparecerse por el cuarto... Agosto fue un mes muy fuerte, me miraba muy extraño y comenzó a beber más de la cuenta, me comenzaba a menospreciar ya borracho, me miraba con rabia y me decía que yo no creía en él, hoy en día entiendo esa mirada ya que él sabía que estaba perdiendo, que se había desenfocado, y se sentía inseguro, así que peleaba conmigo por cualquier cosa, me convirtió en su culpable, si yo veía televisión en español, me decía que siguiera así, que nunca iba a aprender inglés, comenzó a molestarme por no hablar inglés, en las noches apagaba el aire acondicionado, y cuando yo me despertaba sudando, me decía que estaba en la menopausia, que estaba gorda pero que para mi edad estaba bien, y así una pila de estupideces, si cocinaba carne, él quería pescado, si yo quería salir a cenar, él quería ir al cine... Así hasta un fin de semana que no regresó de Venezuela y se apareció un martes todo bronceado, durmió en el sofá y el miércoles se fue a México y me dijo que cuando regresara el viernes, hablaríamos...

Tenía problemas con él como cualquier pareja, me sentía muy sola desde hacía muchísimo tiempo, había cosas en mi vida que había dejado a un lado en pro del matrimonio, amaba a mi esposo y lo comprendía, sabía que estaba pasando por un mal momento, así que tomé una decisión: tenía que moverle el piso para hacerle entender que si él seguía con esa actitud, me iba a perder, estaba segura de que al ponerlo entre la espada y la pared él iba a reaccionar y no se daría el lujo de perder a una mujer como yo, así que recapacitaría y cambiaría de actitud.

Cuando llegó de México encontró toda su ropa empacada... y conversamos... Para mi sorpresa, me dijo que pensaba que era lo mejor, que realmente no sentía nada por mí, que él sólo necesitaba en su vida «un escritorio, una línea de teléfono, un laptop y una cama», oír aquello fue creo lo más patético que había oído en mi vida, pero era sólo el principio de muchas cosas patéticas que sólo estaban comenzando a sucedernos. También me dijo que yo lo atormentaba, que yo no era una mujer cariñosa y que él sabía que sólo tenía que cambiar en cinco tonterías, pero que no estaba dispuesto a hacerlo, y sacó sus cosas y se fue «feliz y contento» como si se hubiese quitado el mayor peso de encima.

Y hoy en día veo que lo mejor es lo que sucede, ya que si él hubiese cambiado esas cinco tonterías, yo tal vez me habría quedado a su lado otros veinte años.

Pasé toda mi vida oyendo a todos decirme «Ese hombre te adora...» Qué estrellada me metí... así que la sorprendida fui yo y el piso me lo moví yo misma...

Y él se bajó del barco y se fue en su dingue a recorrer su mundo, y yo me enfrenté a «la tormenta perfecta» sin George Clooney en el timón (afortunadamente para mí, ya que en la película George se hunde con el barco); jamás me imaginé que se me avecinaban tres potentes huracanes en mi vida para conjugarse en uno solo, el huracán «deudas y problemas económicos», el huracán «amante» y el huracán «emocional», todos juntos... MIEDO... ¡¡¡qué va!!!... estaba ATERRADA, y en el trayecto creé mi propia «tormenta de mocos», la que yo sola produje durante unos seis meses.

Aquí en Miami conté con mi hijastra, que se comportó hasta el día de hoy como mi propia hija y mi mejor amiga, ella ha sido el gran triunfo en mi vida, en ella sí sembré en tierra fértil y crecieron entre nosotras los verdaderos lazos de amor que ningún documento legal o prueba biológica podrá cambiar nunca, ella me quiere y me quiere de verdad, y para mí será siempre mi hija, y sus hijos serán siempre mis nietos.

Luego podría hablar de una tía de «mi amado esposo» que me dio todo su apoyo, y jamás en la vida pensé contar con ella, pero esa señora no dejó un día de llamarme para apoyarme y consolarme. La verdad es que le estaré siempre agradecida.

Y otros que se consolidaron como verdaderos amigos fueron José y Lucrecia, ya que a ésos sí les llené la casa de «mocos», ya después fui y se la lavé con una manguera a presión, pues su casa era el único refugio donde no había niños para verme llorar en una forma tan dramática, con ellos conté siempre y sigo contando, y se lo agradeceré toda la vida, ya que me apoyaron en una forma muy imparcial sin crearme más conflictos y se portaron como buenos amigos en momentos en que la tormenta se tornó muy fuerte.

¿Qué me sucedió ese año...? casi nada... sólo boberías.

Estuve a punto de perder la casa ya que cuando él se fue, dejó de pagarla y debía tres meses. Todas las cuentas en los bancos estaban sobregiradas, así que le pedí prestado un dinero al esposo de mi mamá, ¿se imaginan la vergüenza a mi edad?

Me puse a trabajar como loca y logré refinanciar la casa, me quedé con una hipoteca descomunal, pagué algunas deudas y seguí... trabajando sin capital ni colchón.

Llegó mi cumpleaños en noviembre y ese día me vino la menstruación y me duró un mes... por supuesto quedé anémica.

En diciembre el niño se quitó la careta y me dijo: «Ya no eres mi Bombón», que había otra mujer, que la había conocido en junio, que era una ejecutiva brillante, que tenía treinta y cinco años, que trabajaba en Venezuela y que se la traía a vivir con él aquí en Miami.

Hoy en día sé que para junio ella contaba con veintidós años, ya para cuando me lo dijo tenía veintitrés. Era ir descubriendo mentiras cada día, las cuales se caían solas.

Se imaginarán las Navidades que pasé, creo que serán las más terribles de mi vida, y ni qué contarles de cómo recibí el año nuevo, llorando abrazada de mis hijos, completamente destrozada.

A todo esto les diré que sólo dejaba de trabajar los domingos, ya que en eso la vida me sonrió y estaba full de trabajo para poder pagar las cuentas, ya que trabajé hasta el 31 de diciembre hasta las tres de la tarde para poder cobrar y hacer un mercado para tener una cena decente de fin de año con mis hijos.

Gracias a Dios me fui preparando con tiempo. Cuando me di cuenta de que a él le iba mal en sus negocios, yo, para ayudar, comencé a pintar casas, había abierto mi propia compañía de pintura tres años antes del divorcio, probé varias alternativas hasta que conseguí mi propio negocio, comencé pintando casas por fuera con brocha y rodillo, mi primera clienta fue una vecina, me eduqué en técnicas para efectos especiales en las paredes y me inventé mi propia técnica con un trapo, y logré en tres años convertirme en una artista de efectos especiales en las paredes. Ese año de la tormenta fue mi mejor año profesional, ya que había adquirido mucho respeto entre mis clientes y con sus recomendaciones me llené de trabajo, y créanme que mis mejores trabajos se quedaron impregnados de mocos y lágrimas en varias paredes; mi trabajo, mi responsabilidad y mi actitud me ayudó a salir adelante en todos los aspectos.

¿Cómo me sentía...? simplemente devastada, hubo un día que quise agarrar un bate para destrozar toda la casa, todos los detalles, era irónico ver todas las fotos de todos allí colocadas por toda la casa, todos riéndose y yo llorando viéndolas, adornos, muebles, todo aquello tenía una historia, quería destruirlo todo ya que me causaba daño, pero cuando me vi con el bate en la mano y pensé en serio en el desorden de todo aquello roto, destrozado por todas partes... me pregunté a mí misma: ¿Quién va a limpiar este desorden después...? Estás devastada, furiosa, pero no eres idiota, así que solté el bate y comencé a llorar de nuevo, es como si me hubiesen inyectado una sobredosis de todos los sentimientos más asquerosos que un ser humano pueda soportar, me llenaron de rabia, odio, despecho, celos, angustia, miedo, pánico, furia, impotencia, desamor... todo envuelto en la más profunda soledad, me sentía tan humillada ante mis hijos, mi familia, la sociedad, mi ciudad natal... y era como si yo fuese un chicle pegado del piso al que todo el mundo pisaba y escupía.

«El problema»... Estuve desequilibrada por completo emocionalmente unos cuantos meses, aún hoy en día tengo mis ráfagas de locura, pero estoy casi curada.

En enero ya había caído en coma, pensé que me había perdido a mí misma, una parte de mí murió, sentía un hueco dentro de mí y me sentía partida en dos, sabía que la esencia estaba allí, pero no sabía cómo conectarme de nuevo conmigo misma ya que me sentía muy quemada... sentí cómo había tocado el fondo de mi piscina interior.

Pero siempre he sido una mujer muy afortunada, y un amigo se acercó —sólo como amigo, sin sexo— y en el oído me dijo «las palabras mágicas» que me hicieron despertar del coma en que estaba envuelta, y desperté, tranquila, y lo escuché... y me devolvió la paz y la seguridad en mí misma, me ayudó a enfocarme y a encontrar a aquella maravillosa mujer que estaba dentro de mí esperando por mí, aquella mujer que yo misma había dejado a un lado años atrás, él me ayudó a luchar yo sola para volver a ser la «verdadera mujer que siempre he sido»... Él se ha convertido en mi nuevo maestro de vida, no me habla mucho, pero cuando me dice algo, me revuelve el alma, y me ha enseñado a abrir mis alas para que aprenda a volar SOLA y alto, sin presiones, sin limitaciones, y está ahí escuchando y disfrutando de mis nuevas aventuras.

Luego por esas cosas de la vida me encontré con Maytte y fui a una de sus conferencias, asistí a sus talleres, le compré cuatro CDs, *El milagro del perdón*, *El sendero del bienestar*, *Actitud positiva* y *La autoestima*. Los escuché como cinco veces cada uno y me ayudaron a curar mi alma, así que en febrero comencé una nueva vida, me «pinté la cara color esperanza» y me di cuenta de que:

«La vida es un carnaval»...

Un día me di cuenta de que había perdido quince kilos «a puro dolor» y me estaba pareciendo a las niñas que salen en los catálogos de Victoria's Secret, y eso me hizo sentir muy pero que muy bien.

Así que decidí pasear todas las tardes en bicicleta para endurecer mis miserias, y una tarde por imprudencia mía me atropelló un carro, con la buena suerte de que caí debajo del carro con todo y bicicleta, ya que de haber salido disparada a la derecha me hubiera pisado una camioneta y me hubiese matado.

Salí con unos buenos morados en las dos piernas y otro buen morado entre el cuello y la mandíbula, ya que me clavé el manubrio en la cara (parecía que había tenido una noche ardiente de sexo y me habían mordido el cuello), del resto me levanté, me monté en mi bicicleta y me fui a mi casa, ya que era otro golpe más y yo ya para ese entonces rebotaba como pelota.

En marzo fui dos días a Caracas a divorciarme, firmamos el documento después de subir trece pisos por las escaleras ya que los ascensores no funcionaban, y me sentía muy serena y segura de que era lo mejor que estaba haciendo, ya para el 27 de marzo estaba «felizmente divorciada».

Por cierto, me eché una borrachera divertidísima con mi amiga Mariela en Las Rúas, en Caracas, ya que así como estamos acostumbrados a celebrar el matrimonio, ¿por qué no celebrar el divorcio? Fue maravilloso compartir con ella ya que, aun cuando teníamos años sin vernos, fue como si nos hubiésemos visto hacía tres días. ¿Se imaginan la científica y la artista juntas? Gozamos una y parte de la otra, me vacilé a la barra entera, le moneé mi rabo a cuanto hombre había en ese bar y hasta bailé con un trago en la cabeza, el cual se mantuvo en mi cabeza, y cuando sentí que se caía, lo agarré con mi mejor sonrisa y todo el bar me aplaudió, luego fui al baño y la puerta se atascó y mis golpes en la puerta fueron tan fuertes que casi llaman a los bomberos para sacarme de allí, en fin, aún creo que yo me divertí más que ella, pero bueno, no voy a discutir por eso... fue una noche inolvidable... sigamos contando el drama.

Ya en abril dejé de ver televisión ya que era deprimente ver mi vida y las noticias que daban, entre las noticias de Venezuela, la guerra con Irak, el SARS, American Airlines quebrando, la guerrilla colombiana, el ex marido histérico con el control de cambio en Venezuela, inundaciones, avalanchas de nieve... Las cosas se me pusieron difíciles ya que la economía se paralizó y no conseguía trabajo, el panorama era terrible, y busqué trabajo hasta de aparcacoches y nada, pasé dos meses sin producir ni un dólar y me comí los cuatro dólares ahorrados, así que entre tanto problema algo me iba a pasar.

El 5 de mayo vino una grúa y se llevó mi carro ya que debía dos meses, se imaginarán cómo me sentí, la vergüenza que pasé delante de la cara de mis hijos cuando la grúa enganchó el carro. Todo me parecía tan injusto, mi ex marido feliz de la vida viajando con su noviecita y yo sólo dormía y luchaba por sobrevivir a tanto problema, indignada, salí al jardín y con un pito en la boca y poniendo mis manos en forma de T le pegué un pitazo a Dios y le pedí tiempo, le dije que sabía que todo este rollo no era su culpa, pero que me la barajeara más despacio.

Solución: tenía que pagar el total de la deuda del carro o lo subastaban en diez días y lo perdía.

Otra vez a pedirle al esposo de mi mamá dinero prestado, menos mal que ya le había pagado lo que me había dado para no perder la casa meses atrás. Me lo dio y pagué el carro antes de la fecha de la subasta.

Y allí salieron una vez más mis amigos José y Lucrecia y me prestaron uno de sus carros mientras hacía el papeleo de la recuperación del mío y pude seguir trabajando.

A la semana regresaba a mi casa de noche y no sé qué pisé con el carro que me explotaron dos ruedas del carro prestado, las dos del lado izquierdo de un solo golpe, al verlo me pregunté: ¿Cuándo terminará este círculo de malos momentos?

Pero ya me río de lo que me pasa, ya que este tipo de cosas son problemas menores y fáciles de solucionar, una grúa en la noche para llegar a la casa y otra en la mañana para llevar a reparar el carro.

Ya me cambié el nombre, ahora me cambiaré el apellido por Soyla Resuelve.

Pero lo que sí ya mandé patentar fue mi nombre para tener todos los derechos en esos libros tontos, esos que son para escoger el nombre de los bebés.

Nombre: Soyla.

Significado: Diosa guayanesa, bella y divertida, a la que la vida fue transformando en una mujer orquesta, fuerte, luchadora, que salió airosa de las más duras tormentas que tuvo que enfrentar en tierras lejanas. Murió de placer a mediados del siglo XXI frente al mar, al lado de su último amante, después de pasar el día entero haciendo el amor (ella agotada y con una sonrisa en los labios y él con una sobredosis de Viagra).

El 27 de mayo me monté en un avión hasta Tampa —Florida—, que era el sitio adonde habían llevado mi carro, para subastarlo en un pueblito cerca de esa ciudad, y una vez más conté con una de esas amigas que nunca ves y que siempre están ahí; fue a buscarme al aeropuerto con su esposo y nos fuimos a buscar mi carro, se imaginarán la emoción cuando volví a ver a mi Rav4, me lancé sobre el capó y la abracé, ella temblaba de emoción al sentirme, fue como volver a conectarnos, al montarme dentro de ella le pasé la mano por todos lados como acariciándola, estábamos felices las dos.

Mi amiga y el esposo se portaron muy bien y él, como un caballero, me llenó las ruedas de aire, me limpió los vidrios, en fin, yo lo miraba y no lo podía creer, ya que no estoy acostumbrada a que un hombre me haga esas cosas —esas cosas las hacía yo ya que mi marido nunca estaba—, él se tomó el día libre en su trabajo para ayudarme en todo lo referente a la recuperación de mi carro. Luego me guió buena parte de la autopista hasta encauzarme en la ruta correcta para Miami; en fin, se lo agradezco con el alma ya que me trató como un hombre amable trata a una mujer, y yo he carecido de ese apoyo siempre y no estoy acostumbrada, ya que el mío vivía viajando y yo resolviendo, pero ya descubrí que hay hombres así, que tratan a las mujeres con consideración y cariño y «me gusta».

El viaje de regreso a Miami fue una fiesta, me había llevado unos doce CDs de música y allí íbamos «mis tres ángeles y yo» con nuestros cinturones de seguridad puestos cantando, aplaudiendo y bailando, sentados rumbo a Miami a comenzar una vida nueva mientras la Rav4, a toda velocidad y sonriendo, corría con su pelo suelto cargando su batería.

La muy vagabunda de la Rav4 nos contó por el camino que tuvo una muy buena revolcada con un Hummer que también estaba en estacionamiento.

Hubo un momento en ese año que me vi con todos los tickets en mi mano para tener todas las excusas perfectas para hundirme en el fracaso y ahogarme, estaba sola en un país extraño, sin hablar el idioma, llena de deudas, sin dinero, sin una profesión, emocionalmente destruida, abandonada, pero no me rendí y luché como loca porque confiaba en mí misma. Hoy en día sé que tengo el agua aún en el cuello, pero sé que lo voy a lograr; salvé mi casa, estoy completamente hipotecada durante los próximos treinta años, pero valió la pena, ahora estoy enfocada a recuperarme económicamente, me están saliendo trabajos buenos y me voy a lanzar con más publicidad.

Pero este año no todo ha sido malo, no me he gastado ni un dólar en sicólogos, ni pastillas, ni drogas, ni me he tomado un trago, que hubiese sido mi ruina, ya que emocionalmente no estaba lista para controlar esas cosas, pero lo que antes me gastaba en ropa para mi maridito arrogante o estupideces para la casa, ahora me lo gasto en mí. Me daba mucho dolor ver los clósets de mi ex vacíos, así que los he ido llenando con ropa nueva, ya que perdí toda mi ropa, pasé de la talla doce a la seis, y si vieran las monerías que me he comprado, tengo un nuevo estilo propio, es una mezcla de Thalía, Shakira y Paulina Rubio... o sea que me visto «elegantísima»... pantaletas, calzones, bragas... ¿qué es eso?, sólo hilos dentales, y tengo uno rojo espectacular con tres lazos en la parte de atrás... Tengo otro al que se le agrega el nombre que tú desees con unas pelotitas que son letras... bueno, niñas, no les cuento más, sólo imagínense.

Sandalias... he comenzado a crear una colección... Totalmente diabólica...

Vivo bronceada de pies a cabeza en un solo tono: espectacular.

Cremas... estoy tan suavecita que por las noches me resbalo y me caigo de la cama.

En este año me he conocido yo sola los mejores restaurantes de Miami, me pongo bien bonita y cada fin de semana conozco uno nuevo, bares, casi todos, la gente me mira medio raro viéndome cenar sola y buscando conversación en los bares, además, estoy haciendo un estudio de mercado para averiguar qué es lo que quieren los hombres, he interrogado a varios y créanme que no ha resultado un estudio muy profundo... sólo quieren sexo oral, ver deportes en televisión y películas de acción, ya saben, son bastante simples, así que dejen de cocinar, planchar, lavar y todas esas tonterías, eso no les dará puntos a favor, sólo hay que hacerles una sola cosa para mantenerlos contentos.

Del resto intimido mucho a los hombres con mi porte, ya que soy alta, flaca y bella, con mi conversación los intimido más, pues no saben cómo enamorarme para llevarme a la cama de una forma rápida, ya que tienen por lo general unas tácticas muy estúpidas y antiguas y yo hoy en día soy más selectiva que antes.

Voy al teatro por lo menos una vez al mes, por cierto, anoche fui a una obra buenísima ya que hay un festival de teatro aquí en Miami esta semana (cada día, una obra nueva), y me vi una de un grupo de Madrid llamado Atra Bilis (*Cuando estemos más tranquilas*), casi me orino de la risa, eran cuatro actores hombres vestidos de ancianas en un pueblito de España, todas velando a un muerto. Hoy voy a ver *El vuelo del Quijote*... así que otro día les cuento. Pero sobre la de ayer les cuento que al principio, cuando los oí hablando, casi me paro y salgo corriendo, ya que era como ver a mi difunta abuela y sus tres hijas (mi mamá, mi tía María de las Nieves y mi tía María de los Ángeles).

La trama no tenía nada que ver con ellas, pero cerrar los ojos y sólo escuchar la peleadera entre ellas era como verlas juntas, todas ancianas.

Pero volviendo a la obra, fue buenísima, los actores se veían increíblemente feas pero iguales a esas viejas acabadas que malgastaron sus vidas en un pueblo, dentro de una casa toda la vida, el muerto era el esposo de una de ellas (la que se parecía a mi abuela con todo y bastón), y por supuesto el muerto se había acostado con sus dos hermanas «vírgenes y solteronas» y con la criada.

Estuvo buenísima, las expresiones, la doble moral, el resentimiento, la envidia, sus frustraciones... todo muy bien llevado con un humor negro muy divertido.

Pachangas... varias y muy buenas... en especial una en un restaurante llamado Macarena, fui a ver el lanzamiento de un cantante, el ambiente estaba tan sabroso que después del tercer trago me monté arriba de una mesa a bailar y a tocar mi guitarra imaginaria, que creo que me robé el show ya que llegó un momento que todos me miraban a mí muy sonreídos y al cantante ni caso le hacían, creo que el tipo estaba cantando *Eva María se fue*... a ritmo de rock, ¿se imaginan la parrandita...? cuando me bajé a buscar otro trago en la barra, una mujer me preguntó: «¿Qué estás tomando...? Yo quiero un trago de ésos para ponerme tan feliz como tú...» Así que le brindé un trago... Lo que ella no sabía es que mi felicidad no era por el trago sino por un cóctel de cosas maravillosas que estaba comenzando a disfrutar y que me motivan hoy en día.

Créanme que si mi adorado ex me hubiese visto esa noche con mi traje de Pocahontas gozando una y parte de la otra, mínimo me hubiese soltado diez latigazos ya que él es una mezcla de macho latino con musulmán.

Hace tres noches regresé a Macarena, pero con dos amigas que bajaron de Tampa a Miami... ¿se imaginan a estas tres locas juntas...? como dicen los cubanos... «acabamos»... A golpe de la una de la madrugada yo conseguí un compañero de baile llamado Felipe (barranquillero de Colombia) que estaba de un bueno... pero de un bueno que aún conservo la sensación de su cuerpo en mis manos, toqué por donde quise y le preguntaba si él era real, el tipo era puro músculo y pura fibra, no tenía barriga —¿pueden creerlo?—, supersinvergüenza, y disfrutaba viéndome que me encantaba, muy hombre, y se reía y me decía que si él podía tocar por los mismos sitios que yo tocaba, y yo le decía que sí, pero que mañana, ya que hoy andaba con mis amigas, y el muy sinvergüenza me castigó y no me pidió el teléfono ni me dio el de él (seguro era casado), y créanme que casi me muero de la rabia ya que me acompañó hasta el carro y me dejó con las ganas... Pero «así es la vida», si me lo vuelvo a encontrar otro día, ni de broma me lo vuelvo a bailar, simplemente lo agarro y lo monto en el carro y después les cuento.

Sobre sexo... «poco»... pero «muy bueno y muy nuevo»... simplemente el sentir un cuerpo nuevo ya es un orgasmo, te hace cosas nuevas ya que es simplemente otro hombre con otros métodos propios y adquiridos de sus propias experiencias, ya dejé de tener más de lo mismo... y me encantaría extenderme en mis comentarios, pero no seré tan cruel con ustedes, así que usen la imaginación cuando estén a solas, mis queridas amigas casadas.

Como verán, ya no sufro más, ni lloro, sólo lloro de alegría. Un día comprendí que la vida me estaba dando otra oportunidad, pasé de la dictadura de mi padre a los brazos de mi primer marido... al divorciarme caí en los brazos del dictador y egoísta de mi segundo marido y pasé con él veinte años... así que ahora me voy a tomar unos diez años sabáticos de «trabajo y rumba».

Tener un hombre fijo no es mi prioridad y mucho menos vivir a través de sus ojos, depender económicamente de un hombre «más nunca», creer en ellos... ni en broma; los hombres me encantan, pero sólo quiero disfrutar de ellos y de esos momentos «mágicos» que sólo ellos saben darme... por lo demás, «no hace falta un hombre», hace falta tener TRES, el fijo, el amante y el suplente.

Ya que allí está el gran error, si se tiene un solo hombre, lo atormentamos pidiéndole, exigiéndole y usándolo; en cambio, con tres vamos pidiéndoles a todos, y el tiempo de rotación hace que manejemos la situación con más ventajas.

Mis prioridades de vida cambiaron totalmente, estoy bella, madura, bien buena (como verán estoy insoportablemente vanidosa y sin modestia alguna), me mantengo sola económicamente, vivo en Miami, mis hijos están grandes, logré construir una familia preciosa, y lo mejor de todo es que yo me quedé con ella, tengo una casa bella, tengo carro y una ganas de VIVIR a PLENITUD, nadie me manda callar, nadie me reclama nada, nadie me atormenta con sus problemas, me visto como yo quiero, la casa dejó de ser mi juguetico de decoración, ya no compro ni un adorno más, simplemente SOY LIBRE Y EL CIELO ES EL LÍMITE.

Proyectos serios, claro que los tengo:

Voy a colocar un tubo plateado en la sala, de esos que tienen las bailarinas nudistas, y voy a tomar clases para aprender a vacilarme ese tubito y así ser más sinvergüenza a la hora de hacer el amor, ya que a los hombres les encanta ver a una mujer bailándoles enfrente, tienen una reacción automática, sin decir palabra se meten la mano en el bolsillo y te llenan de dinero, ponen cara de bobos y tú logras de ellos lo que quieras.

Por otro lado ya no me quiero comer al mundo... ya que eso engorda y causa estrés... así que no estoy muy segura de si me voy a gozar al mundo o me voy a gozar a todo el mundo.

Del resto ya no hago planes... sólo vivo un día a la vez.

¿Qué extraño...? Sí, extraño tener un hombre para mí, me encantaría tener a alguien para consentirlo y que me consienta, un hombre que me ame, y me encantaría hacer el amor tres o cuatro veces a la semana (ya que eso me encanta), pero eso lo veo complicado ya que hoy en día es muy difícil encontrar a un verdadero hombre. Y encontrar un hombre a mi medida, con los testículos bien puestos, que sea capaz de entender «mi nueva filosofía de vida», y yo no estoy dispuesta a negociar mi libertad ni mis metas en estos momentos, así que está difícil que alguien se enamore de mí o yo me enamore de alguien.

Así que ando tratando de tener cinco novios a la vez, pero que ninguno de ellos se conozca para no crear chismes ni conflictos, lo difícil va a ser conseguirles un apodo igual a todos para no equivocarme, algo así como: Cuchi... Papi... Bichito... un nombrecito de esos que a ellos les encantan y yo quede como la más cariñosa de las mujeres.

Otra cosa que hice como parte de mi terapia fue que agarré un montón de revistas y recorté todas las fotos de los hombres más bellos que encontré, actores, modelos... y los pegué a todos en la cabecera de mi cama. Lucrecia dice que parece cuarto de mujer de servicio, pero créanme que es una terapia muy buena: cuando entro a mi cuarto y los veo a todos sonriéndome, viéndome con cara de encantadores y con miradas sugestivas, me llenan el alma, y es bien sabroso dormir con esa cantidad de hombres en mi cama. Además, cada vez que me voy a vestir para salir les bailo y les moneo y hasta besos les tiro, y ellos siempre están allí sonriéndome y ni me regañan por la ropa que uso, todo lo contrario, se ven bien contentos.

Pero he aprendido algo:

Que se puede tener todo en la vida... pero no al mismo tiempo.

Volverme a casar... Tal vez dentro de unos diez años por cuestiones de compañía o de dinero, ya que ya me casé dos veces por amor... ahora quiero saber cómo se siente casarse por dinero.

Ando en busca del hombre perfecto: 90-60-90 (así como los hombres buscan a las mujeres, pero yo soy más inteligente que ellos).

Un hombre de noventa años, sesenta millones de dólares y noventa días para morirse... y si a los noventa días no se me muere, le preparo un cóctel de Viagra y le bailo en el tubo plateado de la sala, y créanme que morirá feliz y yo me convertiré en la Viuda más Linda de Miami.

Por otro lado me metí en Internet en esas páginas donde pones tu foto y tus datos y lo que andas buscando para conseguir pareja. Les diré que ha sido divertido el llegar del trabajo y tener varias proposiciones de encuentro con una cuerda de bichos feos muy creídos ellos y muy perfectos, dispuestos a engañarme como si yo a mi edad me estuviera chupando el dedo.

Hasta ahora he salido con uno muy divertido que lo uso sólo para bailar, se llama Ernesto y baila muy bien, él me llama Chama Candela, y lo tengo frenado ya que no me da *feeling*. Se la pasa tirándome flores, dice que soy una mujer «refrescante», ésa me pareció superoriginal y me gustó, ya que la mayoría cuando me conoce me dice que soy maravillosa, única, increíble, simpática, divertida... pero eso de refrescante suena bien rico.

Y yo me pregunto, si tengo todas esas cualidades... ¿¿¿qué hago SOLA??? Ya que si yo llego a encontrar a un hombre con esas cualidades, me pego como una garrapata y no lo suelto.

Como verán, ya superé mi crisis por mi ex —al que ahora llamo «el difunto» ya que para mí murió—, ese que anda por ahí es el clon de él, por él no siento nada en especial, no lo odio, ni lo quiero, ni le guardo resentimiento, sólo sé que pasó a ser parte de un familiar más en mi vida que siempre estará allí, no puedo odiarlo, y hoy en día mucho menos ya que no podría odiar al hombre que me brindó la única y maravillosa oportunidad de mi vida: MI LIBERTAD para SER quien quiero ser... y como dice un amigo mío que es muy sabio, «estás comenzando a disfrutarla».

Toda la sobredosis de malos sentimientos que me inyectaron la transformé en FUERZA para reinventarme como persona y como mujer, y hoy en día estoy más feliz que nunca, más segura y más tranquila, ya que tomé la mejor decisión de mi vida el día que le preparé las maletas al difunto y lo saqué de mi vida.

Tampoco me arrepiento de ninguno de mis días vividos con él, él fue un buen maestro, ya que con su indiferencia y su arrogancia me convirtió en una mujer muy segura para resolver problemas y me gradué con honores gracias a él.

Por otro lado fueron buenos los veinte años a su lado y hubo muchas más cosas buenas que malas; nunca pensé que me divorciaría de él, todo lo contrario, cuando nacieron nuestros nietos pensé que nos estábamos consolidando más, ya teníamos siete años juntos en este país, la casa la habíamos transformado en un hogar y con la piscina había quedado perfecta, así que todo se complicó de la noche a la mañana ya que definitivamente vivíamos en dos mundos diferentes, y nuestras vidas cambiaron de un solo golpe y para siempre.

Este año ha sido muy INTENSO, pero valió la pena ya que he aprendido varias lecciones.

Un día comprendí que no lloraba porque amaba a mi ex, sino que lo que más me dolía era «mi amor propio herido» y me estaba autocastigando y deseaba inspirar lástima, así que me espanté, me sinceré conmigo misma y dejé de llorar y comencé a vivir.

He visto cómo la mayoría de las personas viven disfrazadas todo el año, envueltas en sus propios miedos y en una vida sin muchas satisfacciones, pero les da flojera y miedo cambiar.

Estoy convencida de que la gran mayoría de los hombres las prefieren «bobas pero que luzcan inteligentes», que les «espanta» una mujer con buena personalidad, fuerte y exitosa; que hay hombres con muy baja autoestima y que cuanto peor los tratan, más tiempo se quedan al lado de esa mujer; que hay hombres a los que les encanta que los manipulen, y hay otros a los que les encantan las mujeres bien sumisas para sentirse más endiosados.

Me he dado cuenta de que la gente abandona sus sueños en el camino y se llena de excusas para no pelear por lo que desea en la vida, la mayoría de las personas viven culpando a otros de sus propias limitaciones.

Que la mayoría de las personas no dicen lo que realmente sienten porque son más prudentes e hipócritas que sinceras, que se resignan a vivir una vida prestada o inventada para no arriesgarse a fracasar o a sufrir más.

Que amigos hay muy pocos...

Comprendí que el ser sincera y transparente es sinónimo de «estúpida» en esta sociedad y que el ser así me hacía muy vulnerable a cualquiera que quisiera hacerme daño, y aprendí a darle a cada quien lo mismo y la misma dosis de lo que ellos me daban.

Hoy en día si me demuestran mucho amor, yo daré mucho amor, y si por el contrario sólo me dan poco, pues poco recibirán de mi parte.

Ya no me mortifico por los problemas de nadie, que cada quien resuelva sus rollos ya que yo sola resuelvo los míos.

Me convertí en una amazona siempre atenta a cualquiera que quiera dañarme o aprovecharse de mí, ya que sé que estoy SOLA en esta aventura, me crié entre hombres toda mi vida: mi padre, mis dos hermanos, mis dos maridos y mis dos hijos; y soy yo la que ha tenido que convertirse en «hombre» muchas veces para salir adelante. Me quedé sin padre y sin maridos y esa figura masculina de protección ya no existe en mi vida, y es difícil vivir sin ella pero no imposible, ya que desde niña te meten en tu disco duro que es el «hombre» el que te va a resolver todo y por el camino te vas dando cuenta de que el cuento no es como te lo contaron.

Sé que me convertí en la cabeza de familia, para mí y para mis hijos, y sé que tengo que crear mi propio capital para tener estabilidad económica en el futuro, ya que si yo a mi edad he tenido que recurrir económicamente a mi madre, pues es lógico que mis hijos me necesiten económicamente más adelante y debo estar preparada para ayudarlos en un momento dado.

Así que como verán me mantengo ocupada dentro de la rumba que estoy llevando, ya que la rumba me alimentará el ego y el alma para seguir adelante, no sé si logré todas mis metas o mis sueños... pero lo que sí puedo decirles es que me estoy DIVIRTIENDO intentándolo.

Hoy en día todo me parece «bonito» ya que logré perdonarme a mí misma. Sí, yo fui culpable también de muchas cosas estos veinte años; yo acepté, justifiqué, me llené de excusas y me abracé a mis propios miedos y me aferré a una vida al lado de un hombre que no me hacía feliz, dejé que abusara de mí, de mis sentimientos, creí demasiado en él y pasé la vida mirando a través de sus ojos y me olvidé de mí misma, de ver a través de mis ojos, y abandoné mis proyectos personales por tratar de que él lograra los suyos, yo también fui muy culpable de todo lo que me pasó, yo no fui objetiva y me aferré a una ilusión que creé de un hombre que no existía, lo idealicé y me engañé sabiendo que en el fondo no me quería, pero no quería aceptarlo y me daba terror sólo pensar que mis sospechas eran ciertas.

Yo también tenía miedo a enfrentar sola la vida económicamente, es más fácil y más cómodo que un hombre te mantenga, pero afortunadamente nací con algo por dentro que no me deja quedarme quieta, no soporto sentirme infeliz e insegura, no puedo vivir enjaulada en un ambiente pesado, necesito sentirme bien conmigo misma y feliz, viéndome proyectada en algo, no concibo mi vida sin sentir que «lo intenté», así me estrelle cada día, por eso seguiré intentándolo hasta morir.

No sé si lo voy a lograr, pero lo estoy intentando, y el solo hecho de sentirme feliz y libre con mucho espacio por delante ya me hace sentir que valió la pena.

Del resto, «a quién le importa lo que yo haga», sólo a mí misma, y ahí voy, porque pa'lante es pa'llá, de frente.

Quiero «que me quieran tal como soy» y he descubierto que soy maravillosa, así suene pedante; hoy en día me quiero más, he descubierto que soy muy coqueta, me consiento más a mí misma, trato de andar siempre bonita, me encanta provocar a los hombres y me encanta sentir que me desean, eso me da fuerza, y voy por ahí absorbiendo de ellos todas esas energías para alimentarme, me encanta la cara de bobos y sorprendidos que ponen cuando me ven entrar sola a un sitio, siempre buscando si viene alguien conmigo, y les da miedo acercarse, y yo los miro fuertemente y los pongo nerviosos, sólo los valientes se me acercan, unos huyen a los cinco minutos y otros más inteligentes se quedan a disfrutar de mi compañía y mi conversación.

Porque créanlo o no, yo *Soyla*... más Linda de Miami... y punto.

Un fuerte besote a todos.

4
Tengo piernas

Hoy estoy feliz y flotando en una paz divina y maravillosa, hoy a mis cuarenta y cuatro años y después de haberle sido FIEL al difunto durante los últimos veinte años y nueve meses, aun cuando nadie lo crea, «sí», fui «una esposa fiel» mientras duró mi matrimonio, cosa que él no hizo ni un solo año vivido a mi lado, pero no quiero hablar de eso ahora, eso ya pertenece felizmente a mi pasado.

Lo importante es el HOY, hoy hice el amor con otro hombre después de tantos años y fue ESPECTACULARMENTE DIVINO. El simple hecho de sentir otras manos acariciando tu cuerpo hace que comiences a sentir de nuevo aquellos pequeños corrientazos dentro de ti (¿se acuerdan de esa sensación?), es un hombre que te abraza y te besa de una forma diferente... Hummmm... ¡¡¡Qué rico!!!, tú estás también tocando otro cuerpo nuevo y empiezas a explorar una sensación diferente y mantienes los ojos abiertos porque no te quieres confundir ni un solo momento; es como entrar a un sitio nuevo y bello donde quieres grabar cada detalle en tu mente; regresábamos de una cena maravillosa y romántica, llegamos a su apartamento y él puso una música suave y encendió unas velas, regresó hacia mí y, mientras me besaba, con sus manos comenzó a quitarme lentamente la ropa, e iba besándome cada territorio descubierto. Yo simplemente lo seguía, desabotoné su camisa, y así coordinadamente los dos de pronto estábamos allí parados en aquella sala completamente desnudos y sólo lo oí susurrándome al oído: «Quédate así quieta y parada», y comenzó a recorrer mi cuerpo muy despacito una vez más, sólo besándolo, me vi ahí toda iluminada por el resplandor de las velas, me sentía como una estatua ya que permanecía muy parada en mis espectaculares sandalias altísimas y de tiritas blancas que no llegué a quitarme, y por lo visto él tampoco deseaba quitármelas, aquel hombre maravilloso y divino recorrió mis piernas, una por una muy lentamente, besándomelas y mordisqueándomelas, de una forma divina, fue la primera vez que sentí que tenía piernas y que mis piernas eran tan orgásmicas, allí estaba yo estrenando un nuevo amor en mi vida, un nuevo placer y un nuevo sentir, parecía una diosa y de mi cuerpo brotaban fuegos artificiales.

No perdí ni un detalle, la sala estaba tenuemente iluminada por la luz de las velas, él me acariciaba con sus manos, con su lengua, con sus labios, con su cuerpo, la sensación del pelo de su cuerpo rozándome el mío, era simplemente eléctrico, su sexo también me iba acariciando por donde pasaba, su olor, ese olor nuevo, y aquel hombre disfrutándome como el más divino de los manjares, como si me hubiese esperado toda una vida y, llegado el momento, tuviese la serenidad de disfrutarme poco a poco. De pronto él me cargó entre sus brazos y me llevó hasta su cama para allí poder comernos los dos con toda la pasión generada, ya que para ese momento él volvía a susurrarme al oído: «Qué divina eres»...

Pasarán los años, olvidaré muchas cosas en mi vida, pero jamás podré olvidar esa noche mágica; me puede dar Alzheimer, pero estoy segura de que recordaré esa noche y los médicos no entenderán por qué sólo repito «Tengo piernas, tengo piernas». Es como un *flash* que activo mentalmente cuando lo deseo y ahí está dentro de mí, tan real, tan iluminado, como si estuviese volviendo a suceder. Esa noche maravillosa en mi vida renací como mujer, yo era otra mujer, una mujer nueva, me desinhibí de muchos prejuicios y aprendí junto a ese hombre a hacer el amor de una forma diferente y más libre, a desbordar una sensualidad que tenía reprimida.

Fue un hombre maravilloso que entró a mi vida cuando yo más lo necesitaba, los dos éramos libres, maduros y muy claros en lo que queríamos el uno del otro, vivíamos en dos países diferentes, con vidas propias cada uno, pero siempre buscamos por lo menos una vez cada dos meses un punto de encuentro.

Yo soñaba con ese encuentro, era mi «amante escondido», ese hombre que disfrutas sola, que no quieres presentárselo a nadie, ni involucrarlo con familia o amigos, ya que entonces rompes el encanto y esa relación se contamina con el mundo exterior y se hace corriente y comienza todo el mundo a interferir, a comentar, a aconsejar, a preguntar: ¿Son novios? ¿Y cuándo se casan? ¿Y dónde van a vivir?

Sólo planeábamos cuándo y dónde vernos, cenar, bailar y disfrutarnos el uno al otro con toda libertad, ya que el mantenernos separados hacía crecer la pasión y los deseos de estar juntos esos dos o tres días que nos regalábamos.

Nuestras conversaciones eran divinas, sin problemas de hijos, pagos de cuentas, conflictos familiares... nada de eso, yo lo escuchaba y él me escuchaba a mí, teníamos nuestro propio mundo, no había reclamos, ni celos, ni compromisos a futuro, sólo vivíamos el momento y estábamos clarísimos en que si estábamos allí juntos los dos era porque nos deseábamos, lo demás era puro adorno en nuestras vidas.

Con él pasé momentos mágicos y maravillosos, ya que él tenía los detalles más espectaculares que una mujer pudiese soñar, era como en las películas, era como estar con el «príncipe azul» a tu lado, ese con el que soñamos todas, era un sueño que vivía en cada encuentro y el cual se quedaba grabado en mi mente y revivía mientras volvíamos a vernos para luego vivir uno mejor.

Recuerdo un encuentro en especial en Los Roques, un archipiélago de Venezuela, un verdadero paraíso al que sólo se llega por avioneta o en barco, el paisaje, el color del agua entre azules y verdes, desde el principio te hace sentir que estás en un paraíso, con un pequeño y sencillo poblado, el paisaje todo tropical y desierto a la vez, playas blancas y cabañas rústicas con techo de paja.

Cuando entramos a nuestra cabaña, había una cama blanca rodeada con un mosquitero de tul blanco y sobre la cama cientos de pétalos de flores de todos los colores y velas encendidas por toda la habitación, las ventanas abiertas por donde entraban la brisa y el sonido del mar Caribe, con ese olor tan divino que se mezclaba con el olor de los pétalos de las flores, y una gran bandeja de frutas tropicales.

Y yo allí parada frente a ese hombre divino que me trataba como una reina, como en los cuentos de hadas en que me habían hecho creer desde pequeña y de los que yo pensaba que sólo eran cuentos... pero la vida me estaba enseñando que cada día puedes tener un sueño nuevo que vivir.

Pero esa vez fui yo la que tomó el control como recompensándolo por tanto detalle, y sutilmente lo fui llenando de besos, desnudándolo, y lo amarré de la cabecera de la cama, me fui desnudando frente a él poco a poco, saqué un aceite de mi bolso y comencé a frotárselo, comenzando por sus pies, uno a uno, poco a poco, por todo el cuerpo, despacito, sin dejar de besarlo, las puntas de mis dedos se convirtieron en sensores eléctricos para él mientras le decía lo feliz que era a su lado, lo mucho que me gustaba estar en ese paraíso con él, ya que la brisa, el olor de las flores, el sonido del mar seguían ahí encendiendo el ambiente.

Una vez que terminé de consentirlo entonces anclé en él y comencé a derramar el aceite sobre mi pecho, dejando que él observara cómo las gotas iban recorriendo mi cuerpo como pequeños ríos, me encantaba verlo cómo me deseaba y sus deseos de frotarme el aceite en mi cuerpo, pero no lo solté, era su regalo, y comencé a hacerlo muy despacio, y con la punta de mis dedos me frotaba mis pezones, y él como loco disfrutándome, diciéndome frases dulces y cuánto lo excitaba; yo lo calmaba, me acercaba y lo besaba, y sólo cuando sentí que ya era el momento preciso, lo fui soltando lentamente como cediéndole el control para que él cerrara como mi hombre y mi dueño ese gran momento de pasión entre nosotros.

Esos días en Los Roques fueron inolvidables, ya que es como una isla desierta, no hay señal para celulares, ni televisión, ni tiendas... sólo está la vida ahí junto a la naturaleza para pensar en silencio, sentados en la arena en medio de la nada, mirar lo bello que es el cielo, los atardeceres, el vuelo de un pájaro, el caminar de un bebé cangrejo, estar frente al mar con tanto espacio abierto para ti, para respirar profundo y sentir que puedes vivir y ser muy feliz sin la computadora, sin el celular, sin el carro, sin la cartera de moda, sin una serie de basura material por la cual te has desenfocado y complicado tanto en la vida, que ha logrado hacerte creer que toda esa basura es lo más importante. Y ahí en esa simplicidad tan bella y profunda sientes que tu vida es bella porque simplemente estás vivo.

Y así como estábamos en un paraíso tropical, estábamos a los dos meses en la montaña o en una gran ciudad; el lugar era al principio sólo la excusa de conocer un nuevo punto de encuentro y lo siguiente era convertirlo en algo inolvidable para nosotros.

Este hombre alto, atractivo, inteligente, maduro, divertido, gentil, juguetón, culto, divino, aventurero, simpático y arriesgado me hizo estar segura de que «todos los hombres NO son iguales».

Y como dice una de las canciones de Luis Miguel: «Conocerlo fue mi suerte... Amarlo fue un placer.»

5

Los metrosexuales

Salga a la calle y pregunte qué es un «metrosexual» y verá que de cada cien personas sólo una o dos tendrán una medio idea de lo que es.

Una vez que usted le diga que un metrosexual es un hombre que se cuida, que va a la peluquería, que se da masajes, que se hace la *manicure* y la *pedicure*, que si lo necesita se saca las cejas, que se poda sus partes peludas, que está a la moda, siempre trata de estar bien vestido y perfumado, que se interesa por aprender a cocinar uno que otro plato exquisito, que está informado porque sabe leer, que sabe de vinos, que no tiene —por lo general— barriga porque va al gimnasio o hace una rutina de ejercicio diaria, que tiene una conversación amena en diferentes temas, está actualizado en todas las áreas del mundo actual, es sensible... etcétera, entonces usted oirá inmediatamente: «Ése es marica... y si no, está a un metro de serlo.»

Si esta respuesta viene de un hombre, la verdad es que no me importa ya que enseguida verás con la clase de hombre que estás tratando, pero cuando la respuesta es de una mujer, entonces sí me da rabia y me indigna, ya que las mujeres somos muy destructivas, pero en este caso lo están siendo con ellas mismas, y eso es preocupante y contradictorio.

Y para muestra un botón: ven a un modelo en una publicidad, o a un actor de cine o de novela, y entonces sí suspiran, se morbosean, sueñan, se masturban con su foto y desearían tener a un hombre así en sus vidas... y entonces no se dan cuenta de que esos modelos y actores TODOS son METROSEXUALES.

Sólo es otra palabra nueva de esta época, «metro» viene de «metrópolis» —ciudad—, es el concepto de los hombres que se cuidan, cuidan su imagen para su trabajo, para ellos mismos, y lucen así para sus parejas o posibles parejas.

Qué maravilloso sería que cada mujer transformara al «sapo» de su marido, de su hijo, hermano o novio en un «metrosexual», eso sería grandioso, ya que viviríamos en un mundo rodeados de hombres agradables y bellos por todas partes.

¿Quién nos entiende? Hemos pasado la vida «quejándonos» de que los hombres se descuidan una vez que se casan, se ponen gordos y feos, no se afeitan, no se perfuman, basta verlos un domingo caminando por la ciudad, muy cómodamente sin afeitarse, en chancletas y con unos bermudas o *shorts* horribles, con una franela vieja de una publicidad de una cerveza o una marca de aceite de carros, se rascan sus partes sin ningún pudor o se sacan un moco y lo pegan a la silla donde están sentados, con una cerveza en la mano que sólo acercarte a ellos y olerles el aliento te da asco de sólo pensar que te van a besar, con las uñas de sus manos sucias, los pies resecos y las uñas enterradas, y pareciéndose cada vez más a «una foca» ya que les salen pelos por la nariz y por las orejas.

Y «la barriga», esa barriga peluda que cada día crece

más, y a medida que va creciendo menos les funciona lo que ustedes ya saben; ése es el hombre del que nos quejamos constantemente, el que nos apaga la libido, ese deseo sexual que nos hace felices, ese hombre es el que nos hace perder la esperanza y las ilusiones de mantenernos activas sexualmente, ese hombre nos aplasta y nos avergüenza en ciertas oportunidades, y si a ese hombre sapo le metes una botella de ron o una caja de cervezas, entonces sí es verdad que pierde cualquier posible atractivo, que de paso sólo habla estupideces y las repite cien veces en una hora, esos hombres son LOS SAPOS ANTISEXUALES. Miren a su alrededor, nos están invadiendo, están por todos lados, así que vamos a dejarnos de hipocresías, que a toda mujer le encantan los «metrosexuales».

Lo que pasa es que vivimos con la mente estrecha todo el tiempo, sin ser objetivas, y somos mezquinas con nosotras mismas.

El miedo nos invade: ¿qué va a pensar la gente si digo que mi marido está en el *spa* o en la peluquería, que él usa humectante, que hoy le dieron unos masajes o que se está limpiando el cutis?

Yo amo a los «metrosexuales», y seré una promotora para que cada día haya más de ellos por ahí por las calles, para verlos y disfrutarlos.

Yo amo a los hombres modernos de hoy, que rompen los esquemas y son inteligentes, que se han dado cuenta de que así como a ellos les encanta una mujer bonita, flaca, arreglada, con buena figura, perfumada, con unas manos y unos pies impecables y suaves, bien vestida, coqueta, sexy, actualizada en todos los aspectos, y no les gusta hacer el amor con una mujer borracha, son capaces de pensar que la mujer quiere lo mismo.

Estos nuevos hombres objetivos y coquetos que saben que cada ser humano tiene su parte femenina y su parte masculina; estos hombres están conscientes de que la mujer ha cambiado y se ha superado en todos los aspectos y quiere otro tipo de hombre, hombres a su mismo nivel en todo su conjunto; los «metrosexuales» están conscientes de que los hombres están perdiendo terreno si se mantienen aferrados a viejos hábitos y conceptos, buscan ese perfecto balance para ser más completos, más agradables, más sensibles, quieren ofrecerles a sus parejas un hombre diferente de lo que hasta ahora teníamos. ¿Cuántas veces hemos oído decir: «Los hombres no lloran»?, como si no tuviesen sentimientos o un aparato lagrimal igual al de nosotras. Siempre oímos que los hombres que andan pendientes de su físico son gays, ¿qué pasa? ¿Qué nos pasa? Los hombres están entendiendo que están viviendo en otros tiempos con mujeres muy distintas, mujeres muy preparadas y exigentes, mujeres diferentes que están buscando otra cosa, otro hombre.

¿Por qué cuestionar su sexualidad? ¿Por qué ofenderlos e intimidarlos? Cada hombre que anda por la calle tiene su sexualidad «bien definida», para un lado o para el otro, ¿cuál es el problema de ver a los hombres bien arreglados, sean heterosexuales, homosexuales o bisexuales? ¿Qué tiene que ver su presencia con su sexualidad? ¿Por qué Brad Pitt sí puede hacerse unos rayitos en su pelo y tu pareja no?

Una vez me acosté con un amigo metrosexual, supertrabajador, exitoso en su área, muy varonil. Cuando lo vi llegar sentí cosquillas en mi estómago, estaba tan casualmente vestido que lucía fresco y espectacular, se me acercó y me besó, e inmediatamente acarició mis brazos y me dijo lo rico que yo olía. Durante la cena se comportó como un caballero, me recomendó un plato nuevo el cual estaba divino, intercambiamos en nuestra conversación un sinnúmero de temas haciendo la charla cada vez más agradable mientras nos tomábamos un buen vino, y así como él me detallaba a mí de pies a cabeza, yo hacía lo mismo con él, sus manos y sus uñas eran perfectas, sus zapatos, su pelo, su olor, todo él lucía tan radiante y tan seguro de sí mismo que aquella noche estaba envuelta en la magia de aquel hombre que te conquistaba en todos los aspectos. Y si hablo de su sexualidad, puedo decir que fue uno de los mejores postres que me comí esa noche. A la mañana siguiente me despertó con un beso y yo sólo me quedé ahí en la cama observando su rutina, hizo unos diez minutos de ejercicios, arregló perfectamente la cama y luego entró a la ducha; media hora después, cuando se vistió, parecía un artista de cine con su traje gris plomo, su camisa rosa viejo y una corbata color vino tinto, bien afeitado, bien peinado y oliendo rico... y el baño había quedado en perfecto orden y limpio, ya que ésa es otra cualidad de los metrosexuales, son ordenados y limpios.

Qué forma tan divina de comenzar el día.

Yo me niego a pensar que prefiero seguir levantándome con un hombre que en lo que se levanta se tira dos gases lacrimógenos, que se ríe cual gracioso y que de paso te quiere meter un gallito para él comenzar muy bien su día, sale de la cama con los interiores torcidos, y las que te conté guindando por un lado del interior, con aquella barriga peluda, y que mientras va al baño rascándose te va pidiendo que le hagas un café y que no te olvides hoy de pagar el teléfono, que después de bañarse te deja todo sucio, la toalla tirada en el suelo o en la cama, los interiores por ahí, y sale vestido todo apurado y sin coordinación alguna en su ropa, que sale dándote instrucciones y te da un beso empujado que te lo pega donde caiga.

No hay que ser bello o ejecutivo para ser un «metrosexual», cada hombre tiene su encanto, su trabajo, su sexualidad bien definida, su personalidad; sólo hay hombres descuidados, mal vestidos, mal arreglados y mal enfocados.

Y no es cuestión de dinero, ya que sólo basta con ver al muy famoso y millonario «Señor de los Anillos» —Peter Jackson— recibiendo su Oscar todo supergordo, despeinado, con una barba totalmente descuidada, el cuello de su camisa sin posibilidades de cerrarse, la corbata torcida, con un esmoquin que ni queriendo lograría cerrar para esconder semejante barriga; ése es el verdadero patrón del propio «sapo antisexual», así que para aquellas mujeres que siguen criticando a mis «metrosexuales», piensen bien en lo que dicen, ya que el espectacular George Clooney es el auténtico «metrosexual». Las mujeres somos las que criamos a los hombres, somos muchas veces más machistas que los hombres, somos las únicas responsables de lo que les enseñamos desde pequeñitos; en la medida en que nos sinceremos y sepamos de verdad qué queremos de ellos, lograremos mejores hombres para nosotras, para nuestras hijas y nuestras nietas.

Yo estoy muy clara en lo que quiero ver y tener a mi lado, ya que por mi parte seguiré cada día más alejándome de los «sapos antisexuales» para encontrar a mi «metrosexual».

6

La Loca

Tengo una amiga a la que adoro, ya que es una mujer encantadora, siempre está de buen humor, siempre riéndose, le encanta su vida familiar, enamorada de su hombre, de sus hijas, y por ellos vive las veinticuatro horas del día. Es otra Soyla que todo lo resuelve, todo lo arregla, y con su mágica personalidad crea un ambiente maravilloso para todos los que la rodean.

Ella hace muchos años atrás me dijo que cuando se peleaba con su hombre siempre lo hacía «de la cintura para arriba», que nunca por ninguna circunstancia «de la cintura para abajo», ya que la Loca tenía que comer, que «ésa» era loca y no razonaba, y era mejor no involucrarla en los problemas diarios ya que ella, al igual que el Loco, no razona, ni piensa, por eso son locos.

Que ella hacía el amor con su hombre aunque estuviera molesta, sólo que «no lo besaba en la boca», pero de la cintura para abajo dejaba que la Loca solucionara el problema.

Con los años, me di cuenta de que mi amiga es muy sabia, ya que la Loca no es tan loca como uno cree, la Loca es poderosa y peligrosa, ésa manda, amarra y hala, la Loca soluciona problemas, impulsa a las reconciliaciones. Por una que otra Loca en la historia se han producido guerras, reyes han abandonado el trono, se han desbaratado millones de matrimonios, la Loca habla, susurra y domina a los hombres a su antojo. Una vez que un hombre se obsesiona con una Loca... ya no piensa, ni razona, pierde la lógica, los valores, la voluntad y la visibilidad.

En mi pueblo hay un dicho que dice: «Más hala un pelo de Loca que un arado de bueyes.»

Hoy me peleé con «mi Loca» de una forma dramática, y créanme que es terrible sentir que no estamos conectadas.

Todo comenzó porque recibí una invitación muy particular: «Cómprate un novio»; dicha invitación venía de otra amiga divorciada igual que yo. Así que fui a su casa, pues soy considerada con mis amigas y, además, las reuniones entre mujeres me encantan, ya que pueden resultar altamente educativas.

Éramos como veinte mujeres de diferentes nacionalidades y edades, había casadas, divorciadas, viudas, solteras. Se imaginarán el gallinero que se formó, digno de cualquier cortometraje.

Igualito a una reunión de ésas de Tupperware, la mesa llena de sandwichitos, refrescos, coctelitos, pizza y torta, pero había otra mesa fríamente ubicada en el medio del salón con una serie de productos de todos los tamaños, y uno en especial tapado con un terciopelo rojo en el centro de la mesa.

Nos sentaron en círculo y comenzó la reunión. Apareció la maestra de ceremonias, una norteamericana que se presentó y decidió cambiarnos el nombre a todas para comenzar el juego (a mí me parecía algo estúpido, pero bueno...), sexy, masoquista, bésame, introdúcemelo, lámeme, vampira, vagina, puta... etcétera, para luego hacer una rifa y alguna de nosotras ganaría un premio.

La gringa comenzó mostrándonos aceites afrodisíacos, guantes de plásticos con miles de puyitas, cremas para fruncir a la Loca... Yo por dentro pensaba: «Hija, en mi tierra eso se llama "alumbre", pero como estos gringos todo te lo enfrascan...» Seguimos, cremas para que a nuestro hombre le durara más la erección; había que ponérsela diez minutos después de los primeros besos, ya que primero había que untarlo con un aceite con sabor a chocolate; una vez excitado había que meterle un anillo para mantenerle el tamaño... La verdad es que yo estaba que no podía creer aquella cantidad de instrucciones, aquellos olores, aceites, cremas para fruncir, para prolongar erecciones, meter anillos... Yo sólo me preguntaba: ¿Qué forma de hacer el amor es ésta...? ¿Te imaginas si tienes unos tragos encima y te equivocas, te tragas el aceite, te echas la crema en la boca y se te frunce? Al hombre de la risa se le apaga el que te conté y se le cae el anillo, y tú buscando aquel anillo por el cuarto para empezar de nuevo. Y no te quiero contar si se te olvida cerrar la puerta del cuarto y en eso entra uno de tus hijos llorando que tuvo una pesadilla... ¡¡¡qué horror!!!. Resulta que hay que hacer el amor con una mesa portátil como la que tienen las peluqueras con rueditas y amarrártela en la cintura o en un tobillo para tener a mano todas esas cosas mientras te mueves por todo el cuarto para poder tener una noche de placer fuera de este mundo.

Y cuando pensé que lo había oído todo, se nos informó de que la parte teórica había terminado y comenzaba la práctica; coño... ¿¿¿la práctica??? Ahí sí me asusté y dije dentro de mí: «A la primera que me toque le meto un solo derechazo...» Para mi tranquilidad la mujer abrió un maletín de esos muy ejecutivos plateados y sacó como veinte penes de plástico, rosados, negros, gruesos, normales, en su mayoría con un buen tamaño, y nos dio uno a cada una para aprender a acariciarlo con las manos según sus instrucciones, con su respectiva crema, que por supuesto ella vendía y generaba un doble placer, pero olía a hospital... Me sentía como una idiota con las manos embarradas dándole de arriba para abajo a aquel juguetito... Pero bueno, seguimos, hasta que volvieron a abrir otro maletín con otros veinte penes más, pero esta vez para aprender a «mamarlos»... ahí sí me dije: «¡Ni de broma!... Estoy muy madurita para hacer esta tontería en grupo y, además, hace muchos años aprendí a crearme mis propias técnicas...» Sólo pensé: «Esto sólo pasa aquí en Estados Unidos...» «Clases de mamadas.» Así que les dije con cara de perro que yo no iba a hacerlo ya que en la mañana me habían sacado una muela y no iba a forzar mi mandíbula (tremenda excusa, ¿no?).

Ya para ese entonces las mujeres estaban medio alegres con los coctelitos que se habían tomado y comenzaron a meterse aquellos penes de plástico en la boca y siguiendo las instrucciones. Se imaginarán en lo que se convirtió aquella reunión, muchas risas, mucha pena que se iba desvaneciendo en cada movimiento, y yo que no estaba participando veía algo bastante impresionante, ya que una cosa es hacerlo en privado y con tu hombre y otra cosa es verlo en grupo y con plástico.

Pensé: ¿Hasta qué punto en realidad las mujeres necesitan este tipo de educación?, ¿qué porcentaje de mujeres hay por ahí tan ignorantes en estos temas?, ¿hay que llegar al extremo de enseñarles algo que debería ser tan natural y que fluyera dentro de una buena relación?

Mis pensamientos fueron interrumpidos ya que había llegado el gran momento, una música al estilo circo, de retumbe de tambores como cuando los trapecistas van a hacer su acto más peligroso sin malla de protección, levantaron el terciopelo rojo y apareció «el gran novio». Un solo grito de histeria retumbó en el salón, yo quedé paralizada de la impresión, aquello no era la imitación de un pene, aquello era un cohete muy parado mirando al cielo, era del tamaño del espacio que tenemos entre el codo y la mano, créanme, bien grueso, con una cabeza perfecta y su par de testículos que lo mantenían erguido, todo rosado e imponente mirando hacia el techo. Hasta sentí la vibración de «mi Loca» al estremecerse como diciendo: «Este Loco me gusta y quiero probarlo.» Sin reponernos de la impresión la gringa nos explicó que en los testículos tenía un gran imán para pegarlo de la lavadora, la secadora, la nevera, tubos, etcétera, y le dio a un botón y comenzó aquel animal a moverse, de derecha a izquierda, en círculos, para adelante, para atrás, y sólo se oían los gritos y las risas de las mujeres. Yo seguía espantada de sólo imaginarme que podía hacer el amor con una lavadora con tremendo pene, con la puerta de la nevera. El mero hecho de usarlo sólo en la cama sin pegarlo de ningún sitio confieso que me intimidaba.

Por supuesto todas lo tocamos y lo encendimos, y créanme que su sola presencia te excitaba. Después de un largo rato de euforia comenzaron a enseñarnos los otros posibles novios, aparecieron más de quince modelos de vibradores, todos primos hermanos del animal, con varias funciones, varios colores y texturas, pero ninguno como él, vibradores pequeños de bolsillo, unos enchufables al encendedor del carro para entretenerse en las largas colas del tráfico, ¿se imaginan...? Las colas dejarían de ser aburridas y las caras de los vecinos del tráfico serían sorprendentes... Y ni qué decirles si chocas y se te mete ese artefacto para dentro y tú del golpe quedas inconsciente y te encuentran ese aparato dentro... ¡¡¡qué pena y qué horror!!!... Otros con un accesorio incorporado para acariciarte el clítoris... En fin, llegó un momento que hasta perdí el apetito sexual, ya que no entendía muy bien el porqué de la clase teórica y práctica para compartir con tu hombre si al final el plato fuerte y el verdadero objetivo era todo mecánico y sin pareja.

Pero aún había más, nos repartieron unos catálogos de auténticos muñecos de goma, iguales a un maniquí pero flexibles completamente, mujer u hombre, de dos tamaños de estatura, podías escoger el color de pelo, los ojos y alguna ropa, el miembro era casi igual al del supuesto novio que nos habían mostrado, y podías desprenderlo del cuerpo si lo querías (¿se imaginan?, arrancarle el pene a un hombre y luego volvérselo a colocar, eso sería ideal en la vida real, poder quitarle al marido su miembro mientras se va a la oficina, a las barras de los bares...), las piernas lucían superreales, musculoso, y hasta vello púbico tenía. También traía una manguera para producir eyaculaciones si lo deseabas, y hasta leche condensada podías aplicarle, era lavable, y a este hombre sólo tenías que colocarlo arriba de la cama o en una silla y hacer con él lo que desearas, nunca se cansaría ni dejaría de estar ahí erecto, tampoco iba a estar criticándote que si estabas gorda o tenías celulitis, o que estaba cansado, ya que era ciego, sordo y mudo. Parecía un hombre auténticamente real, con cara de estúpido, ya que no tenía sino una sola expresión, pero era un hombre de plástico tan real como cualquiera, podías sacarle la lengua hacia fuera y besarlo el tiempo que desearas.

Las muñecas mujeres eran mucho más completas, ya que variaba el tamaño de los senos, el color de la piel, las pestañas, pelo corto, largo, rubias, morenas, pelirrojas, y de ésas sí había siete caras diferentes, muy bellas todas.

Es tal el avance al que hemos llegado que por sólo siete mil dólares puedes tener un novio o una novia que no te dará sino placer cada vez que lo desees. ¿Podemos comprarnos un marido o una esposa de plástico en tamaño natural? ¿Eso es realmente lo que queremos? Alguien mudo, ciego y sordo, que esté allí sólo para eso.

Sólo me preguntaba hacia dónde vamos, ¿qué porcentaje de personas son capaces de ver esta alternativa como una solución satisfactoria para sus vidas?, ¿es sólo sexo lo que se busca?, ¿no importa con quién o con qué?, ¿y el amor, la química, la atracción, ese *feeling* divino que sientes en una mirada?

Al final todas hicieron su pedido. El animal por supuesto fue el más vendido, ya que por cien dólares salías con tremendo novio. Otros que gustaron mucho fueron el portátil del carro y una cuerda con tres bolitas que te metías dentro de la Loca todo el día si querías, y al caminar ellas te acariciarían interiormente con su movimiento. (¿Se imaginan la cara de satisfecha y pervertida que puede una poner caminando por la calle, o dentro de los pasillos de la oficina?)

La verdad es que me encantó haber compartido esa experiencia y analizar que entre gustos y colores cada quien piensa de una forma diferente, pero salí también con cierta preocupación dentro de mí ya que percibí una fuerte demanda en todos estos sustitutos de placer; yo particularmente jamás me he comprado ningún aparatito de éstos y no critico para nada a quien los use, simplemente no hago nada que no me llame la atención o el deseo de verdad de tener uno. También creo que puede convertirse en algo altamente adictivo y le huyo a todo lo que cree adicción, pastillas, vibradores, drogas... Y sólo con moderación uso algo de alcohol y cigarrillos; son mis dos vicios, uno mojado y otro seco para mantener el equilibrio, además, siempre, gracias a los hombres que he tenido, he disfrutado de una muy buena vida sexual.

Con esto no quiero decir que las personas que los usan no tengan una buena vida sexual, nada que ver, cada quien se busca sus propios placeres y tal vez yo me esté perdiendo algo más emocionante.

Así que salí de la reunión sin comprar nada y al llegar a la casa comencé a tener la gran pelea de mi vida.

Pues sí, «mi Loca» estaba furiosa conmigo, ya que por una tontería comenzamos a pelearnos y ella comenzó a insultarme: qué, qué es lo que yo me creía, que ya estaba vieja para estar siendo tan selectiva con los hombres que se me acercaban, que a todos les buscaba un defecto, que si éste es gordo, éste barrigón, éste no tiene plata, éste está muy joven, el otro muy viejo, que muy bajito, que si tiene bigotes... En fin, que me viera a un espejo, que se me iba a pasar el autobús... que por culpa mía se nos había ido el año en blanco y ella muerta de hambre... te la pasas con la tontería del «crecimiento personal»... hasta me gritó: «¡¡¡Cuidado y explotas!!!» ¿Se imaginan mi indignación? Nos dijimos de todo, ella estaba furiosa porque yo no había comprado a ese maravilloso animal que habíamos visto, que ése era perfecto para que ella se distrajera mientras yo pasaba los meses... los años... decidiendo por un hombre de verdad... Ahí casi la mato... Entonces yo también le grité: «Yo no voy a sustituir a nadie por un aparato de pilas... ¡¡¡esas cosas crean adicción!!!... Además, esos aparatos no te abrazan, no conversan y a mí me gusta conversar...» Y claro, la Loca me gritaba: «En esos momentos no hay nada que conversar, idiota...»

Pobrecita, yo la entiendo, ya que es horrible pasar meses sin tener quien te haga un cariñito, pero eso de que cualquiera venga a meterte mano es medio difícil de aceptar. Además, yo veo muy bien de lejos y muy mal de cerca y a mi Loca le pasa lo contrario, ella no ve de lejos y de cerca ve perfecto... Por eso entramos en conflicto ya que yo *Soyla* que asume todo el paquete, sólo si hay química y tiene un buen lejos puedo dejarlo entrar, yo *Soyla* que asume el problema que se puede formar luego de la primera cita, yo *Soyla* que tiene que manejar la situación de la cintura para arriba, y tiene que haber química, la conversación tiene que ser buena, buenos besos; me encanta que me besen, si un hombre no sabe besar bien, me apago, si sabe besar bien, entonces tiene la mitad de la entrada en la mano, uno que otro traguito ayuda, y sólo así, cuando se juntan una serie de detalles, dejo que mi pobre Loca coma y sea feliz.

Pero no hay forma de negociación con ella para tratar de que razone, ésa es loca y no razona; mira que he tratado de que se distraiga y se lea un libro, se lo pongo enfrente y nada... no quiere leer.

Para reconciliarme con ella le compré unas pantaletitas nuevas, todas lindas, blancas de encajes y perlitas, y fue peor el remedio ya que cuando me las fui a quitar, me cayó a mordiscos porque la muy boba se sentía muy linda y pensó que nos íbamos «a casar»... ¿¿¿se imaginan???... Está furiosa... no deja ni que la bañe, tuve que comprarme un guante de esos para entrenar perros que te cubren todo el brazo y así bañarla...

El otro día me asustó, ya que creo que se cortó las venas, estuvo sangrando unos días y estaba como apagadita, deprimida, pero como que se curó porque sigue viva, pero la muy rencorosa se metió a «autista»... sí, autista, sólo siento cómo se mece y se queja, ahhhh, ahhhh, ahhhhh, ahhhhh, mientras se mece...

Cualquier otra se hubiese metido a Hare Krishna, evangélica, pero no, «mi Loca» es diferente, ella ahora es autista, ya parece hasta *hippie* ya que ni se deja peluquear... Si sigue así va a empezar a parecerse a Osama Bin Laden, tengo que hacer algo rápidamente.

7

Unos cuentos cortitos

Comenzando el año...

No puedo creerlo, ya terminamos con el mes de enero... Ayer andábamos con las carreras del arbolito y las angustias de fin de año, ¿que hay que ponerse pantaletas amarillas para que entre dinero todo el año...? ¿¿¿Será que esa área de nuestro cuerpo es alcancía y yo la estoy usando para otra cosa??? Aquellas carreras de diciembre, los regalos, la gastadera de dinero, las vacaciones, la familia... las uvas... cómete las uvas y pide doce deseos... ¿doce deseos...? si yo sólo quiero uno solo: *Dinero... mucho dinero...* Cuando tienes dinero, todo el mundo te quiere, te alaba, te ama, y todo lo que dices es increíblemente interesante y acertado.

Por ahí me llegó un e-mail de unos amigos de Japón donde explicaban que los japoneses hacían un ritual de unos treinta minutos el 31 de diciembre para sacarse los ciento ocho demonios acumulados durante el año... No tienen ni idea de la angustia que generó semejante conocimiento en mí, jamás me he sacado ningún demonio, así que hice mis cuentas y se supone que tengo un acumulado de cuatro mil ochocientos sesenta demonios viviendo dentro de mí... con razón... ahora puedo entenderme mejor, con razón vivo con este fuego dentro de mí que no hay forma de apagármelo, tengo que encontrar una buena manguera y varios días para calmar este infierno que llevo por dentro.

Enero en Miami ha sido de espanto, la mayor parte del tiempo hemos estado con temperaturas de cero grados (como diría mi amigo el gallego: ni frío ni calor), es terrible abrir la puerta de la casa a las seis y media de la mañana y sentir cómo te quedas paralizada con aquel frío que te quema, luego la humedad, y para rematar tenemos tres días de lluvia sin parar... Todas las condiciones necesarias para estar empiernada dentro de la cama, pero yo sigo sola, bueno, ahora sé que no estoy tan sola ya que vivo con los cuatro mil ochocientos sesenta demonios por dentro... como que le da miedo a una de ir a meterse en el cuarto, ¿se imaginan si me pasa como a la niña del *Exorcista*...? Yo con la cabeza dándome vuelta, los ojos brotados y escupiendo fuego... «susto», mejor me pongo a limpiar el rancho.

Así que he decidido cerrar cada mes bailando y divirtiéndome. Ayer me despedí de enero, me recomendaron un sitio chiquitico por aquí cerca de mi rancho, es un restaurancito chiquito y los sábados a partir de las doce de la noche lo convierten en discoteca. Y para allá me fui, me lo gocé desde que llegué, la música estaba buena, así que de entrada me metí en el medio de la pista a bailar... na... ra... na... ra... na «I feel good... I feel good...» espero me copien... «We... are... family...» y la *YMCA*... (léase como los cursos de inglés: guay em si ei) con su respectiva coreografía. Ya que aquí en este país no se puede improvisar en nada y menos bailando esas «clásicas canciones», hay que seguir a la manada y hay que subir las manos y hacer medio borracho las letras YMCA... luego... «In the Navy... In the Navy...» Qué alegría, yo ya me sentía tan patriótica como si fuera dentro de un portaaviones rumbo a Irak... «In the Navy...» Hasta que por fin sonó... «¡¡¡Epa!!!... abre los ojos, mira hacia arriba y disfruta las cosas buenas que tiene la vida...» Ahí sí, sonó lo mío y comencé a bailar con mi propio tumbao, al compás de Celia Cruz, Carlos Vives, Olga Tañón, Óscar de León... y demás salsa sabrosona, que me dejó como pollo remojado, bien sudadita para celebrar que enero había llegado a su fin. Ya como a las tres de la madrugada me regresé para mi rancho feliz de la vida.

Lista ya para disfrutarme el mes del «amor y la amistad», el carnaval... La verdad es que febrero es el mes del bochinche y la parranda, con razón yo soy así, ya que a mí me fabricaron un mes de febrero por allá en mil novecientos *my way* del siglo pasado... qué sabroso es crecer para ir comprendiendo el por qué unos somos alborotados y otros... más intelectuales.

Me mudé...

Me mudé a New York, conocí a un hombre espectacular, puertorriqueño, de un metro ochenta de alto, delgado, lleno de dinero y supersimpático, trabaja para organizar los conciertos de Ricky Martin y de otros artistas y ahora vivimos en un precioso apartamento en Tribeca en New York.

Fue como amor a primera vista, él me miró... yo lo miré, y cuando corrí a abrazarlo... me caí de la cama y me desperté.

Sonaba bien, pero bueno, soñar es gratis y si eso te alegra la vida... a soñar.

Lo cierto es que sí me mudé, pero aquí mismo en Miami, tenía como unos cuatro meses con un letrero frente a la casa que decía «*For Rent*» y la verdad es que hasta se me olvidaba colocarle los papeles de la información ya que nada más de pensar en mudarme me daba flojera, así que le puse un precio alto a la casa para que cubriera «la señora hipoteca», ya que si no, no tendría ninguna gracia mudarme y revolver más mi existencia. Creo que sólo cinco familias pidieron cita para entrar a verla, ya que cuando veían el precio salían corriendo, y como las cosas del destino no las para nadie, un día una de esas cinco personas me llamó desesperada que necesitaba la casa en quince días y yo le dije que no podía alquilársela en tan corto tiempo ya que no tenía dónde mudarme, pero el destino seguía empujándome a tomar mi camino, y ese mismo día sin buscarlo encontré en la vía «un ranchito simpaticón» que decía «*For Rent*», me bajé a verlo, lo visualicé con mi decoración y pensé: «Bueno, Soyla, no es la casa que soñaste para esta etapa de tu vida, pero puede ser el comienzo de una nueva vida sin tantas angustias económicas para ti y en cierta forma el trampolín para tu total estabilidad.»

Llamé al señor interesado en mi casa y prometí que en trece días me mudaba, por supuesto con el apuro de él salí favorecida yo y puse mi precio, así que alquilé mi casa por dos años y comenzó EL MARATÓN. No tienen ni idea de la paliza que me metí, primero tuve que dejar de trabajar (generar dinero) dos semanas ya que trabajé tres veces más, tuve que hacer un *garaje sale* para rematar cuanta cosa inútil había acumulado durante los últimos ocho años, vender muebles que no me cabían en el ranchito, del tiro vendí hasta los recuerdos ya que me dije: Vida nueva, pues el noventa por ciento, nuevo; me quedé con mi diez por ciento que representa mi personalidad en detalles. De revolver los clósets salió hasta el traje de novia y lo puse en veinte dólares ya que me parecía justo (un dólar por año), para mí sólo era un juego, y hubo una señora que se fue furiosa porque no se lo vendía más barato, así que preferí botarlo a la basura —total para mí era sólo eso, basura—, pero me divertí viendo cómo varias mujeres querían llevárselo.

Ni se imaginan lo que trabajé esos días, terminé sin uñas, con varios morados en las piernas y en los brazos de cargar cajas. Sé que aún tengo espalda porque me abrocho el sostén todos los días, pero hace rato la siento como dormida, así como cuando se te duerme una pierna, el cuello es como una cabilla, cortaditas fastidiosas en los dedos, mi mente agotada de coordinar mil cosas a la vez. Alquilé un camión jumbo para el día fuerte de la mudanza, donde me ayudaron mis dos hijos, mi sobrino y el jardinero, pero por más que sacaba y botaba cosas, al final tuve que pedirle prestada la camioneta al jardinero y cargar yo misma todo lo que no se trajo el día de la mudanza en unos cuatro viajes.

Mientras mi casa iba quedando cada día más bonita y vacía, el ranchito se veía cada día más feo y bombardeado de cajas y cosas por todos lados, yo llegaba en la noche y sólo esquivaba las cajas y me metía en la cama.

Pero bueno, todo salió bien, ayer entregué en perfectas condiciones mi casa, el inquilino está encantado conmigo, es abogado y me dijo que estaba completamente convencido de que yo era Wonder Woman, y me los metí en el bolsillo: cuando entraron, los esperaba una cesta de regalo con una botella de vino, una de *champagne*, unas galletitas, unos quesos y unos caramelos para los niños dándoles de mi parte la bienvenida a su nueva casa, y por supuesto yo quedé como lo que soy, «una reina».

Pero nada es perfecto: en vez de entregarles la llave de la casa les entregué las llaves del ranchito, menos mal que les había dejado los controles del garaje, pero mi cabeza casi ni coordinaba, así que fue la nota simpática de la mudanza.

A todas éstas, dos días antes de la mudanza llegó una amiga de sorpresa a visitarme para pasarse unos quince días conmigo. La sorprendida fue ella ya que la convertí en mi asistente, es muy simpática y nos recargamos las pilas la una a la otra, me ha ayudado mucho, y yo no me siento tan sola ya que ya dejé de hablar sola y ahora puedo conversar con ella. Al principio no tenía cama para ella y dormía en el sofá, pero en la medida en que llenamos el ranchito de cajas ya ni sofá había, así que empezó a dormir en mi cama; se imaginarán a este par de locas colocando una barrera de almohadas en el medio ya que con este verano cualquier cosa puede pasar si uno se toma unos tragos. El primer día que dormimos en el ranchito nos despertó el nuevo timbre, a las ocho de la mañana, era el técnico que venía a conectarnos el cable de televisión, y yo le abrí la puerta y más atrás salió mi amiga del cuarto, se imaginarán la cara del hombre: «Tan bonitas y lesbianas.» Sólo nos reímos ya que tenemos nuestros cuentos, pero a esa hora de la mañana no estábamos para dar explicaciones y mucho menos a un desconocido.

La verdad es que nos hemos divertido juntas, hemos recorrido cuanto lugarcito sabroso hay en Miami y nada, regresamos siempre a la casa medio borrachas y con los ojos en blanco, mudas e impactadas de tanto gay y hombre fracasado que hay en las calles ya que, aparte de los policías y los *barman* de los bares... lo demás es pura pérdida. Un día tuvimos hasta que llevar a un hombre borracho a su casa, ya que pasamos la noche conversando con él; era más joven que nosotras, encantador, todo un caballero, pero tenía todo el día tomando ya que venía de una boda. Lo cierto es que se quería ir a su casa manejando, así que me lo monté en mi carro y mi amiga manejó el de él, y así lo dejamos en una casa preciosa de Coral Gables. Él feliz nos daba besos y nos decía que éramos unos ángeles, mi amiga y yo sólo nos mirábamos y decíamos: «Para lo que quedamos...» Tal vez era un mensaje divino para hacernos montar un negocio e ir recogiendo borrachos por los bares y cobrar por devolverlos a su casa.

Así que hemos acordado dejar de gastarnos el dinero en bares, maquillaje, peluquería y de llenarnos de ilusiones, y hemos decidido comenzar a jugar al Yakis o nos vamos al *bowling* en las noches.

Sobre el ranchito, está ubicado en la segunda urbanización más costosa de Miami (Pinecrest), es como vivir en una casita vieja rodeada de mansiones alrededor. En esta zona las personas compran las casas viejas y las transforman en unos caserones espectaculares; de hecho, la mayoría de mis clientes vive por aquí. Les puedo decir que el jardín es más grande que la casa, la cocina es tan chiquita que cuando entra uno, tiene que salir el que está dentro, tiene tres habitaciones y dos baños y había un espacio nada definido que estoy transformándolo en cuarto para mi hijo menor; el techo de la casa es tan bajito que cuando me pongo tacones y estiro el brazo, toco el techo sin ningún problema, y eso me gusta ya que cuando llegue borracha, me aguanto del techo y derechito para la cama. Otra de las ventajas es que a mi hijo le queda el colegio a cuatro cuadras.

Pero lo más importante y lo que más feliz me tiene es que cerré un ciclo de mi vida, siento que terminaron los tiempos malos. El último día en mi vieja casa, ya totalmente vacía, estaba sola, y de pronto me tomé mi tiempo para despedirme de ella, la recorrí toda por dentro y por fuera con el brazo estirado, tocando cada rincón como acariciándola y dándole las gracias por cada momento vivido en ella. Mientras me despedía veía a los fantasmas de los recuerdos en cada ambiente, recordé muchísimos momentos vividos, por mi mente pasaron miles de *flashbacks* tan reales que podía tocarlos: cumpleaños, parrilladas, fiestas, bailes, Navidades; oí muchas risas y pocos llantos, me sentí tan libre y en paz conmigo misma..., había dado lo mejor de mí en el tiempo vivido en ella y sabía que yo ya sobraba allí, sentí que ya no encajaba en esa casa, que ya había vivido todo lo que en ella tenía que vivir, así que le di las gracias, respiré profundo como tragándome todos mis recuerdos, besé mi rincón favorito y me fui.

El pésame...

Cuando una persona se divorcia, pareciera que inspira lástima, por muy feliz que se vea y se sienta en su conversación. Hay todavía personas que pareciera que en vez de darte ánimo te dan «el pésame»: «Tranquila, Soyla, ya verás como un día de éstos la vida te cambia y aparece un hombre maravilloso, que te va a valorar de verdad y tu vida se va a arreglar y vas a volver a ser muy feliz...» ¿¿¿???

Sé que me lo dicen con cariño y con los mejores deseos, pero realmente no se han dado cuenta de que mi vida «ya cambió»... Que no tuve que esperar a ningún hombre maravilloso que me valorara, ya que más me valoro «yo», y sólo «yo» me arreglé mi vida a mi gusto, y que soy muy feliz. Tal vez tenga una vida más modesta, tal vez no tenga un hombre a mi lado, pero no entienden que definitivamente puedes ser feliz tal cual como estás.

Cuando se supera el divorcio y aprendes a saborear «la soledad» —muy aterradora para muchos—, el volver a encontrar a ese hombre maravilloso deja de ser una prioridad urgente y desesperada, sabes que existen los hombres maravillosos en verdad, pero estás tan feliz sola, con tanto espacio y libertad, que lo que menos deseas es un hombre; tal vez muchas personas no puedan entender que sí se puede vivir y ser feliz sin tener un hombre fijo a tu lado.

Esas personas no entienden que ahora tienes una nueva oportunidad de volver a salir con esas amigas que tenías abandonadas, conocer gente nueva, viajar, leer sin ser interrumpida, dormir hasta la hora que desees, no entienden que se te abrió un mundo nuevo de oportunidades para disfrutar un día a la vez según tú lo decidas, sin tener a un hombre limitándote en todo.

El ranchito

Ya está todo organizado, no hay cajas y los clósets se ven perfectos, pero ni me pregunten dónde están las cosas ya que de tanto empaquetar y arreglar no sé dónde puse nada. Por supuesto aparecieron mil cosas perdidas y casi muero con una foto mía en biquini de cuando era una señora casada... «qué gorda», y la comparé con la últimas fotos que me tomé y créanme que hasta yo me asusté, con razón el pobre hombre salió corriendo.

Por otro lado ya pinté uno de los dos minisalones del ranchito y quedó bello (¿se imaginan?, me gano la vida pintando casas y llego a mi casa a pintar la mía, ya parece vicio), pero me quedó bien acogedor. Esta vez me dejé de pensar en usar las técnicas del Feng Shui para que fluya la energía y el dinero, que si la vela roja aquí, el cristal por allá, la pared pintada de amarillo, la cama mirando al sol y qué sé yo que tanta técnica, ni que yo fuera china... Así que opté por la técnica de Soyla para que fluya el dinero, *Soyla* que tiene que echarle duro y pa'lante al trabajo... y créanme que esa técnica es la que de verdad me ha dado resultado.

Ya hasta aprendí a cambiar cerraduras ya que estos hombres de mi casa (léase mis hijos, no se imaginen otra cosa, sigo en la misma peladera) sólo saben ver el béisbol, y se imaginarán ahora que Los Marlins van a la Serie Mundial, cosa que tampoco entiendo, ¿por qué mundial?, ya que sólo juegan los equipos de USA, ¿será porque los jugadores son de diferentes países?

Lo cierto es que sólo ven televisión mientras se tocan los testículos... Hablando de eso, siempre me he preguntado por la fascinación de los hombres de tener una mano allí dentro mientras ven televisión, y no le encuentro el placer, yo he intentado ver televisión en esa forma y me meto la mano y me aburro... Aparte del leve olorcito a sushi que te queda en la mano, pierdo la concentración de la novela, la película, y si muevo mucho la mano... me pongo a hacer otra cosa...

Bueno, volviendo a mi ranchito, es pequeñito en comparación a mi otra casa, pero es divertido comenzar de nuevo; es como tener ese apartamento de soltera que nunca tuviste, comienzas a colocarle detalles y comienza a parecerse a ti, a esa nueva mujer en la que te estás convirtiendo.

Tengo una conquista

Es panameño, alto, delgado, cariñoso, educado, exitoso, culto, de muy buena conversación, viajado, con mucho, mucho dinero, el suficiente como para no trabajar más... pero... ¿por qué será que siempre tiene que haber un pero...? «está muy arrugado».

Lo conozco desde que llegué a Miami, es un hombre adorable con el que me encanta conversar, y ahora que supo que me había divorciado y me vio cómo quedé de bella, está encantado. Me contrató para que le pintara varias paredes de su apartamento... «el apartamento»... qué belleza, en South Beach, de unos dos milloncitos de dólares, así como mi ranchito de tres habitaciones y dos baños, con la diferencia de que la vista de él es de ciento ochenta grados viendo el océano en el piso veinticinco... Y mi vista por las únicas dos ventanas que tengo es una mata de toronjas... Qué distinto es despertarse en dos sitios diferentes en la misma ciudad... (Soyla, asume tu barranco); cuando entré a pintar, él me estaba esperando vestido impecable, perfumado y como todo un caballero, entrar y ver aquel espectáculo de vista fue impactante y yo dije:

«Qué belleza...» y oí detrás de mí la voz de él diciéndome: «Y contigo ahí parada la vista es mucho mejor...» y yo por dentro pensando: «¡¡¡Ajá!!!... Aparte de pintar, hoy me va a tocar "torear"», y me volteo y le veo la cara llena de más arrugas que nunca ya que el resplandor de la luz era increíble, y aquel hombre que me cae muy bien porque es un señor en toda la expresión de la palabra estaba allí mirándome con una mirada superdulce que sólo decía: «¿¿¿Cómo hago para conquistarte??? Daría cualquier cosa por tener veinte años menos...»

Y yo me preguntaba por qué los hombres millonarios tienen que ser en su mayoría viejos, arrugados y tacaños, así que para romper ese dulce momento le digo: «Qué bello tu apartamento, ¿cómo estuvo tu semana...?» «Regresé ayer de Nueva York ya que me fui una semana a pasear, y tú sabes cómo es NY...» Y yo de boca suelta y sin pensar... como siempre... «No, no sé, ya que no conozco New York...»

«¡¡¡¡No puede ser!!!!... cuando quieras, nos vamos una semana...» ¡¡¡Ajá!!!... «el segundo banderillazo»... En un segundo me transporté y visualicé la escena y vi mi cara contemplando la estatua de la Libertad, ella muerta de la risa, y yo encadenada a este viejo que podría ser mi padre.

«Bueno, mi linda, me tengo que ir a una reunión —me hizo mi cheque...—, quedas en tu casa, pon música, come lo que quieras, disfruta del apartamento... y cuando quieras usar el spa del edificio, puedes subir al piso treinta y dices que vives aquí, y te dan masajes y todo lo que tú quieras, es gratis ya que está incluido en el pago del condominio...» Esa vez cerré mi bocota y sólo pensé: «Gratis... sí, gratis, y sobre todo en este país, aquí nada es gratis... "tercer banderillazo", se acerca la hora de matar al toro.»

Menos mal que se fue y pude pintar tranquila, salí al balcón cuando terminé y disfruté de la vista largo rato y pensé: «La vida te pone las oportunidades en la mano y sólo tienes que usar "tu libre albedrío"» (¿han oído hablar de eso?). ¿Se imaginan cómo cambiaría mi vida si yo le bailo media hora a este hombre de casi sesenta y pico de años? Si yo quisiera seguirle el juego, ya que tengo más o menos veinte años menos que él y para él soy una jovencita empezando a vivir, en menos de una semana le revuelvo mil sentimientos, lo lleno de vida, de juventud, de alegría, y hago con él lo que yo quiera... Estoy segura de que mi vida cambiaría... ¿Cuántas mujeres de mi edad estaban en busca de una oportunidad así como la que yo tenía enfrente de mí? ¿Esa oportunidad de resolver su vida con un hombre mucho mayor que ellas, que buscaban estabilidad económica aun sin estar enamoradas? Tal vez sería una opción para otras mujeres que desean tranquilidad en su vida, que son más calmadas, pero yo que aún tengo mis ocho cilindros a su máxima potencia, que de vida reposada no quiero nada, todo lo contrario, quiero fiesta y aventura todos los meses, mucho sexo, nuevo y divertido; de sólo pensar en vivir con él me espantó la idea, tendría que empezar a dormir con antifaz... ya que despertarse en la noche y verlo sin la ropa bonita y costosa... ¡¡¡auxilio!!!, hacer el amor con él, sin amor ni pasión de mi parte... noo, no puedo ni escribir... se me endurecieron los dedos... Y ni qué decir de cómo estrangularía mi vida sexual; este hombre no aguantaría ni una noche de parranda de bar en bar y mucho menos un set de merengue; todo lo contrario, yo tendría que tomar un curso de enfermería para empezar a injertarlo, tomarle la presión y primeros auxilios, ya que pronto me convertiría en su enfermera, y yo ahora estoy tomando clases en el tubo plateado, que tengo tantas ideas nuevas, nuevas coreografías, que estoy toda repotenciada, lisita y suavecita... La vista del apartamento me empezó a parecer rutinaria, aburrida y terrible, el apartamento tan bello me empezó a parecer una jaula de cristal, me empezó a faltar el aire, así que agarré mis latas de pintura, mi escalera y salí corriendo... Prefiero seguir siendo su amiga, su amiga sincera, prefiero seguir en mi ranchito sin un duro y con mi juguito de toronja de mi propio jardín todas las mañanas... Qué va, es más divertido y más leal con él y conmigo misma.

Dos a la vez...

Tengo una amiga nueva y me encanta, ya que cada vez que conoces a alguien es un aprendizaje nuevo, es educativo ver que cada quien tiene su propio mundo y sus propias experiencias.

Hola, me llamo Alejandra, ¿y tú?

Soyla.

¿Y estás casada?

No, yo estoy Felizmente Divorciada.

A: Yo estoy por divorciarme, me separé hace cinco meses, pero tengo diecinueve años de casada, lo que pasa es que yo y mi novio, que era mi jefe, nos dejamos hace dos meses y ahora me está volviendo a buscar, llevábamos cinco años juntos y me tiene loca ya que me llama todas las noches borracho diciéndome que no puede vivir sin mí...

S: Ya va... me perdí... ¿con cuál de los dos estás casada y de cuál te estás divorciando...?

A: No, yo nunca me he divorciado, lo que pasa es que mi esposo no me tomaba en cuenta porque trabajaba mucho... [ya saben la historia]... y me enamoré de mi jefe... que está casado... [también saben de esta historia], y me cansé, ya que la esposa era una sinvergüenza [¿¿¿qué tal???] que no le molestaba nuestra relación y no lo quería dejar, porque claro... para no repartir el dinero...

Y yo oyendo atentamente aquel culebrón... ya que perdía el hilo de los personajes porque los dos hombres son dominicanos y con nombres parecidos y viven allá.

Después de un rato de oír semejante novela yo me decía dentro de mí: «Yo estoy completamente desubicada, esta mujer está gordita, lo que se le ve es mucha melena y un par de lolas, ¿será eso?, anda todo el día en mono de trotar y el ejercicio más fuerte que hace es bajarse y subirse de su camioneta último modelo, con un chaqueta amarrada de las caderas como si tuviese el culo acatarrado todo el día... y la mujer tiene dos hombres peleándose por ella, los dos la mantienen en Miami y ella no trabaja ni piensa hacerlo... ¿¿¿???

»¿Y tú...? ¿qué pasa?, estás en la talla S, te pones mono, pero para pasear bicicleta, y luego la braga del trabajo y bájate y súbete de la escalera. Tienes personalidad, pero claro no tienes «pechonalidad», ¿será eso?, y nadie te llama ni aun estando borracho ni para pelear contigo.

»¿O será que estos dos hombres se pusieron de acuerdo y prefirieron mandarla para Miami para quitársela de encima y así les sale más económica?»

De pronto ella me interrumpió mis pensamientos:

A: ¿Y tú trabajas?

S: Sí, pinto casas y doy clases de efectos especiales en las paredes.

A: Eso me encanta, yo quiero tomar ese curso para aprender a pintar.

S (sorprendida): ¿¿¿Para qué quieres aprender a pintar paredes??? El curso me lo tienes que dar tú a mí.

A: Yoooo, ¿de qué?

S: Sí, quiero aprender a tener dos hombres locos por mí a la vez, que me mantengan los dos sin tener que atenderlos a ninguno de los dos, así como tú, y que de paso los dos me mantengan económicamente.

A (muerta de la risa): Ay, chica, eso suena muy feo, lo que pasa es que mi marido es un ser de esos especiales, divino, buen esposo, buen padre, es buen mozo, delgado, que jamás va a permitir que a mí me falte nada... Pero es que yo ya lo quiero como a un amigo, y claro, cuando viene yo le doy... pero a mí me gusta el otro, que es gordo, borracho, pero muy sinvergüenza y tiene más plata que mi esposo... y me consiente más...

S: ¿¿¿Y para qué te vas a divorciar??? ¿Cuál de los dos te gusta más?

A: No sé, cada uno tiene su encanto.

S: A ver, cuéntame cómo logras tenerlos a los dos contentos.

A: Es que yo soy muy mala [muerta de la risa]. Yo los trato como a unos bebecitos, siempre les hablo como si estuviese muy angustiada pero dulce, vivo acariciándolos, haciéndoles cosquillitas en la cabeza, a los dos les digo igual, Papachichito, y pongo cara de sabrosa... y la boca como cayena abierta [bueno, ésta soy yo describiendo las expresiones de la cara de mi amiga mientras me cuenta cómo lo hace].

Y allí estaba yo recibiendo mi primer curso de «zorra»; bueno medio zorra ya soy, pero lo malo es que no sé cobrar.

Así que al llegar a la casa puse la canción de Olga Tañón (*Ahora soy mala*) y frente al espejo empecé a practicar mis nuevas caras de sabrosa con mi boca echada pa'lante como cayena abierta y, «*repeat after me*»: papachichito, papiito, bechiiiito, papachichichichiiiito, bichiiito, papachichiiito... esto como que funciona, ya hasta me estoy empezando a ver con cara de boba.

Con razón yo no levanto ni el polvo, me la he pasado con la O todo el tiempo, que si mi bello, mi amooor, mi corazóóón, dame un beso... por eso estoy pelando boooola, la cosa es con la iiiiiiiii, tengo que dejar de sonreír tanto para que la boca no se me vaya para las orejas, sino pa'lante; además, tengo que caminar bamboleándome para los lados con cara de sabrosa y la boca de cayena y el látigo escondido debajo de la chaqueta... y ¿cómo hago para acatarrarme el culo...? qué horror... voy a tener que practicar bastante.

Ahora entiendo por qué me la paso pelando, es que cuando me ven tan buena, los impacto, ahí sí soy buena. Con la primera impresión, se llenan de deseos y comienzan a hablar para ver si se pueden acostar conmigo, y a medida que transcurre la conversación empiezan a carcajearse y a divertirse con mi conversación y me empiezan a decir qué divina eres, qué simpática, qué refrescante... y ya pierden el deseo sexual... se les olvida el deseo que les causé al principio y yo termino en blanco una vez más.

A los hombres no les gustan las mujeres divertidas, con personalidad, eso no los excita... les gustan las que se hacen las bobas... y yo demostrándoles mi inteligencia... por eso no cuadro nada... vamos, castigada... a practicar pal'espejo: papachichito, bechiiiito... papiiiiiiito...

Voy a tener que resetearme e inyectarme la nueva versión... ¿se imaginan?: «Soyla versión zorra XP.»

Lo cierto es que la vida es bella, cada quien con su historia; antes cuando oía estas historias, siempre me preguntaba: ¿Qué quieren los hombres...?

Hoy en día poco me importa, ya que cada quien quiere algo diferente... hoy sólo me pregunto: ¿Qué quiero yo? Y créanme que me ha resultado más sencillo, ya que eso de estar adivinando qué quieren ellos me produce mucho desgaste.

Querido Dios...

Realmente te admiro por tu paciencia, ya que es para enloquecer a cualquiera; siempre me he preguntado cómo aguantas para soportar a tantos millones y millones de pedigüeños por segundo. Sólo se me ocurre pensar que tienes una barrera invisible donde rebotan todas estas peticiones para no hacerte perder el tiempo con tanta bobería.

Querido Dios... «dame salud», que mientras tanto yo trataré durante todo el día de hoy de comerme tres platos de pasta, dos piernas de cochino, un buen churrasco medio crudo de carne, tres tortas de chocolate, una botella de vino, otra de whisky, tres Coca-Colas acompañadas de dos cajas de cigarrillos... Y como pasaré todo el día comiendo, no tendré tiempo de hacer ningún tipo de ejercicio ya que eso requiere de esfuerzo de mi parte y, además, me sudo mucho y tendría que bañarme otra vez, así que no te olvides, Dios, «dame salud»... así somos, metiéndonos la mayor cantidad de basura en nuestro cuerpo y decimos que Dios no nos escucha... «Milagro es que amanezcamos vivos todos los días.»

Y así le pedimos cualquier cantidad de cosas: consígueme el trabajo, haz que ese hombre me ame, sabes que si me gano la lotería yo voy a ser muy bondadosa, por favor, que me salga mi cheque, quiero esa casa, quiero ese carro, quiero ese viaje... etc., etc. Tenemos a Dios harto de tanta petición estúpida e innecesaria, nos han hecho creer que Dios está allí para pedirle todo lo que se nos ocurra desear, pero la mejor de todas es decir: «Dios, aquí te dejo todos mis problemas para que tú me los resuelvas», todo lo dejamos en manos de Dios, y si el resultado no es el que nosotros queremos, entonces pensamos que Dios se olvidó de nosotros; nos enredamos la vida solos y queremos que Dios nos la arregle; decimos que estamos rezando y sólo estamos con el fastidio el día entero de estar pidiéndole y pidiéndole mil estupideces.

Nosotros mismos terminamos agotados al final del día de todo lo que nos piden nuestro jefe, nuestros hijos, el marido, la esposa, la familia, los amigos... Pues imagínense durante un segundo cuántas personas en este preciso instante están pidiéndole algo a Dios.

Creo personalmente que a Dios sólo hay que darle las GRACIAS cada minuto de nuestro día; nos dio la oportunidad de nacer con una serie de herramientas para lograr todo aquello que deseemos en un mundo maravilloso, así que no hay que pedirle nada, ya que el que nos despertemos cada mañana es suficiente para disfrutar del simple hecho de estar vivos y ser más agradecidos.

«El príncipe»

Tengo una nieta preciosa de dos años; particularmente creo que todos los niños son bellos, pero claro está, como es normal, yo a mi nieta la veo como la más linda. Es menudita, flaquita como un espagueti por comer poco, pero tiene más energía que cualquiera, cosas de la vida, siempre escuché los cuentos de mis abuelos y de personas mayores que cuando niños no tenían qué comer, y sus padres tenían que esconder la poca comida para que alcanzara, ahora vivimos mortificados y tratando de que nuestros hijos coman algo, hay que obligarlos a comer. Ella tiene sus cabellos rubios ensortijados y unos ojos azules como el cielo, a sus dos añitos habla y razona como si fuera más grande.

Hasta ahora me tenía tranquila, ya que como tiene un hermano mayor de cuatro añitos, sólo se dedicaba a jugar con los trenes y el Hombre Araña era su ídolo, pero de pronto un día llegó a mi casa con un DVD de *Barbie y el príncipe*. Me mortifiqué un poco, ya que me imaginaba por dónde venía el cuento y creo que hay que criar a la nueva generación de mujeres con «otro cuento» para evitarles miles de desilusiones por el camino, ya que hasta las que habían encontrado a un príncipe de verdad habían sufrido tanto como cualquiera, así que me senté con ella a ver la película, y mientras la veía me iba preguntando en qué forma podía ir explicándole que todo eso era sólo una fantasía muy difícil de vivir y que había que besar muchos «sapos» antes de encontrar al famoso «príncipe», y que de hecho muchas nunca lo encontraban.

Pero de pronto toda mi concentración fue interrumpida cuando apareció «el príncipe» a rescatar a la «princesa», me quedé paralizada por la carita de mi nieta, le brillaban los ojos, toda ella se estremeció como si de pronto flotara en una nube, y me dijo: «Mira, ése es el príncipe», el príncipe que entraba montado en su caballo blanco a rescatar a su amada, peleaba por ella, la protegía y al final la abrazaba contra su pecho, le acariciaba el pelo y la besaba.

Y allí estaba mi nieta mirándome de frente de «mujer a mujercita», con su carita iluminada, sus cachetitos sonrojados, narrándome aquella escena: «Mira, él la va a besar», y se llevaba sus manitas a sus cachetes y créanme que aquella carita brillaba de la emoción. En su mirada pude ver el amor por ese príncipe, por esa ilusión que la hacía sentir feliz y la inquietaba a tal extremo de suspirar por aquel beso entre la Barbie y el príncipe, y sólo me hizo desistir de explicarle cualquier argumento capaz de romperle esa fantasía con la que todas tenemos derecho a soñar.

Me pareció increíble ver y notar que somos capaces de sentir ese tipo de amor, esa ilusión tan divina desde tan pequeñas, pensar que nuestra búsqueda de ese príncipe podría comenzar desde tan temprana edad (con razón a mediana edad estamos agotadas en la búsqueda). Me encantó saber que para ella sólo estaban empezando a llegar los primeros momentos mágicos, momentos que encontraría en ese niño del *kinder* que sería uno de sus primeros «príncipes», el vecinito, o ese amiguito de su hermanito. Y fue entonces cuando comprendí que no importa lo que suceda más adelante, lo importante era dejarla soñar y disfrutar de esas fantasías maravillosas; así que me envolví en la misma magia con ella, la abracé y junto a ella suspiré por «el príncipe».

Al día siguiente corrí a una de esas tiendas de Disney y compré un precioso traje azul cielo de «princesa» con sus zapatitos de cristal con tacón (hechos de plástico, transparentes, con escarchas que brillaban), para que mi adorada nieta se vistiera de princesa, se envolviera en sus sueños mientras aparecía su «príncipe».

Rompiendo el servicio

En la medida en que vas adaptándote a tu nueva vida y comienzas a escuchar y a analizar de una manera objetiva a los hombres y sus tácticas, te comienzas a dar cuenta de tus errores como mujer a la hora de lograr una buena relación con ellos, comprendes que nunca estamos en la misma onda radial que ellos, así como dicen por mi tierra: «Una cosa es lo que piensa el burro y otra muy diferente el que va montado», y por eso nosotras las mujeres siempre sufrimos más que ellos, porque somos más soñadoras e ilusas, y por esa razón ellos siempre andan con ventaja sobre nosotras.

En el tenis hemos oído infinidad de veces que uno de los jugadores «le rompió el servicio» al otro jugador; yo, al igual que ustedes, tampoco le había prestado mucha atención a esta gran regla de oro, hasta que un día la comprendí de una forma perfecta.

El jugador de tenis comienza a jugar con su adversario y en el primer set va estudiando todos sus movimientos, cómo es su estilo de juego en todos los aspectos, y analiza sus puntos débiles, así que ya para el siguiente set comienza a jugar mucho mejor para «romperle el servicio y ganar el juego». Así de sencillo.

Pues bien, con los hombres hay que aprender a hacer lo mismo ya que ellos lo han hecho durante años con nosotras. Al principio hay que estar muy atenta a sus movimientos, sus tácticas, escucharlos y analizarlos, ya que al principio están más abiertos, más vulnerables, porque nos están conquistando y se sienten seguros de que nos están idiotizando, así que es el momento de comenzar a tomar ventaja, para saber luego cómo romperles el servicio a ellos. De igual forma puede hacerlo con ese marido al que ya conoce hace más de mil años, a ése ya le conoce hasta los puntos más débiles, así que sólo tendrá que aprender a cambiar de táctica, recuerde que no tiene que lograr que ellos cambien, eso es misión imposible, la que tiene que cambiar es usted.

¿Cómo lograr romper el servicio?

Cuando él esté esperando que usted le va a reclamar algo, pues no lo haga, háblele con cariño. Cuando él crea que usted le va a formar un verdadero escándalo, haga todo lo contrario, recíbalo toda bella y serena y háblele de cualquier otra cosa, y si en ese momento no lo soporta en verdad, entonces póngase bella y salga a cenar con una amiga y llegue feliz a su casa, él habrá pasado un buen tiempo solo en la casa esperándola y cuando vea que usted no llega buscando pelear y la ve feliz, no lo entenderá. Cuando él crea que usted está furiosa porque en toda la semana no la ha llamado, conteste esa llamada lo más feliz de la vida como si no le importara que él la haya ignorado tanto tiempo, háblele de las mil cosas maravillosas que hizo en esa semana para que él sienta que usted ni notó su descortesía, y si pasó la semana sin hacer nada, pues invente una historia inofensiva, no una mentira descomunal. Si él está pasado de indiferente con usted y siente que ya ni la mira, entonces, mi querida amiga, cambie por completo todo su *look*, si está gorda, adelgace, eso, aparte de lograr un verdadero cambio, será mejor para su salud, renuévese por completo de pies a cabeza, cambie su forma de vestir de una forma radical, y sobre todo en su travesura luzca siempre feliz y sonriente. Ya verá su reacción; lo primero que pensará es que usted tiene un amante y no se despegará de usted, vivirá llamándola y llegará temprano a la casa. Si es de los hombres que se coge libre un día o varios a la semana para estar hasta la madrugada con sus amigos y le llega borracho... o no le llega, entonces al siguiente día él tendrá el hígado destrozado, no le demuestre que está molesta, sea inteligente, hágale una sopita, dele un beso y dígale que en la noche tiene un cumpleaños o una cena con sus amigas y será su turno de salir a divertirse, y entonces llegue usted superfeliz a altas horas de la madrugada y despiértelo para contarle un chiste muy malo, pero eso sí, usted muerta de la risa, y buscándolo para hacer el amor con él, demuéstrele que viene bien encendida, báilele enfrente, vuélvase loca, luzca feliz. Eso aparte de romperles el servicio, y el sueño, también les rompe las pelotas.

Hoy he comprendido la cantidad de energía que perdí en mi vida peleando, discutiendo, poniéndome furiosa y tratando de que ellos cambiaran de actitud, así que no se gaste, sea inteligente y deje de amargarse por el comportamiento de él, sólo tiene que lograr cambiar su propio comportamiento para ser más feliz, tenga un grupo de amigas para salir con ellas una vez a la semana, búsquese un *hobby* y conviértalo en su amante, vaya al *bowling* y ármese unos torneos con sus amigas, llene su vida de actividades y sobre todo quiérase mucho usted misma. Deje de pensar en él las veinticuatro horas del día, la indiferencia duele y él reaccionará. Cuanto más feliz la vea a usted, menos le gustará —¿irónico, verdad?—, cuanta más seguridad le dé a su hombre de su amor, peor será para usted, no viva en función de él ni a través de sus ojos, recupere su propia vida y compártala con él, pero no dependiendo de él para ser feliz o sentirse realizada.

Así que comprenda que los seres humanos somos contradictorios y nos sorprendemos cuando viene alguien y nos rompe el servicio.

8

Putas somos todas

Vamos, no se espante ni se ofenda, que el pensar que usted o yo podamos ser putas no es tan grave como el concepto escabroso y denigrante que estamos arrastrando desde la infancia, por lo menos hemos sido putas sin saberlo. En mi caso pasé veinte años de mi vida ciega, al igual que usted; sólo hace unos años que me di cuenta de que era puta y por no saberlo me quedé sin cobrar, pero tal vez no me dolió tanto el no haber cobrado o saber que era puta, lo que más me dolió fue saber que era una puta más en la vida de mi esposo, yo era «la puta legal», así que siéntase feliz, ya que no hemos vivido en el deprimente mundo interior de la auténtica puta que por circunstancias de la vida ha caído en ese bajo mundo.

Mire esto como otra profesión, igual como los médicos, piense en la cantidad de especialidades de esa profesión; de igual manera quiero que deje abierta su mente para comprender el por qué le digo que «putas somos todas».

De hecho, cuando usted termine de leer este capítulo, habrá aprendido a ser una mejor puta y estará deseosa de verificar sus nuevas posibilidades como una nueva o mejor puta de lo que ha sido hasta ahora.

Realmente existen, como le dije antes, una serie de mujeres que lamentablemente en mi opinión personal han tenido que venderse por circunstancias de la vida, y yo no soy nadie para criticarlas, señalarlas, ofenderlas e irrespetarlas, creo que cada quien es responsable de sus propios actos y una consecuencia de las decisiones que se toman en la vida, cada quien hace lo que puede para vivir y cada quien usa las herramientas que tiene en su mano para hacer como puede y como quiere su camino personal.

Hay muchas circunstancias que deciden de una forma u otra nuestro camino en la vida, y como dijo alguien por ahí: «El que esté libre de pecado que tire la primera piedra.»

Según el diccionario, la palabra «prostituta» significa: «Mujer que se entrega por dinero.»

Siempre esa palabra nos ha sonado muy fea y muy larga: «prostituta», así que vulgarmente y de una manera despreciativa usamos la palabra «puta» de una forma más rápida, corta, fácil de pronunciar e igualmente ofensiva, que significa lo mismo. Pero esa palabra no se puede usar en televisión o en una conversación educada y elegante, así que según la ocasión usamos una u otra, pero la de «puta» la usamos mayormente para ofender.

Pero jamás la relacionamos con nosotras mismas ya que nosotras somos unos ángeles puros y muy decentes que jamás se entregarían «por dinero».

Asimile que la única diferencia entre «pura» y «puta» sólo la da una letra.

Desde pequeñas nos hacen creer «a las mujeres» que las putas son mujeres malas, cochinas, asquerosas, sucias, merecedoras de ser tratadas sin ningún respeto y con el mayor de nuestro desprecio... Pero a «los hombres» desde pequeños les enseñan a DESEAR a las putas porque son divinas, sensuales, buenas, ricas, y dispuestas a complacerlos en todos los aspectos...

Así que crecemos con dos conceptos «muy diferentes» sobre lo mismo, y será la causa de mucho sufrimiento ya que no entenderemos las cosas de una forma igual, y por eso cuando nosotras ya nos vamos a casar con ese «hombre maravilloso» al que logramos conquistar, nos dicen entre otras recomendaciones que tenemos que ser una verdadera «puta» en la cama con él, para que no ande por ahí deseando lo que su mujer no quiere darle en su casa.

Y es donde comenzamos a reforzar esa «doble moral» en el matrimonio, y a confundirnos todas, cómo vamos a comportarnos como una puta si no nos han enseñado a serlo, si en nuestro disco duro estamos llenas de «prejuicios», de un sinfín de miedos. Además, qué va a pensar ese marido que se casó con la pureza en persona si la noche de boda tiene que parecerse a una autentica diabla. Pensará que no somos tan puras. Además, cómo hacerlo si nunca nos hemos dado a nosotras mismas la libertad de serlo (bueno, estoy refiriéndome a la mayoría de las mujeres de mi generación ya que ahora afortunadamente las cosas han cambiado bastante). No hemos sido ni capaces de pararnos frente a un espejo vestidas con algo bien sugestivo, sexy, nos asustamos y nos lo quitamos rapidito como si estuviéramos haciendo algo terrible, no nos atrevemos a tratar de medio bailar y medio acariciarnos para por lo menos vernos cómo lucimos tratando de seducir a nuestro hombre, nooo, eso es de putas y nosotras no lo somos. Desde pequeñas nos llenan de información errada y grandes silencios, nos estrangulan nuestra sensualidad y sexualidad, no nos enseñan a ser sexys, nos hacen sentir culpables de los deseos de nuestro propio cuerpo, no nos dan seguridad y mucho menos nos motivan a ser buenas amantes, creándonos grandes barreras mentales, y crecemos con la mente acondicionada para ser unas reprimidas en muchos aspectos, y si de paso nos casamos con un hombre machista, o un hombre que no sabe dar un buen sexo en pareja, limitado de mente, que no sabe tener una buena comunicación sexual con nosotras y tampoco nos enseña o nos pide cómo ser más sensuales, seguimos siendo las mismas tontas puritanas creyéndonos las más decentes del mundo.

¿Cómo saber qué sentimos realmente si para masturbarse hay que esconderse como si fuésemos a cometer un asesinato? Tener un conjuntito de tigre o rojo es lo máximo que tal vez logremos comprar para usarlo medio borrachas en la luna de miel, ya que ni siquiera tenemos la seguridad de atrevernos a usarlo.

Y por otro lado te inyectan el concepto de que el hombre que te ama de verdad es aquel que te paga todo, que te ayuda económicamente, te paga la casa, el carro, las deudas, regalos, viajes, joyas, y que siempre está allí con dinero en la mano para complacer todos tus deseos, ya que eso de que «el amor es azul» es mentira, «el amor es verde» como el color de los dólares, ya que en la medida en que ese hombre te llene de regalos y te dé dinero, significa que te ama, así nos han enseñado desde pequeñas, adórnelo como usted quiera, pero eso es esperar un pago, si él paga bien, entonces sí te quiere. Si no paga, si no te compra o regala nada, entonces te dicen: «Ese hombre no te quiere, no va en serio contigo.»

Gracias a una serie de circunstancias, los tiempos han cambiado y ya las personas no van al matrimonio tan virginales y con los conceptos tan equivocados, pero sí hay todavía muchas mujeres que aún no asimilan que ellas están actuando como las putas.

Nunca me ha gustado generalizar, pero en este caso sí voy a hacerlo ya que cuando el porcentaje es del noventa y nueve por ciento, significa que es mayoría.

Yo les voy a demostrar que «todos los hombres» nos tratan bajo el concepto o significado de «putas», desde el principio hasta el final, y les voy a demostrar cómo «todas las mujeres» buscamos y analizamos la negociación de nosotras mismas desde el principio hasta el final.

Sólo basta ver cómo nos buscamos y evaluamos a nuestra presa. ¿Quién es? ¿Qué tiene? ¿Su familia tendrá dinero? Y nos preguntamos: ¿tendrá futuro...?

Sí, ya sé que también vamos agregándole si hay atracción, la química, nace el amor, la compatibilidad, la complicidad, pero todo eso forma parte del estudio de mercado que le hacemos al candidato en cuestión, al igual que ellos, por eso le digo, vamos a quitarnos las mascaritas y vamos a sincerarnos, los dos vamos inconsciente o ingenuamente colocándonos el precio, y ellos, locos de amor, dispuestos a pagar.

Yo sólo quiero ayudarla a descubrir en qué categoría de puta está usted para que no se quede sin cobrar como me pasó a mí.

Cuando los hombres nos ven por primera vez y entra el chispazo entre ambos, ellos comienzan su cacería, con regalos, las cenas, las rosas, las palabras bonitas, comenzamos a ver juntos la luna, las llamadas telefónicas van y vienen cada hora y media, los correos electrónicos, tarjetitas, nos llevan a bailar, todo es risa y besos interminables, nos llenan de detalles... «Los detalles», ¿se acuerdan de aquellos tiempos?, nos bajarían la luna y las estrellas si pudieran, son supercreativos y pacientes, nuestra conversación «hasta interesante les parece», todo fluye para lograr el objetivo: «nuestra entrega».

Pero somos capaces de disfrazar, adornar los conceptos, «no nos están comprando», noooo, nos están «conquistando».

Y si el destino y la vida lo decide, se casan, forman una preciosa familia y aquel conquistador sigue ocupándose de nuestro bienestar, comodidad, caprichos y viajes..., nosotras «dando» y ellos «pagando» porque nos amamos mucho, pero por esas causas extrañas de la vida deciden «divorciarse», entonces, mi querida y «decente señora puta», usted «dejará de cobrar» dichos beneficios (casa, carro, comida, viajes, joyas, flores, etc.).

Y un día su encantador hombre dejará de «pagarle», sí, ese hombre que siempre creyó usted que la trataba como una «señora», como una dama, como una mujer especial y no como su «puta legal», ese mismo que juró amarla y protegerla el resto de su vida, lo primero que hará será anularle sus tarjetas de crédito, eliminará su firma en las cuentas de banco y comenzará la más triste y cruel pelea que cualquier ser humano pueda sentir.

Y si es por causa de una amante, entonces prepárese, ya que ella ahora se habrá convertido en «la nueva mujer maravilla de su vida», llena de virtudes, y usted será ahora «la propia puta bruja del cuento», sí, así es, créame, todas las cosas buenas que usted hizo durante estos últimos años no contarán ni tendrán valor alguno, sólo valdrán muchos puntos sus defectos y los malos momentos, ésos son los que cuentan en la mente de él, ya que de pronto sufrirá de Alzheimer y no le reconocerá nada bueno y habrá olvidado por completo que usted estuvo allí en los malos y buenos momentos ayudándolo en todo.

No se horrorice, que yo también sé cómo es sentirse en ese pedestal que está usted ahora, creyendo que «mi hombre es diferente», con unos valores morales y familiares sólidos y reales, yo también viví esa divina experiencia de sentirme amada y segura para el resto de mi vida, con unos hijos bellos, todos dentro de la misma cama un domingo cualquiera, donde todos allí amontonados nos abrazábamos y hacíamos guerra de cosquillas los unos contra los otros, yo también al igual que usted disfruté de un matrimonio tan bello que jamás pensé que nada ni nadie podía destruirlo.

Pero cuando ese maravilloso matrimonio se rompe, comienza usted a exigir una pensión de por vida por «servicios prestados», cosa que las putas bajo su concepto, mi querida amiga, no hacen, pero usted bajo las leyes de esta sociedad sí tiene derecho porque usted es una «puta amparada» por la ley en cualquier parte del mundo, es aquí donde usted asimila su verdadera realidad, ya no eres mi mujer, ya no cobras —por lo menos no como siempre—, adórnelo como más le guste y crea lo que quiera, usted ha sido una Señora Puta todos estos años y no lo sabía.

Y contratará a un abogado para despellejarlo y todo se tratará de cobrar lo mejor posible, estoy hablando de la clase media normal, ya que los millonarios entran en juicios y arreglos más complicados y escabrosos.

Y si usted ya es mayorcita y sus hijos están grandes o mayores de edad, entonces, mi querida amiga, lo más probable es que no reciba pensión alguna, así que empiece a aterrizar ya que no hay ley que la ampare.

Mi consejo es que trate de ser una «ex puta» cariñosa y amigable para que su ex esposo la considere y la ayude económicamente mientras usted consigue a otro candidato o logre su independencia económica, piense que siempre por las buenas se consigue más que por las malas, no sea bruta, cuanta más rabia y odio involucre en el proceso, peor será para ambos, sea inteligente y aprenda a «romperle el servicio», acuérdese de cambiar de estrategia, también le aconsejo que sea discreta en la búsqueda del otro candidato ya que si su ex esposo sabe que hay alguien entrando a su cueva, le dará mucha rabia pagar para que a usted la use y la disfrute otro y dejará de ayudarla económicamente.

Algunas quedan como «las ex señoras putas afortunadas», ya que se casaron con hombres maravillosos y responsables de verdad, les dejaron la casa pagada, el carro, una buena cuenta en el banco, «sin ninguna deuda», reciben una buena pensión vitalicia y una vida económicamente holgada, y hasta se acuestan de vez en cuando con su ex ya que están muy agradecidas y no quieren poner en riesgo su estabilidad económica, por lo general nunca caen en la cuenta de lo que es producir dinero, y cuando por mala suerte el proveedor muere, ellas no saben cómo producirlo ya que no hicieron mucho esfuerzo por ganárselo y menos para ahorrarlo o invertirlo.

Otras, sin embargo, deciden «no divorciarse», prefieren quedarse estancadas en una vida «económicamente cómoda» aun cuando su hombre no las quiera y ellas hayan también dejado de quererlo, pero no están dispuestas a dejar de cobrar, no quieren trabajar ni complicarse la vida, «a estas alturas del juego» tampoco quieren saber de más hombres ya que hace mucho tiempo colgaron en un rincón oscuro del clóset su vida sexual y ya no tienen más ganas de eso, éstas son «las señoras putas cómodas». Ellas han estado ahí años haciendo su trabajo y no van a dejar de disfrutar de los beneficios económicos adquiridos con el tiempo, se hacen las locas y dejan que sus hombres sigan con sus aventuritas para que se distraigan, no los atormentan, y ellas siguen allí disfrutando de los beneficios de esposa. Éstas son tan cómodas y miedosas que muchas veces sueñan con hacer el amor con otro hombre, pero no se atreven ya que por un momento de placer perderían su estabilidad económica o su reputación, son las típicas que con orgullo te dicen: «Sí, tenemos tropecientos años de casados», con aquella altivez, te miran levantando la cabeza sobre el hombro, orgullosas, sin aceptar que su matrimonio se acabó hace años, pero aún tienen el papelito que las ampara o un compañero para no dormir solas.

También están las «putas cazadoras», mujeres de todas las edades que son solteras, divorciadas o viudas y no logran estabilizarse económicamente, no saben trabajar ni producir dinero, o por lo menos el que ellas desearían, y la única solución que le ven a su vida para lograrlo es conseguir un hombre que las mantenga de por vida, ya tiraron la toalla y no quieren complicarse la vida, buscan su presa aun cuando no las llene emocionalmente, ya que sólo necesitan estabilidad económica para sentirse tranquilas; éstas van en busca de cualquier hombre más o menos estable económicamente para vivir tranquilas, por lo general algún hombre mucho mayor que ellas pero ya con una buena cuenta de ahorros para no preocuparse más.

Luego están las «señoras putas infieles», que tampoco se divorcian y tampoco se consideran putas, ya que sólo lo hacen porque se sienten muy solas, muy abandonadas por sus maridos, tienen aventuras para sentirse vivas o para vengarse porque sus hombres les han sido infieles con «una puta de la oficina», ya que la que se acuesta con su esposo ésa sí es «puta», pero que ella lo haga con otro no significa que sea «una puta», nooo, ella lo hace porque es una mujer necesitada de mucho cariño ya que su marido no la toma en cuenta. La mayoría de las veces se enredan con hombres casados que al igual que sus maridos también tienen a sus parejas abandonadas, ya que ambos hombres actúan de igual forma, pero ellas creen que el amante es maravilloso. Éstas por lo general cobran por los dos lados y la mayoría de las veces son las que se están acostando con su marido en estos momentos; a éstas les encanta el peligro, las excita, su adrenalina activada no las deja ver el muro con el que pronto se estrellarán, ya que la mujer no está diseñada para tener aventuras sin ser descubierta, pues somos diferentes a los hombres (pero esto está cambiando ya que la nueva mujer se está reprogramando y está aprendiendo a ser discreta), no hay nada más cómodo, fácil y menos complicado para los hombres que el sexo con una mujer casada, el hombre sabe manejar la situación, la disfruta y no se involucra, se despreocupa ya que no tiene que llamarla, ni pasear con ella los fines de semana, ni exhibirla y gastar mucho dinero porque todo es clandestino; una vez logrado su objetivo, él sigue su vida, y ella —mujer al fin— sigue pensando en él, en lo rico que fue, lo idealiza, se enjabona con el momento vivido, se crea expectativas, anda con cara de boba por toda la casa, cambia de actitud, cambia su forma de vestirse, compra ropa interior nueva, camina en el aire y sueña un futuro con él, ella sola cree que ese «hombre» es mejor que el marido que tiene sin «ser objetiva» y darse cuenta de que es más de lo mismo con otro nombre y otra cara, y entonces cada día quiere más, sueña con más, se arriesga más y pronto es descubierta, destruye tarde o temprano lo que tiene por ir tras «un espejismo». Y cuando se descubre todo, muchas personas salen heridas.

«Las putas amantes» de cualquier edad, éstas son catalogadas como «putas», esa etiqueta viene ya arraigada en la sociedad, usted podrá ser muy inteligente y preparada, fea o bonita, gorda o flaca, si usted es «la amante» de un hombre casado, usted es «puta» sin derecho a pataleo, y de hecho usted lo es y lo sabe, pero tampoco lo acepta, ya que usted está prestándole un servicio a ese hombre que no es suyo y está cobrando por eso, muy parecido a la «puta legal», y muchas veces usted cobra mucho mejor que la legal ya que usted no tiene que cargar con los problemas dentro de un matrimonio o familia, ni está haciéndole el servicio completo, así que déjese de tonterías que usted está cobrando y cobrando muy bien, sólo por brindar placer y diversión; estas putas, cuando logran desbaratar el matrimonio y se van a vivir con su presa, se convierten en unas brujas peores que las esposas ya que ahora se sienten triunfadoras y se van transformando sin darse cuenta en las mujeres más aburridas y fastidiosas del mundo, se quitan la mascarita, ellas mismas matan ese sentimiento de pasión por lo prohibido que las hacía atractivas, ya que las «putas amantes» que se convierten en «señoras» son simplemente insoportables.

«Las putas novias» hemos sido todas en algún momento de nuestras vidas, es cuando comienza todo, somos las putas calculadoras, las que van manejando la situación para lograr el objetivo, dulces, cariñosas y complacientes, «cazar al cazador», en la manera que el cazador vaya comportándose en su estrategia de conquista, iremos entregándonos o alejándonos si no nos conviene.

La misma estrategia usan «las putas amantes», pero éstas con un plan más organizado y destructivo ya que las «putas novias» son ingenuas, están enamoradas, son muy jóvenes y están comenzando a entrar en la vida real; a diferencia de las amantes, estas últimas ya son bien vividas y vienen dispuestas a destruir con tal de lograr el objetivo, éstas cobran y destruyen.

«Las putas divorciadas y las putas viudas», mujeres de cuarenta años en adelante, éstas son las perfectas putas o mejor dicho las putas perfectas, las más libres y las más felices, ya que están clarísimas en sus conceptos y muy seguras en lo que quieren los hombres cazadores de todo tipo, se saben de memoria las historias tan dramáticas y falsas que cuentan los hombres, saben cómo mienten y que tan fracasados son, ya fueron novias, señoras, y han sufrido lo suficiente porque su corazón se partió en mil pedazos y ellas solas tuvieron que remendárselo para seguir «viviendo» y no andan creyendo en pajaritos preñados, ni adornando los conceptos. El que las personas en algún momento piensen que son putas les resbala, ya que saben cómo es la vida y son felices porque aprendieron a vivir «un día a la vez», sin promesas ni planes futuros, se divierten y reviven sus emociones con «sexo casual», sin complicarse la vida atendiendo a un hombre las veinticuatro horas del día, ya que se alimentan su ego disfrutando de los deseos de los hombres por ellas; aprendieron la lección y se graduaron con honores, aprendieron a usar a los hombres como ellos usan a las mujeres.

Logran su independencia económica y de paso también cobran, con viajes, ayudas financieras, regalos, cenas, flores... etcétera, y la mayoría de las veces tienen varios cazadores al mismo tiempo pagando, sin tener que cocinar ni lavarle la ropa a ninguno; no aguantan borracheras, infidelidades. Son libres y felices.

«Las putas recatadas o putas hipócritas» son todas aquellas casadas o solteras de cualquier edad que viven deseando a un hombre prohibido o libre, pero, en silencio, hacen el amor con su pareja pensando en otro hombre, se visten para él, y verlo el domingo en la iglesia es jugar con su morbo, o están enamoradas del marido de una de sus amigas. Se sienten las mujeres perfectas, se creen muy decentes, y así se lo van insinuando a su presa para llenar su ego, son las típicas putas que un día se vuelven locas con tantas emociones reprimidas y están muy insatisfechas de su hombre y de su propia vida, que un buen día y por una tontería se transforman y explotan, cambian su forma de vestirse, de actuar y comienzan a acostarse con todo el mundo y sin cobrar.

«Las señoras putas pendejas» son la gran mayoría de las mujeres casadas, son las que cobran por día trabajado, que están con una pareja que no llena sus expectativas, pero no tienen para dónde ir, nunca tienen la seguridad de una cuenta de ahorros, viven al día, con mucha suerte las sacarán de viaje una vez cada dos años y a casa de algún familiar o amigo, nada de hoteles ni lujos, y cuando las dejan, por lo general las dejan endeudadas hasta el techo y casi en la calle, sin un capital para recuperarse y ya entradas en años, que prácticamente tendrán que pasar por el quirófano para acomodarse aquel desorden de cuerpo en que el marido y los embarazos dejaron huellas; por supuesto de ahí para delante ya no cobrarán más, ni beneficios, ni antigüedad, y mucho menos una pensión. Estas mujeres son supervivientes natas que al recuperarse logran sobrevivir y triunfar solas, siendo ejemplo de muchas mujeres, y se convierten en las mejores putas, muy selectivas y cuidadosas en sus futuras negociaciones; a éstas raras veces las vuelven a engañar con el cuentito de «no puedo vivir sin ti».

«Las señoras putas del nuevo milenio», ésta es una nueva generación de putas que comenzó a organizarse a finales del siglo pasado dada la escasez de hombres; son todas aquellas mujeres independientes económicamente que decidieron comprar un marido para crear una familia, mujeres que no quieren estar en la casa haciendo las labores del hogar, criar las veinticuatro horas del día a los hijos, ir al supermercado, ni nada de esas viejas costumbres, ellas se decidieron por el mundo laboral, político o ejecutivo, consiguieron un buen hombre con buenos principios en la mayoría de los casos, pero improductivos y sin grandes ambiciones, con posibilidades de ser buenos padres, e hicieron su oferta, generando matrimonios fuera del común denominador (estos acuerdos han existido siempre, pero antes se disimulaban más), y de una forma sincera y organizada cada quien desarrolla sus funciones, invirtiendo los papeles con un mismo fin; ellas pagan y cobran exigiendo buen funcionamiento como hombre, padre y compañero de vida.

«Las putas de lujo», éstas son las más apetecibles para los hombres, son las profesionales que cobran muy bien, no las callejeras, las que tienen una auténtica y selectiva cartera de clientes, éstas son las que viven cuidando su cuerpo ya que de eso subsisten, no se involucran con enamoramientos, son frías y calculadoras, ni andan con la pendejada del sexo casual, ellas van directas a la cartera... pagas por adelantado o no disfrutas de nada. Están conectadas con las grandes empresas, la alta sociedad y los mejores hoteles para servicios especiales, tienen su propio menú de variedades y están abiertas a hacer cualquier novedad que el cliente pida ya que son auténticas generadoras del más absoluto placer, totalmente desinhibidas y sensuales.

También se rehúsan a aceptar su nombre de putas ya que se hacen llamar «masajistas o damas de compañía».

«Las putas de la televisión y el cine» son las grandes estrellas que vemos en las revistas y las pantallas de cine o televisión todos los días, bellas y preciosas todas, que van imponiendo la moda, un estilo propio, las que todas queremos imitar y ser; son las mismas que todos los hombres desean como la mejor de sus fantasías; éstas son las más caras ya que una vez que tienen a su presa atrapada le hacen firmar el más maravilloso y remunerado contrato de matrimonio por sus «servicios» como mujer, contratos matrimoniales que dejan a cualquiera con la boca abierta, cobran por infidelidades, bonos por años compartidos, antigüedad, especifican cuántas veces a la semana desean ser amadas; éstas están clarísimas, son «putas bellas y famosas», y el hombre sabe que ellas no van a planchar, ni a cocinar, ni a ir al supermercado, ni nada de esas cosas, ellas están allí SÓLO para acompañar al marido en los «mejores momentos» de su vida. Y por lo general a los dos años aproximadamente se divorcian y terminan millonarias de por vida, y siempre al terminar una relación ya tienen otra relación bajo las sábanas.

Como verán, no es tan malo «ser puta» hoy en día, cobrar más o menos por complacer a un hombre es algo visto de una forma más natural y menos escabrosa que unos años atrás.

Así que empiece a repetirse una semana seguida: «Soy puta, soy puta, soy una puta bella, soy una puta divina, soy una señora puta, me gusta ser puta, ser puta es bueno, a los hombres les gustan las putas, qué puta soy y estoy feliz de ser puta, soy una puta muy buena y por eso consigo todo lo que quiero, sí, estoy contenta por ser puta, soy puta y me siento muy bien siendo puta.»

Este ejercicio funciona, repítaselo mentalmente varias veces al día, verá que a la semana habrá roto en su disco duro el concepto de que ser puta es algo malo y sucio como usted pensaba, críe a sus hijas con toda la seguridad de que nacieron privilegiadas ya que tienen la mejor herramienta de la vida para saber usarla apropiadamente; deje de llevarlas a clases de ballet, yo estudié ballet cinco años y créame que no me sirvió de nada en la vida, ya que no se puede bailar en ninguna parte (¿se imaginan bailarle al marido en puntillas, dando vueltas como una boba, con las manos arriba de la cabeza y brincando por toda la habitación con una pierna metida y la otra estirada, estrellándote contra la mesa de noche?, eso duerme a cualquiera); cuando vayan creciendo, enséñeles danzas árabes y cómo bailar con un tubo enfrente, eso sí despierta a un hombre y las ayudará a conservar a su marido en el futuro. Mire a su alrededor y analice la cara de los hombres cuando una mujer les baila una danza árabe, un merengue, una salsa enfrente, mire dónde se centra su mirada y observe sus reacciones.

Y acéptelo, a TODOS los hombres les encantan LAS PUTAS, ellos podrán ser o vivir como monógamos, pero mentalmente son polígamos, no importa que tan bella, flaca y maravillosa sea la mujer que tienen a su lado, usted podrá ser Miss Universo, la actriz más deseada del mundo (lo vemos todos los días en las revistas), siempre ellos buscarán la oportunidad de disfrutar a otra, y si esa otra les hace alguna que otra «putería nueva» que usted no ha aprendido a hacerles, ellos no dejarán de disfrutar de esa maravillosa oportunidad; simplemente el hecho de acostarse con otra ya es una tentación para ellos y nada ni nadie los detendrá. Ellos son turísticos, les encanta conocer «pueblitos nuevos» sin involucrarse, sólo entrar, disfrutar del lugar, saboreárselo y salir felices de haber conocido uno más. Así de simple.

Eso es ley, ellos son así de idiotas, pero ahí es donde usted no se puede descuidar «si quiere conservarlo» (si no es así, pase a otro capítulo).

Entonces llegamos a la pregunta más repetitiva que nos hacemos las mujeres a lo largo de nuestras vidas...

¿Qué quieren los hombres?

Los hombres quieren que usted actúe como una puta de vez en cuando, ellos quieren que los «BESEN» de pies a cabeza, en especial donde «usted y yo ya sabemos», no se horrorice, deje el asco y sus prejuicios, siga leyendo, que para eso son los libros, para que aprenda y para que tenga otra visión de las cosas. A ellos no les importa si usted cocina bien, si sabe planchar, si es educada, si es profesional, si habla varios idiomas, si es decente o si es buena madre, todo esto forma parte de un conjunto de complementos de la mujer que ellos quieren y adoran para formar una familia, esa mujer tiene una gran importancia en sus vidas, pero en la cama ellos quieren, como decían nuestras abuelas, a «una auténtica puta», pero, ojo, no todos los días, mucho cuidado, los consejos que le estoy dando son para que los use como premios para su compañero por lo menos una vez al mes, aprenda a negociar y saber usarlos en los días apropiados.

Lo primero que tiene que hacer es vestirse con ropa interior bien provocativa, con ropa que usan las putas, comience insinuando, hágale entender que lo que viene es «guerra», acuérdese de cuando lo estaba conquistando, una caricia por ahí, una miradita, una peladita de nalgas en una forma descuidada, prepare su piel, que esté suavecita, olorosa, muy importante es «su loca, su cosita», como usted la llame, ésa debe estar de peluquería, hoy en día está más de moda tenerlas totalmente pelonas y a ellos les encantan con el menos pelo posible o «bien podaditas», con casi nada de pelo, ya que «aquel peleeero» pasó de moda, así que búsquele su propio estilo; otro punto importante son las «sandalias» bien altas y de tiritas, eso los excita ya que las piernas se ven más largas y bonitas, le sugiero que se ponga una minifaldita de esas amplias o un vestidito bien vaporoso con unas buenas plataformas y se le acerque hecha la loca frente al televisor, y recoja algo del suelo, y prepárese, ya que cuando él vea aquel panorama, sentirá dentro el sonido de la trompeta de las películas de guerra cuando llega la caballería.

Olvídese de si usted está gorda o tiene celulitis, los hombres no ven esas cosas, algunos ni saben qué significa la palabra «celulitis», no se subestime, no se autocritique, lo importante será crear ese momento sensual para ellos; cada mujer tiene su encanto, por algo él está con usted, y ellos sólo verán el objetivo inmediatamente, la oportunidad de meter su juguetito preferido allí, créame, ellos son así de simples, siéntase segura, las mujeres somos graciosas, seductoras sin quererlo, nuestro movimiento los alborota, así que siga su juego, siéntase segura y recuerde que «los inseguros son ellos», sólo con ver unos senos ponen cara de bobos.

Aparte de «besarlos allí», a ellos les encanta que les digan cosas como: «Hoy tienes el *huevo* divino y más grande que nunca», síií, así como suena de fuerte, nada de pipi, ni cosito, ni muñequito, ni ninguno de esos diminutivos, ya que sonará a poquito y no los excitará tanto como oír: «Qué *verga* tan divina», «Qué polla tan grande», y si lo que usted está viendo es un barrigón o «un pipicito», entonces MIENTA ya que LA OTRA también estará viendo lo mismo, pero ella no tendrá ningún reparo en MENTIRLE a él con tal de quitarle a usted su hombre, su casa y su estabilidad económica, a ellas no les importa engañarlos y alabarlos con tal de conseguir de ellos lo que se han propuesto, así que concéntrese, haga su trabajo y siga, dígale: «Cada día me lo *metes más rico*», ésa es la otra palabra que tienen que aprender a manejar: «Métemelo, quiero que me lo metas esta noche, vamos, *papacito*», aquí tiene otra para su nuevo vocabulario, también déjese besar por el «allí» el rato que ellos quieran, eso los vuelve locos, adoran ese olor nuestro, el olor del sexo, los embriaga y los excita más, entonces dígale que le encanta verlo allí comiéndosela, que ésa es suya solamente, tiene que aprender a ser una mezcla de melosa y vulgar, papi, mi papacito rico, mi rey, mi macho divino, pareces un toro, todo lo que se le ocurra y le suene bien fuerte ya que causará una mejor erección en ellos porque eso es lo que les dicen las putas, las amantes, las amiguitas, como usted quiera llamarlas, ellos quieren SENTIR que son los hombres poderosos que ellos CREEN QUE SON, que su verga es su mejor arma y que sigue funcionando como siempre, porque para ellos ésa es la columna vertebral de su vida.

Así que DESPIERTE, que hoy en día hay mucha competencia, hay muchos hombres gays y demasiadas mujeres desesperadas por un hombre, la calle está llena de putas de todas las especies, nacionalidades, edades, sabores y colores.

Otro consejo es que empiece a aceptar que usted es una puta y tiene que aprender a serlo, tiene que aprender a *cobrar y ahorrar* por sus servicios, *abra una cuenta en un banco que sólo usted sepa que existe y no la toque*, sólo meta dinero allí, nunca use ese dinero por mucha emergencia que suceda en su vida, ya que esa cuenta será tal vez algún día su tabla de salvación, deje de comprar cosas para la casa, carteras, matas para el jardín, no cambie el carro, comience a ahorrar, mire a su alrededor y vea cuánta mesa inútil tiene con dos portarretratos y un florero, adornos inservibles, deje de gastar el dinero en estupideces y piense que usted se está envejeciendo al lado de ese «maravilloso hombre» y no sabe las vueltas que da la vida, y cualquier día y sin imaginarse su vida puede cambiar y quedarse sin cobrar, y sobre todo quítese la estúpida idea de la cabeza de que «eso no me va a pasar a mí», eso le puede pasar a cualquiera, los hombres no se desaparecen sólo con amantes, también se mueren, se arruinan y pueden quedar inválidos o vegetales de por vida, pregúntese en este preciso instante: «¿Cómo está mi estabilidad económica en estos momentos si pasa algo y mi hombre se convierte en el hombre invisible?» No sea ingenua, que el único requisito para morirse es que hay que estar vivo, no importa la edad, la salud o el dinero.

Por eso hay que quererse mucho, a usted misma, no importa la edad que tenga, cada edad tiene su encanto, mírese al espejo y vea si la mujer que se está reflejando allí es la mujer que usted quiere ser, piense en que tan bonita y feliz se siente, cuide su salud y su físico por usted, y no descuide su vida profesional, nunca se sabe si usted la necesitará de nuevo, y de no hacerlo, al regresar al mundo laboral se sentirá perdida, no por él, piense desde hoy en adelante en usted, quiérase y siéntase la mujer más divina y satisfecha del mundo en todos los aspectos, así como las estrellas de cine; usted quiere ser como ellas, entonces comience a putearse usted misma, su actitud será el reflejo que su espejo le devolverá, recupere la alegría de vivir que ha perdido por estar pensando en otras cosas y no en usted misma, no se siga descuidando, quiérase y cuídese y verá como todo a su alrededor empezará a cambiar y su pareja lo notará y se preguntará: «¿Y a ésta qué le pasa?» Intríguelo, póngalo a pensar en usted, no le dé seguridad de que usted sólo piensa en él.

Y por último busque una esquina de su cuarto y póngale unos espejos, colóquele un tubo plateado a una distancia cómoda para su espectáculo, créame, ese tubito será más importante para su felicidad que la cantidad de adornos, mesas, artículos religiosos y demás tonterías que se meten en la habitación matrimonial. Ese cuarto debe ser más bien acogedor para el amor y lo menos parecido a una capilla o un altar de una iglesia; créame, cuando usted se agarre de ese tubo y comience a moverse frente a su hombre, él se sentirá como un dios, y eso, mi querida amiga, es lo que ellos quieren, que usted sea juguetona, perversa, sensual y puta en ciertos momentos, ya con el simple hecho de mirarla agarrada del tubo y bajar hasta arrodillarse y volver a pararse lamiendo el tubo ya él estará superexcitado. Ellos son así, necesitan sólo un *flash* visual, deje la pena, métase mano usted misma, eso también les encanta, verla a usted tratando de masturbarse, tocándose los senos, chupándose los dedos, sólo agárrese del tubo, eso le dará seguridad, dé vueltas, él verá su frente y su trasero, no tiene que subirse hasta arriba ya que eso es más difícil, pero si lo sabe hacer, pues hágalo, así que cómprese ropa interior bien atrevida, haga como que se la quita y no se la quite, sea juguetona, busque en Internet, hay miles de zapatos, plataformas, disfraces, látigos (sólo para jugar, no use el látigo cuando esté molesta), ropa interior... etc., a los hombres les encanta que una mujer se disfrace de enfermera, de colegiala, de diabla, de puta, de gata, de cualquier cosa que les mueva el piso, recuerde que usted tiene que ser una «mejor puta ahora para cobrar más», alquile unas películas pornográficas, mire y copie ideas, luego enciérrese unas dos o tres horas en su cuarto y póngase la ropa que compró, párese frente al espejo y empiece a mirarse y tómese su tiempo para sentirse cómoda, olvídese de los viejos conceptos que la han bloqueado todos estos años, comience a transformarse en una nueva mujer más sensual y más libre, no sienta miedo, ni pena, piense que usted es única y especial, ponga música, tómese un trago y comience a moverse, ponga cara de puta, lámase los labios, acaríciese su pelo, obsérvese y mire lo que le gusta y lo que no le gusta, adapte su personalidad con sus movimientos o simplemente trate de ser otra persona, siéntase libre, recuerde que está sola y el espejo no habla, ni se va a reír de usted, y tampoco se quedará su imagen allí una vez que usted se mueva, deje el miedo, póngase unas sandalias o plataformas bien altas con un hilo dental, con sólo eso se sentirá sexy, ya estará disfrazada, y camine un buen rato con ellas para que las empiece a dominar hasta que se sienta segura, pose frente al espejo, sentada, parada, recostada en la pared y con las piernas en alto, abra las piernas, bájelas, súbalas, atrévase a vivir una fantasía usted sola, acaríciese, y si se va excitando, no se sienta culpable y siga su juego, mastúrbese si quiere, recuerde que usted no está haciendo nada malo, siga, que todo lo que haga le dará seguridad para ser una mejor puta para su compañero, y si usted sólo logra reírse porque se cayó de las plataformas, o se emborrachó y se le rompió el traje, o simplemente le causó risa toda esta nueva aventura, entonces piense que usted pasó unas horas muy simpáticas porque usted es una «puta divertida» y eso también gusta...

9

El culito

—¿Aló...? ¿Ricardo?

—Sí, ¿quién es?

—Carlos, ¿cómo estás?

—Muy bien, ¿y tú...? ¿En qué andas?

—Coño, compadre, lo llamo para que se organice para las nueve de la noche y vernos en la posada, ya que tengo un «par de culitos» de esos poderosos que nos van a resolver la noche y si la cosa se pone buena, el fin de semana completo.

Suena familiar, ¿verdad?

Tengo mi propia «teoría» sobre este tema y estoy convencida de que todos los hombres tienen un «marico» o «gay» dentro de ellos, ya que ellos despectivamente llaman «maricos» a los que les gusta «el culito», y la verdad es que yo he profundizado mucho pensando sobre el asunto y si te pones a ver, «el culito» es igual en hombres y mujeres.

Y más si estás haciendo el amor, con la luz apagada, con unos tragos, por lo general estás con los ojos cerrados y ahí envueltos en la pasión y el deseo, «culito es culito», lo que pasa es que ellos no quieren aceptarlo, por el orgullo ese de creerse «machos» que tienen arraigado por dentro, pero los pones a escoger por dónde quieren entrar y la mayoría prefiere «el culito», hay unos que pasan años convenciendo a la mujer para que les dé «el culito», ponen cara de bobos, se ponen bajitos, humilditos, cariñositos, complacientes y hasta te dicen: «Yo te voy a comprar lo que tú quieras, "mamacita", si me das "el culito".»

Volviendo a «mi teoría», ¿qué es «lo otro» que hacen y disfrutan más «los maricos»...? Una muy buena «mamada», y la pregunta sobra, pero ¿qué es lo que más quieren y disfrutan los hombres...? «Una buena mamada.»

Conclusión: «Los hombres, todos, tienen un marico por dentro.»

Así de simple, como dicen ellos que son, entonces acéptenlo y piensen en el «marico» que llevan por dentro.

Los hombres van por la calle todo el día buscando verle el culo a las mujeres, van de frente contra una mujer, le echan un taco de ojo por delante rapidito, pero en lo que se cruzan inmediatamente voltean para ver qué tan poderoso «culito» tiene, es instinto, es automático, no importa lo preocupados que estén o la edad que tengan, el cuello se les retuerce automáticamente sin pensarlo para verle «el culito», y si lo que lograron ver es de su agrado, entonces suspiran, suben las cejas, se llevan la mano al pecho, se esponjan y botan el aire. Es como un minuto de orgasmo sensorial.

La verdad es que la mayoría de las mujeres crecemos con la idea de que eso sólo sirve para una cosa, cuando somos jóvenes y lo tenemos firme y precioso, no sabemos sacarle provecho, sólo cuando somos bien maduritas comprendemos la otra poderosa arma que poseemos, pero a estas alturas ya por lo general lo tenemos lleno de celulitis y no cuenta con la firmeza de la juventud, total que cuando lo debimos usar a nuestro favor no supimos hacerlo, pero, bueno, nunca es tarde, cada culito tiene su encanto y su época.

Tengo una amiga que ha conseguido cualquier cantidad de cosas con su «culito», viajes, casas, joyas, cruceros, carteras, lolas nuevas, muebles nuevos... etc., y tiene como veinte años de casada y aún no se lo ha dado, ya que dice que si se lo da, se le acaba el negocio y le quita el deseo al marido, ya que ése no se va a mover de su lado hasta que logre probar «su culito».

Sin embargo, tengo otra amiga que dice que eso está diseñado con una sola función biológica de salida y no de entrada, así que estaba obstinada del acoso y la adulación de su esposo por el famoso «culito», y un día se fue a una de esas tiendas de accesorios de sexo y se compró una pantaleta (braga, calzón) de esas que usan las lesbianas con un pene bien grande incorporado, y en la noche, cuando llegó a su casa, preparó el ambiente para «la guerra» y cuando la cosa se puso buena, amarró al esposo a la cama y le dijo que se iba a poner algo especial, cuando el marido la vio, casi muere infartado, a gritos le pedía que lo soltara, y ella sólo le hablaba bajito y cariñosita como él lo hacía cuando le pedía «su culito», verás que no te va a doler, y le dijo: «Te prometo que si tú dejas que te lo meta, yo dejo que tú me lo metas también.»

Santo remedio... aquel hombre no insistió más.

Cuidado con esta estrategia, ya que habrá uno que otro hombre que sí acepte y lo disfrute, y usted tal vez se desencante y tendrá que darlo, o tendrán una diversión más entre ustedes, o tendrá que pensar si va a seguir a su lado, ya sabe, cada quien con su receta, y si lo que sucede entre dos por mutuo acuerdo funciona, bienvenido sea.

¿Nunca se han puesto a pensar que «el culo» tiene un fuerte poder de convencimiento y es la herramienta más poderosa de cualquier campaña publicitaria en el mundo?

Si te van a anunciar la compra de un resort, lo primero que te ponen en la pantalla o en una fotografía de una valla es una mujer tomando el sol con un «tronco de culo». Si te van a vender una cerveza o una bebida, ¿qué ves?, «un culo», ¿será que las personas se emborrachan por tomarse las bebidas por donde no es?

Los programas de comedia, de variedades, de concursos, el boxeo, los que más *raiting* tienen, son todos aquellos en que sale un grupo de mujeres moviendo «ese culo» la hora completa, los musicales, pasas horas viendo televisión, viendo «culos» de todos los tamaños y colores, terminas con ganas de hacer el amor o buscarte «un culito».

Te anuncian unos zapatos y sale una mujer trotando y ni le ves la cara, pero «el culo» estará en pantalla hasta el último segundo, que es cuando te enfocan los zapatos y la marca. En fin, lo vemos todos los días, «el culo» sirve para vender cualquier cosa.

Tengo un amigo que una vez me dijo que no entendía a las mujeres, ya que las mujeres eran capaces de hacerse tatuajes, se sacaban las cejas con pinzas, se depilaban con cera caliente el cuerpo entero, se ponían zarcillos en el ombligo, se operaban los senos, parían a sus hijos, les hacían cesárea, se liposuccionaban la barriga, el cuello, se inyectaban botox en los labios, la cara, se engrapaban el estómago, se cortaban las trompas, se perforaban las orejas... y tú les dices: «Dame el culito»... y te dicen: «No, eso duele.»

10

Las amantes

La sola sospecha de sentir que tu hombre tiene «una amante» ya te da un frío en el estómago y tu corazón comienza a acelerarse, es como un *switch* que te encienden por dentro y tu mente comienza a trabajar en contra de ti y tu objetividad.

La mente es lo más valioso que tiene un ser humano, puede ser increíblemente nuestra mejor arma para triunfar, como puede ser también la peor herramienta de destrucción que podemos aplicar contra nosotros mismos.

Es algo automático, nos dicen: tiene «una amante», y no somos capaces de pensar en más nada, e instintivamente nos imaginamos una mujer espectacularmente bella, dulce, cariñosa, seductora, delgada, con bellos ojos y un pelo que le cae arriba de los senos, casi una Miss Universo desnuda haciéndole el amor a tu hombre, ya que no seremos capaces de imaginárnosla tomando café, fea, gorda, vieja, simple, ya de plano la vemos arriba de él dándole el mayor orgasmo posible.

La imaginamos haciéndole caricias en su pelo, besándolo, acariciándolo, bailándole la danza de los siete velos, y nos lo imaginamos a él con la mejor de sus sonrisas disfrutando como nunca con ella.

Ya nuestra mente para ese momento está trabajando en contra nuestra a toda velocidad, es increíble como nosotras solas «creamos» las más fogosas y maravillosas aventuras de nuestros hombres con otras mujeres, ellos en verdad serían superfelices si en sus vidas reales vivieran esos momentos que nosotras nos imaginamos, créame que la realidad de los hombres es muy distinta; por lo general sus aventuras no son nada parecidas a lo que nosotras nos imaginamos, más bien son simples y más de lo mismo, así que hay que calmarse hasta ver a la tal «amante» ya que la mayoría de las veces resulta que es más fea que usted, tal vez más joven pero no más linda que usted, y muchas veces hasta más vieja y gorda que usted.

Jamás nos imaginamos las peleas que él tiene con su «amante» y créame que las tienen; ellos al igual que cualquier relación pasan sus verdaderos malos momentos, ya que su relación está basada en mentiras desde el principio, ella tal vez está llorando más que usted y se siente peor que usted, acuérdese de los defectos y miserias de su ex, eso lo está viendo ella por primera vez, recuerde que toda escoba nueva barre bien al principio, pero con el tiempo se gasta, ellos al principio son dulces y amables, dele tiempo para que en verdad él saque su verdadera personalidad y la amante también, acuérdese de que ellos dos solos se están engañando, no se autocastigue ya que usted tal vez se estará enterando de que andan de viaje, en restaurantes y felices, pero eso es lo que luce por fuera, pero en el día a día, detrás de la puerta, hay otra historia, ella va a ocultar sus momentos terribles con él para proteger su juego, ella solita se está engañando construyéndose en su alma a un hombre de mentira, un hombre que usted como esposa sabe muy bien que no existe, la amante sólo quiere hacerle creer a usted que ella ganó, ¿ganó qué?, en estas historias todos pierden y sólo con el tiempo sabemos que ellas «las amantes» son las mayores perdedoras, dele tiempo al tiempo, dicen por ahí que no hay nada más bello que un día tras otro.

«Las amantes» por lo general son mujeres muy inseguras de sí mismas, con una muy baja autoestima ya que aceptan estar escondidas, están en un segundo plano, aunque ellas crean estar en un primer plano, son poco inteligentes para manejar su vida personal ya que, aunque ellas digan lo contrario, las están «utilizando» para llenar un vacío, para compensar una carencia, para llenarlas de cuentos y frustraciones baratas, ya que no se dan cuenta de que un hombre que de un día para otro cambia a su esposa para comenzar a dormir con ella al día siguiente es un hombre que no vale la pena, lleno de miedos a enfrentarse consigo mismo, no sabe estar solo, prefiere dormir con cualquiera en vez de dormir solo, para no enfrentar sus miserias, lo mismo le hará a ella el día que se busque a otra, estos hombres no se dan un tiempo para cerrar círculos, curarse, analizarse, meditar y reflexionar sobre por qué fracasaron con su pareja, estos hombres por lo general cambian de pareja como diciendo «quítate tú que ahora le toca a esta otra», por eso digo que las amantes son poco inteligentes, no saben analizar, no se creen capaces de estabilizarse solas económicamente ya que buscan a su presa para que las mantenga, saben de su flojera y limitaciones, no son capaces de convencer a ningún hombre soltero o libre ya que son manipuladoras, calculadoras, y ésas despiden un olorcito muy particular.

«Las amantes» son tan idiotas que por «instinto» todas usan la misma frase de redención como si fuera su escudo, es algo que traen en los genes: «Cuando yo lo conocí, ya el matrimonio entre ustedes estaba destruido.»

Se creen los ángeles salvadores de los hombres sufridos e incomprendidos, ¿qué pueden saber ellas de cómo está un matrimonio?, ¿qué problemas hay realmente?, si sólo están oyendo una parte de la historia, creen que por vivir diez noches de placer con ese hombre, el resto de la vida será así, creen que consiguieron al maravilloso hombre de sus sueños.

Son tan brutas que una vez que creen que consiguieron amarrar a su lado a un hombre, creen que él sí les es «fiel» a ellas, no les da la cabeza para pensar o aceptar que así como ese hombre le era «infiel» a su esposa, con ellas usará el mismo patrón de comportamiento para disfrutarse a otra por ahí en el momento que se presente de nuevo esa mágica oportunidad de jugar otra vez con lo prohibido.

Son muy raras las «amantes» superbellas como las revistas, casi que sólo salen en las películas, pero en la vida real, mi querida amiga, por lo general son simples, grises y tienen que gastarse un buen dinero en la peluquería, ya que con el pelo mojado y recién levantadas asustan.

Que en la mayoría de los casos son bien jovencitas, sí, es verdad, ésas son las más solicitadas por inmaduras, pero a los pocos meses estas jovencitas no tienen muchos temas de conversación y se convierten en los seres más aburridos y fastidiosos que usted se pueda imaginar; además, como dice un amigo mío, por lo general son malas en la cama ya que hay que enseñarlas... en cambio las maduritas, ésas sí, son más sabrosas ya que tienen una sensualidad más clara y con mejor movimiento.

No use su mente en contra suya, piense que quien

tiene «un problema» es su hombre y no usted, y piense en usted ya que el que se va es porque no hace falta y las cosas en la vida suceden por algo, siempre lo mejor es lo que sucede, tal vez ahora no lo vea ni lo entienda, pero créame, más adelante en el camino hay una vida mejor para usted, otra historia, sólo que aún no alcanza a verla, y si esta persona apareció entre sus vidas es porque algo les va a enseñar a todos esta experiencia.

Sólo el tiempo la va a convencer y le devolverá la tranquilidad a su alma, y confíe en mí, usted volverá a sonreír y a ser feliz de nuevo, con o sin él.

Historias de «amantes» las hay todos los días con diferentes protagonistas y los finales son realmente patéticos y casi todos muy parecidos, por lo general a los dos años (más o menos) él vuelve muy arrepentido para que usted lo perdone, usted sola decidirá, otros saben que ya no podrán volver y pasan la vida de una amante a otra.

Yo conocí a tres hombres a los que llamo «los tres mosqueteros de Michigan», bellos y brillantes ellos, de muy buenas familias los tres, se graduaron con honores en la universidad, los tres tenían diferentes sueños que se fueron cumpliendo en el transcurso de sus vidas, lograron formar tres familias preciosas al lado de tres mujeres maravillosas, los tres iban subiendo como la espuma hasta que empezaron a fallar profesionalmente cada uno en su tiempo y comenzaron a desenfocarse, a sentirse inseguros, y comenzaron a destruir sus vidas y a sus bellas familias. Los tres acabaron con sus matrimonios por «tres típicas amantes», una vieja, ordinaria y vulgar que trabajaba con uno de ellos (ya saben ese cuento, la puta de la oficina), los otros dos coincidieron en gustos con dos empleaditas de hotel, bien jovencitas, una preñada de otro hombre, la cual había peleado con el «mosquetero» dos meses atrás y, para darle celos y presionarlo para que dejara a su mujer, en su jueguito quedó embarazada sin darse cuenta del otro, y claro ese otro salió corriendo cuando oyó la palabra «embarazo», pero el mosquetero aceptó volver con ella, admitiéndola con la barriga del otro como suya, y dejó a su maravillosa mujer de veintidós años de matrimonio y a sus dos preciosos hijos adolescentes... Suena patético, ¿verdad? Suena a novela mala y barata, pero la realidad es que hay veces que la vida real es peor que una mala novela; hoy en día ese mosquetero vive con una mujer muy jovencita ella pero muy amargada, ya que por esas cosas tristes de la vida tuvo un accidente en una lancha y perdió a la mayoría de su familia incluyendo a su bebé de dos años, y hoy en día viven ellos dos solos prácticamente como mendigos ya que ninguno de los dos ha podido superar sus traumas y errores.

El otro también se consiguió a una jovencita que trabajaba en un hotel; bien vivida de seleccionar entre los huéspedes, ésta consiguió al tercer mosquetero, que cayó en sus redes, para lograr sus objetivos.

Ellos desorientados, jugando con lo prohibido y peligroso, ellas creyéndoles los cuentos de las brujas incomprensibles que eran sus esposas y por supuesto creyéndoles el cuento de sus grandes negocios y buen porvenir económico, cada quien buscando lo suyo, quedaron todos atrapados y sin salida, la vida juntó a seis mochos para rascarse, ellos quedaron muy lejos de sus sueños, lo tuvieron todo, lo arriesgaron todo y lo perdieron todo.

Como verá, ninguna «mujer inteligente» es amante de nadie, a la mujer inteligente no le gusta que la exhiban, que la lleven por la vida como un trofeo, no se presta para este tipo de situaciones porque se respeta y se hace dar su lugar y tiene la suficiente personalidad para conquistar a un hombre totalmente libre para disfrutarlo desde el primer momento.

A continuación usted leerá unos e-mails que se intercambiaron dos mujeres, «la amante» y la «esposa», sí, ya que ahora las conversaciones con las amantes son cibernéticas, acuérdese de que vivimos en el planeta Bill Gates, este e-mail lo recibió una amiga mía en pleno proceso de divorcio, en esos días bien tensos que se viven, «la amante» le escribió porque estaba cansada de que ella, que aún era la esposa, lo estaba mortificando demasiado a él con tanto problema.

Señora Andrea,

Ciertamente no tengo la más mínima idea de lo que pueda causar este e-mail, pueden pasar dos cosas, o todo empeora o empezamos finalmente a *madurar.* Mis intenciones no son proporcionarle más problemas de los que ya puedan tener usted y Raúl, ni generar una pelea entre ambos. Ya que la situación es *bien cansante y sofocante.*

No me dirijo a usted con la intención de ofenderla, ya que no tengo motivos para hacerlo. No sé cómo luce, cómo viste, cuáles son sus hábitos y cuáles no, ¡además, considero que usted es una persona extraña a la cual no debo ni tengo que juzgar!

Creo que he tenido mucha comprensión y he sabido entender que una separación después de tantos años de matrimonio no es nada fácil. Pero creo que todos tendremos que aceptar que las consecuencias de dichos actos no son sólo la ausencia física del hombre en el hogar. Además de esto, creo que hay consecuencias mucho más difíciles de llevar, en las cuales usted seguramente pensó antes de tomar la decisión y que pudo analizar en su momento.

Soy una mujer joven y divorciada y creo que ambas lo somos. Al igual que el mío, su primer matrimonio también fracasó. Desconozco las razones de su separación al igual que usted desconoce las mías. ¡No nos juzguemos!

Usted no conoce a mi familia, ni me conoce a mí o nuestro estatus social, nuestro poder adquisitivo, ni nuestra educación. Gracias a Dios he sido una mujer que se ha sabido valer por sí misma y ha contado con apoyo financiero, he logrado tener éxito en cualquier medio en el que me he desenvuelto, sólo con mi nivel cultural y social, mi dinero lo he hecho con mi educación por cuenta propia.

De la misma forma, sé ser independiente y valerme por mí misma sin la presencia de un hombre a mi lado. No necesito a Raúl para ser alguien, él no me salvó de nada. Una vez más doy gracias a Dios por lo bien que he vivido. *Tampoco creo que haya sido yo quien destruyó su matrimonio. El conflicto entre ustedes ya existía cuando llegué yo.*

Que él es extremadamente viejo y yo extremadamente joven hoy en día no es considerado un problema ni un tabú, todo depende de la amplitud de la mente que lo esté analizando.

Con esto no quiero comprobarle ni a usted ni a nadie quién soy, cuánto sé, o que tan inteligente soy, realmente muy poco me interesa el concepto que usted o cualquier otro pueda tener de mí. Sólo quiero que finalmente todos nos *ubiquemos en la realidad* y aprendamos a aceptarla sin necesidad de levantarnos en la mañana generándonos una preocupación que realmente es innecesaria. No considero que la solución a los problemas sea el agredirse, ¡pues finalmente no lograremos nada! Más lejos se logra utilizando la inteligencia. Pienso que así usted podrá llevar una vida más fácil.

PEPITA

Mi querida Pepita,

Tu e-mail al principio me sorprendió, pero a medida que lo iba leyendo me causó mucha risa, ya que soy amante de la lectura ligera sin gran profundidad de conocimientos ni conceptos.

Así que voy a tratar de responderte según cada párrafo para no perder el hilo de tu amena conversación.

«Empezar a madurar...» te comprendo, ya que tengo un hijo de tu misma edad y a tu edad se siente una muy madura, pero en realidad sólo se tiene paja en la cabeza (yo también me sentía así a esa edad) y sólo con el tiempo vivido maduramos, aunque hay personas que no lo logran, se nota tu falta de madurez con los hombres ya que los hombres con la edad de Raúl por lo general se las buscan bien jovencitas, que parezcan inteligentes pero bien inmaduras para que no sean capaces de descubrir sus mentiras y su pasado.

Si dentro de «tu luna de miel» con Raúl jugando al matrimonio feliz y compenetrado la situación es «cansante y sofocante», se ve que no tienes ni idea de la magnitud que encierran esas palabras, yo sí te puedo decir lo que es sentirse de esa manera y en especial este último año, pero a tu edad eso es muy profundo para ti ya que estás empezando a vivir.

Esta parte tuya me encantó:

«Creo que he tenido mucha comprensión y he...»

Cuando decidí separarme de Raúl, me imaginé que nada sería fácil y tomé la decisión sin saber de «tu existencia», y él salió de esta casa *jurando que nunca me había sido infiel* y que no había otra mujer y *yo seguía creyéndolo*. Acordamos separarnos un tiempo para pensar si valía la pena salvar veinte años de matrimonio, algo que se escribe y se lee muy rápido, pero que tú no tienes ni idea de lo que significa, de hecho tú tenías tres años cuando Raúl y yo empezamos nuestra historia.

Pero él no se tomó ni cinco minutos de su tiempo para pensar nada ya que te tenía a ti entre sus piernas, y como un cobarde se alejó de toda la avalancha de problemas económicos que él mismo había generado con sus continuos negocios, gastos de viajes, hoteles y problemas que se avecinaban a gran velocidad, para refugiarse en tus brazos y contarte «su versión de la historia» para que lo comprendieras y lo apoyaras.

Las consecuencias las he asumido yo, estuve a punto de perder mi casa, perdí mi carro hace dos semanas y ya estoy tratando de recuperarlo, he tenido que hipotecarme hasta el cuello para pagar fuertes deudas que él simplemente me endosó, y no tienes ni idea de los problemas que he enfrentado para poder seguir adelante con mis hijos, ya que Raúl se desentendió de toda responsabilidad y sólo me da dinero cuando quiere y cuando él lo decide.

Ni a ti ni a tu familia los conozco ni deseo conocerlos, pero en la vida, aparte del estatus social, educación y poder adquisitivo, existe algo llamado «valores morales», cosa de la que tú y tu familia se ve que carecen, ya que ninguna mujer que *se respete lo suficiente* se acuesta o se enreda con hombres casados.

Tú no eres la primera amante que Raúl ha tenido en estos veinte años, hoy en día he comprobado que tuvo muchas amantes como tú y en la mayoría de sus viajes, ya que se acostó hasta con alguna de mis amigas o conocidas del grupo que frecuentábamos, así que sigue registrándole la vida y sus e-mails, ya que así como me lo hacía a mí, te lo estará haciendo a ti, pues no sabe «ser fiel» y menos cuando tiene dos tragos encima; mucho menos a ti, que sólo tienes quince minutos en su vida y oportunidades como tú están en todos los hoteles, que de eso me imagino que sí sabes ya que trabajabas en uno.

De hecho, la última vez que hice el amor con Raúl fue el pasado 9 de enero de este año, sólo tres días después que viajaras a Venezuela a preparar tu mudanza, después de pasar aquí en Miami tu luna de miel navideña. Fue tan fácil para mí levantar el teléfono a las ocho y media de la mañana y decirle que sentía frío en mis nalgas (las cuales adora con locura y por las que siente especial fascinación aun sin quererme) que a la media hora estaba aquí en mi casa fascinado con deseos de hacerme el amor... y yo lo estaba esperando vestida en la forma que más le gustaba e hicimos el amor hasta el mediodía, varias veces y sin Viagra, ya que yo sí sé cuándo lo ha tomado y cuándo no. Hablamos de nuestras cosas, lloró, se desahogó, hablamos también de ti y de lo que significabas en su vida, y lo más importante para mí que sucedió ese día fue darme cuenta de una vez y por todas de lo «cínico y mentiroso» que es y ha sido toda la vida, ya que sólo lo llamé para ver qué tan enamorado estaba de ti y qué tan «fiel» te era, me di cuenta de esa cualidad que tiene de envolver a las personas con su charla, que sólo cuenta lo que le conviene y lo que no le interesa decir se lo calla... y así comprendí que le daba lo mismo hacer el amor contigo, conmigo o con cualquiera, vi su cara en el espejo de satisfacción y de placer cuando disfrutaba de mi cuerpo, y las cosas que me decía como si fuera un día más de los nuestros de antes, y ese día Raúl murió como hombre para mí y por fin dejé de creerle sus mentiras.

Pero siempre estará allí la posibilidad de volver a hacer el amor con él ya que tú dejaste de ser lo *prohibido y escondido* para convertirte en lo mismo del día a día, y yo te llevo ventaja ya que ahora soy la que tiene esa posibilidad en la mano que a ellos les encanta, yo que sé cómo llevármelo a la cama más rápido de lo que tú te imaginas, ya que lo mejor que teníamos era nuestra complicidad en el sexo, un sexo muy bueno que sólo él y yo sabemos hacer, y él estaría encantado de repetir de vez en cuando porque así son los hombres.

Sobre tu éxito, ¿¿¿a tu edad...???, son pocos y espero que sigas generando dinero, ya que más pronto de lo que tú te imaginas lo vas a empezar a necesitar, y si consideras que Raúl no te salvó de nada, eso ni tú misma te lo crees.

Te sacó de la habitación donde vivías, ya que ni un apartamento alquilado podías pagar, no tenías ni un carro, tenías un trabajo mediocre que desempeñabas en un hotel quebrado donde estaban a punto de despedirte, te sacó también de la Venezuela sofocante de Chávez para venir a vivir a Miami en una casa de tres habitaciones para ti sola, toda amueblada, con Mercedes Benz a tu disposición, y te está pagando la universidad... Así que tu comentario deja mucho que decir de ti ya que se ve que eres muy desagradecida.

Sobre sus edades jamás ha sido un problema ni un tabú, ese tipo de relaciones han existido toda la vida y todos sabemos cómo terminan ya que no están haciendo nada original, es cuestión de autoestima y de querer hacer el ridículo en ambos casos frente a la sociedad, que es implacable en sus comentarios... *Sobre la amplitud de mente*, sí, hay que mentalizarse muy bien para tener relaciones con un hombre que te dobla la edad y que puede ser tu papá, ya que una noche con unos tragos puede pasar, pero todos los días y sobria, es bastante fuerte... pero entre gustos y colores... cada quien hace con su vida lo que desea.

Por eso te hablaba de valores morales, algo que no tienes ni tú ni tu familia, tus padres deberían aconsejarte, ya que es bastante patético que su hija de veintitrés años viva y se acueste con un hombre de cuarenta y cinco años que aún está casado conmigo, por si no lo recuerdas, y que, además, tiene una hija de treinta años de su primer matrimonio.

Sobre quién eres tú y qué tan inteligente eres, ya lo has demostrado silenciosamente, ojalá *te ubiques algún día en tu realidad y la aceptes*, ya que no tienes ni la menor idea de dónde estás parada ni con qué tipo de hombre estás compartiendo tu vida.

Los hombres, a diferencia de las mujeres, no saben vivir solos, y a Raúl le espanta la soledad ya que correría el riesgo de encontrarse consigo mismo y él sabe que se asustaría si eso sucede, tú te convertiste en la opción perfecta y «más barata» para él, sin grandes complicaciones, sola, sin hijos, con la familia lejos para que no lo molesten, ideal para ser su secretaria, su salvavidas en la etapa más difícil de su vida, sexo rápido y disponible.

Sobre mí, poco me importa también lo que pienses, sólo te puedo decir que soy «inolvidable»; si me conocieras y tuvieras la oportunidad de saber qué clase de ser humano soy y en qué clase de mujer me he convertido, serías también una más de las personas que dirían que Raúl se volvió loco, y mucho más si descubrieras la mujer que fui para él durante todo este tiempo. Tú te quedaste con el Raúl que en el camino perdió sus valores morales y familiares, el respeto por sí mismo y hacia los demás. Mis hijos y yo, de hecho, somos su única familia y estaremos en su vida siempre... Tú, no sé.

Así que no exijas respeto ya que no te lo has ganado, no juegues conmigo a la «señora Sánchez» ofendida, que te queda muy grande, ni siquiera eres madre para saber el daño emocional que tú y Raúl le han causado a mis tres hijos, así que acostúmbrate a las peleas que pueda yo tener con él porque yo le diré siempre las cosas cuando las siento y como las siento.

Y para terminar quiero que sepas que le pido a Dios todos los días que te dé tres veces más a ti todo lo que tú me deseas a mí.

Sólo estoy de acuerdo contigo en una cosa: tú no destruiste mi matrimonio.

Sólo estás comenzando a destruir tu vida.

Señora Andrea,

Me parece muy triste que su única arma para defenderse sea ofenderme.

Sólo me hago una pregunta dentro de mí... Si usted es tan excelente mujer como dice que es, con tan buen carácter y llena de virtudes... no entiendo, ¿¿¿qué llevó a su hombre a serle infiel durante veinte años??? No comprendo quién fue el tonto, el que lo hizo o quien lo estuvo soportando a sabiendas.

De la misma manera le deseo suerte, yo seguiré destruyendo mi vida con muchísimo gusto.

PEPITA

Mi amiga ya no volvió a contestarle, ya que consideró que Pepita tendría que leer el e-mail varias veces y en diferentes tiempos para poder entenderlo, así que continuó con su vida y dejó que pasara el tiempo, y dos años después se enteró de que la mágica y maravillosa Pepita estaba más perdida que el Triángulo de Las Bermudas; sus tácticas ya no hacían efecto en su adorado Raúl, ella quería casarse y él no, ella quería tener hijitos y él no, claro, lo que el maravilloso Raúl nunca le dijo a Pepita es que él no podía tener más hijitos porque se había hecho la vasectomía años atrás, ella quería que le comprara una casa en Miami, y otra en Venezuela para que su adorada mamá viviera en ella ya que no tenía donde vivir, también quería traerse a su hermanita menor a Miami para que Raúl le pagara la universidad... en fin, la «maravillosa Pepita» no quería casi nada para empezar su cuento de hadas, pero a Pepita con el tiempo su príncipe se le fue convirtiendo en «sapo», descubrió que su adorado había comprado un yate y ella ni sabía, y lo que es peor, lo había estrenado con su nueva amante y ella no había puesto ni un pie en él. Comenzaron las peleas, comenzó a sentirse sola ya que él vivía de viaje, las rutinas y los desencantos, lo enfrentó y él le puso las cartas sobre la mesa, le explicaron bien en qué consistía «la ley del embudo» y no le quedó más remedio que sacar su ropita y mudarse a casa de una amiga con todo y los cuernos que ya le habían montado en varias oportunidades.

Mi amiga se divierte ahora viendo a cuanta boba pasa por las redes de su ex, todas creyendo haber encontrado un maravilloso tesoro y saliendo al poco tiempo llorando y desencantadas.

Así pues saque usted sus propias conclusiones y dele el justo valor a su persona y a su vida, las amantes tarde o temprano salen de la misma forma como entraron, silenciosamente.

Quiérase mucho y no se autodestruya, use su mente a su favor para salir adelante y volver a ser feliz, ya que eso sucederá más rápido de lo que usted se pueda imaginar.

Y aprenda algo, en la vida siempre vamos a caernos por cometer errores, lo importante es el tiempo que vamos a tardar en levantarnos de nuevo y seguir adelante.

11

Sí, acepto

Yo, Javier, te recibo a ti, Carolina, como mi esposa y me entrego a ti. Y prometo serte fiel en la prosperidad y en la adversidad, en la salud y en la enfermedad, todos los días de mi vida hasta que la muerte nos separe.

Yo, Carolina, te recibo a ti, Javier, como mi esposo y me entrego a ti. Y prometo serte fiel en la prosperidad y en la adversidad, en la salud y en la enfermedad, todos los días de mi vida hasta que la muerte nos separe.

Yo me pregunto hace cuánto tiempo fue escrita esta sentencia a «cadena perpetua» sin haberla actualizado y de paso sin haber cometido ningún asesinato, será porque ya queda sobreentendido que en el camino estaremos a punto de matar a esa persona en diferentes oportunidades y de diferentes maneras —de hecho algunos lo hacen—; hemos cambiado casi todo en nuestras vidas, hemos evolucionado, nos hemos reprogramado a los tiempos modernos, hemos ampliado nuestra mente a nuevos conceptos y nuevas formas de vida, pero seguimos oyendo este cliché tan patético e irreal.

Y lo repetimos con cara de idiotas y una nerviosa sonrisa, envueltos en la magia que genera una iglesia preciosamente adornada con las más bellas flores, bajo las suaves y melodiosas notas de un Ave María o una Marcha nupcial, hasta se nos paran los pelos de la emoción, el ambiente está tan cargado de paz, amor y esperanza que todos los allí presentes «creemos» que esta vez realmente todo será como en los cuentos de hadas.

¿Por qué no hemos cambiado este cliché? Será culpa de la Iglesia, que no se ha actualizado prácticamente «en nada» a los cambios de estos tiempos, y hemos seguido aceptando sus normas y sólo lo vemos como parte de un ritual sin sentir realmente lo que repetimos como loros, convencidos en el fondo de nuestro corazón de que no estamos obligados a estar con esa otra persona el resto de nuestras vidas. Tampoco de encargarnos de ella si nos divorciamos, ya que hay leyes que nos amparan para dar marcha atrás a toda esa palabrería, sabemos que no nos estamos comprometiendo en una forma tan sincera, dramática y sin salida, ya que, además, sería absurdo, pues no tenemos la menor idea de lo que sucederá en el camino; vamos con las mejores intenciones, es verdad, pero también es verdad que vamos convencidos de que en cualquier caso podremos disolverlo todo de una forma u otra.

¿Por qué tenemos que vivir como si nos hubieran sentenciado «hasta que la muerte nos separe»? ¿Quién puede vivir con esa frase retumbándole en la cabeza de por vida? Con los años ves en la sala aquella foto de matrimonio, y ves a dos extraños muertos de la risa y con esas caras tan felices, recordándote que esos momentos tan felices no volverán, no puedes entender por qué el matrimonio no es «renovable» como cualquier contrato, o con un tiempo límite, hasta las mejores obras de teatro por muy buenas que sean tienen un intermedio, es imposible que una persona pase una semana seguida sólo estudiando matemáticas sin tener un recreo de vez en cuando, entonces ¿por qué el matrimonio tiene que ser para siempre, sin intermedio, sin recreo y sin tener una cláusula de posible renovación?

Si supiéramos que tiene una fecha límite, tal vez nos esforzaríamos para querer mantenerlo un tiempo más allá del límite; nos daría miedo perdernos y tal vez pasaríamos más tiempo buscando esa complicidad perdida.

¿Por qué tenemos que vivir por siempre con alguien que no llenó nuestras expectativas?, y hablo de ambos bandos, ya que también hay mujeres realmente insoportables y hay algunas que traen la cola de la familia completa, y aquel hombre cargando con todos, ¿por qué un hombre tiene que vivir con ella el resto de su vida?, ¿por qué cargar con ese saco de piedras en la espalda de castigo? Nadie tiene la obligación de vivir con una persona que no lo llena, ¿sólo porque la Iglesia lo dice? Para eso «Dios» nos dio libre albedrío y se nos dio una mente fabulosa para razonar y pensar, somos seres humanos y nos equivocamos, es la única manera de aprender.

Entonces por qué no decir:

Yo, Javier, te he escogido a ti, Carolina, como mi compañera de vida, y trataré de serte fiel, aunque ya sabes que eso es difícil como hombre, trataré de quererte en la prosperidad y en la adversidad, aun cuando te pongas gorda, vieja y fea, en la salud y en la enfermedad, intentaré apoyarte, respetarte y amarte, prometo escuchar tus argumentos y no reírme de tus proyectos personales. Espero que esta química y esta complicidad que hoy sentimos el uno por el otro dure el mayor tiempo posible y que juntos logremos todos nuestros sueños.

Yo, Carolina, te he escogido a ti, Javier, como mi compañero de vida, y trataré de serte fiel como mujer, así que trata de no arrinconarme, estaré contigo en la prosperidad y en la adversidad, espero que no te conviertas en un hombre borracho, agresivo y mentiroso, prometo estar a tu lado en la salud y en la enfermedad aun cuando te pongas gordo, calvo, viejo y feo. Espero que esta química y esta complicidad que hoy sentimos el uno por el otro dure el mayor tiempo posible y que juntos logremos todos nuestros sueños.

No suena tan ceremonioso, pero creo que suena más sincero, ya que ambos y de mutuo acuerdo estarían tratando de lograr una buena vida juntos, sin la presión de sentir que acabas prácticamente de entregarle tu libertad e individualidad a esa otra persona hasta que la muerte los separe.

¿¿¿Ustedes creen que algún hombre en el planeta durante todos estos siglos ha realmente creído que va a ser FIEL a esa sola mujer el resto de sus días??? Eso simplemente va en contra de sus instintos, eso es mentira ayer, hoy y pasado mañana; entonces ¿para qué seguir exigiendo repetir esa mentira en un altar y delante de todo el mundo, en especial delante de sus amigos?

Dios creó al hombre con una mente totalmente polígama, lo lleva en la sangre, es instintivo e incontrolable, tarde o temprano siempre tendrá una excusa para decir que fue débil, que es humano y cometió un error, bueno, eso en el caso de ser descubierto con las manos en la otra (y dirá: «No es lo que estás pensando»), ya que si no es así, lo negará hasta morir y repetirá absolutamente convencido que siempre ha sido fiel.

Por otro lado nadie cree tampoco que la mujer de hoy en día será FIEL a ese único hombre que en el camino será todo lo contrario a lo que ella soñó.

Es triste decirlo, pero a medida que pasan los años oyes muchas historias y te recuperas de tus propios golpes, dejas de creer en ciertas promesas, ya que, además, es antinatural, el cuerpo nos lo pide, es una necesidad biológica y emocional, y cuando asistes a una nueva boda y estás en medio de aquella ceremonia analizando desde fuera todos los preparativos, los trajes, las carreras, los vestidos, los familiares, las flores, la música, y ves a aquellas dos personas en el altar, que en verdad irradian una fuerte ilusión, un fuerte amor y tú aun como espectador sientes y tocas la magia del momento, sabes que ese momento es real, pero en el fondo de tu corazón sientes que esas dos personas están comenzando lo que por lo general será el principio del final de esa pasión y ese amor maravilloso que sienten el uno por el otro.

¿Qué es lo que pasa entonces? ¿En qué momento se comienza a perder esa magia? ¿Qué es lo que mata la pasión?

Hablemos de las parejas que por lo menos duran años, ya que las que duran meses es porque simplemente no sabían ni lo que hacían.

La «luna de miel» es para muchos el único viaje en pareja maravilloso y pleno en sus vidas, donde los dos disfrutan al máximo el uno del otro. Muchos no entienden que esto será el patrón más saludable que seguir por lo menos dos veces al año, cuarenta y ocho horas, dos días solos los dos amándose, así de simple es la clave para mantener esa pasión, esa química y esa complicidad, pero rara vez volvemos a vivir esta experiencia ya que es justamente aquí donde nos desenfocamos y no le damos valor ni prioridad. Lograr tener una segunda o tercera luna de miel es prácticamente «misión imposible», ya que después de la luna de miel deseamos tener en dos años todas aquellas cosas materiales que soñamos, y comenzamos a endeudarnos, ya que queremos vivir rápido y no poco a poco, queremos casa, piscina, carros, lancha, el televisor más moderno, moto; en fin, cada quien tiene su cuento, lo cierto es que a los dos años por lo general ya entramos casi en quiebra.

Tengo un amigo muy sabio que dice que otro gran error es la compra del «colchón», nos casamos y nos compramos una cama *king size*, gigante, la más grande, ésas son las romperrelaciones, porque a la hora de una pelea no hay forma de rozarse o tocarse aun haciéndose el loco como quien no quiere ceder, ya que ahora nos venden unos colchones que ni sientes a la persona que está a tu lado, ella se monta y se baja del colchón y tú ni te enteras, dice él que esos colchones son los peores, ya que antes las camas eran pequeñas y se hundían en el centro, y allí sí podías estar muy molesto, pero los dos estaban en el centro, atrapados, y había que reconciliarse quisieras o no, en cambio ahora con esas camas tan grandes no hay forma de comunicación posible, y la relación se va enfriando ya que ninguno de los dos quiere recorrer media cama para buscar al otro, y si uno de los dos se decide, ya cuando llega al otro lado ni se acuerda para qué se acercó.

Otro gran error es que todos nos olvidamos de que «somos novios», poco a poco dejamos de tratarnos con cariño, dejamos de consentirnos, de juguetear, de darnos detalles, y nos vamos enfriando, vamos perdiendo esa necesidad de querer estar juntos, de sorprendernos y de coquetearnos el uno al otro.

Así que recurrimos a una gran herramienta para llenar ese vacío y nos convencemos de que lo que nos falta es comenzar a tener «hijos» para recuperar esa magia perdida, ésa la vemos como la gran solución. La gran ilusión de crear una familia, la continuidad de nuestro amor plasmada en un nuevo ser, irónicamente esas criaturas divinas y maravillosas que nos llenarán de fuerza y felicidad el resto de nuestras vidas, que serán nuestra pasión y nuestra razón de vivir, serán, sin ellas saberlo ni proponérselo, los auténticos «matapasiones de nuestro amor».

Cuando estamos en nuestro primer embarazo, ellos nos siguen viendo con ternura, nos acarician la barriga, nos sentimos amadas porque les vamos a dar ese hijo que «tanto» deseamos y aún ahí estamos con la ilusión de preparar todo para su llegada.

Es increíble el ambiente de felicidad que se respira con la llegada del bebé, la primera semana toda la casa huele a bebé, se siente paz, ternura, dulzura y todo es color azul o rosado... ves a tu hijo/a y le ofreces tu dedo, y él dulcemente y con fuerza cierra su manita y te atrapa para el resto de tu vida. Toda la familia la tienes dentro de la casa, ayudando, opinando, dirigiendo, aconsejando... todos felices, y de pronto, después que todo el mundo desordenó nuestro mundo se desaparecen, y quedamos allí con un saco nuevo de responsabilidades. Muy felices, y así debe ser.

Pero a los tres meses ya toda la casa huele a buches, caca y pipi, hay teteros por todas partes, pañales, juguetes, no consigues un poco de paz para poder dormir cinco horas seguidas, el bebé no deja de llorar, tu mujer luce gorda, ya no te inspira ni ternura, huele todo el día a buches y no te inspira ni un solo mal pensamiento, acercarte a ella es casi imposible, ya que el bebé se adueñó del «medio de la cama», no puedes ni hablar, ni ver televisión para no despertarlo, esa personita que no es ni siquiera del tamaño de tu brazo te invadió todo tu espacio y a ti sólo te provoca irte a dormir en el precioso cuarto del bebé que transmite paz y que el bebé aún no ha estrenado, ni usará hasta dentro de dos años por lo menos, y te preguntas para qué compraste esa cuna, para qué pintaste esa pila de muñequitos y animalitos en las paredes.

Estás embobado y cautivado con su sonrisita, sus piecitos, sus ojitos y su sonrisa, en verdad es la cosa más linda que hay en el mundo porque es tu hijo y así tiene que ser y así debemos sentir.

Es en esta etapa cuando sin saberlo ni darnos cuenta empezamos a perdernos como hombre y mujer; la magia de los hijos nos une, pero nos aleja de la pasión, ambos comenzamos a sentirnos abandonados y feos, la mujer aún más por el cambio tan fuerte sufrido por el embarazo, ella estará más desenchufada de su propia pasión ya que como madre se entrega más a ese bebé y lo disfrutará más, pero el padre se siente más o menos igual, aunque tendrá más chance en la calle de sentir en un momento determinado la mirada y el perfume penetrante de otra mujer, y volverá a sentirse «hombre» y no padre, en cambio la mujer si es mirada como «mujer» en un momento dado, se sentirá nerviosa y pensará como madre.

Con esto no quiero decir que una vez que se tienen

los hijos se acabó del todo la pasión, no, la pasión está allí y el amor también, sólo que no sabemos cómo reencontrarlos la mayoría de las veces.

Y son precisamente nuestros divinos y amados hijos los que van separando a los padres como hombre y mujer, robándoles la posibilidad de que ellos hagan contacto con su cuerpo, invadiendo su privacidad y creando un mundo infantil de caos y desorden que deja exhausto a cualquiera y difícilmente con deseos de hacer el amor.

Por eso no hay que dejar de alimentar a esa mujer o a ese hombre que escogiste como pareja, ya que con el tiempo esa persona será quien realmente estará a tu lado (bueno, eso sería lo ideal), porque los hijos son prestados y tarde o temprano se irán a hacer su propia vida y comenzar sus propias historias, y lo más probable es que tú te quedes sin pareja por haberla descuidado.

Y nosotras las mujeres somos las que más nos descuidamos, ya que por el embarazo nuestro cuerpo pierde mucho su atractivo, engordamos en cada embarazo y nos vestimos lo más cómodas posibles para lidiar con el día a día de los niños. Mire a su alrededor y verá el patrón de todas las mujeres que andan con niños: una cola de caballo en el pelo, una franela, unos pantalones cómodos y unos zapatos apropiados para pegar una buena carrera por si el niño se nos escapa de la vista; perdemos la coquetería, ni nos maquillamos ya que no tendremos tiempo ni para orinar tranquilas unos minutos, estamos las veinticuatro horas del día pensando en la comida, los hijos, el colegio, las tareas, el hogar, el marido y mil cosas, menos en nosotras mismas. Son unos diez años totalmente concentradas en los demás, y los hombres también por lo general se descuidan y se convierten en barrigones, pero ellos se alimentan con otras mujeres que van encontrando por el camino para aún poder sentirse atractivos y creérselo.

Luego a esta aventura hay que agregarle que ahora tenemos más responsabilidades económicas adquiridas en la formación de ese nuevo hogar, nos llenamos de más gastos —en la gran mayoría de los casos, innecesarios— que van convirtiendo nuestras vidas en una verdadera tortura, el conseguir más dinero es la principal prioridad de nuestra existencia, «el dinero», el otro gran «matapasiones»; si lo tienes, las cosas marcharán mucho mejor, pero si no lo tienes, se convertirá en el cáncer que irá destruyendo el día a día de la pasión, así que lo que antes era una convivencia en pareja tan sencilla, tan simple, tan irresponsable y armoniosa, comenzará a convertirse en algo tedioso, cansante y rutinario.

Hacer el amor cuando llegan los hijos es casi una aventura, prácticamente hay que esconderse y actuar como mudos para que no nos descubran, y siempre pasará que en ese casi logro del momento mágico llorará alguien por ahí o abrirá una puerta para dejarlo a uno en la mitad del camino.

Pensar en salir a la esquina a cenar o a hacer una visita a alguien es como pensar en mudarse de casa con la cantidad de cosas que hay que llevar.

Invitar a los amigos es como sentir que en una noche montaste una guardería en tu casa, ya que todos andan más o menos igual que tú, aquella cantidad de niños dentro de la casa destruyéndolo todo, peleando, conciertos de llantos, y las conversaciones entre parejas son de pañales, fiebres, piñatas...

La verdad es que es una etapa que todo ser humano debería vivir ya que es muy bonita, cómica y de gran crecimiento personal.

Pero es ahí cuando pasan unos doce años más o menos y te das cuenta de que ya has vuelto a dormir solo en la cama con tu pareja, y te sientes raro y distante del otro, y te preguntas: ¿Dónde están esa química y esa complicidad? Por lo general ninguno de los dos tiene ya ese cuerpo de los primeros tiempos, te das cuenta de que pasaron los años y te haces mil preguntas.

Y ni qué decirles de los problemas que esos queridos hijos te traen en «la adolescencia», la preocupación es constante, ya vas perdiendo el control sobre ellos y están vulnerables al peligroso mundo de las drogas, las carreras en los carros, motos, el alcohol, las amistades, la vida sexual, en fin... en busca de sus primeros errores, ya que a esa edad se las saben todas, y tú pasas las noches sin dormir sólo esperando que entren vivos por la puerta, y claro, si se portan bien son un orgullo, pero si se portan mal, es culpa tuya. Hay tantos problemas ya a estas alturas que la relación de pareja se torna muy difícil y muchos matrimonios no sobreviven.

Como puedes vas acoplándote, es una etapa de unos dieciocho años más o menos que tienes para felizmente mandarlos a la universidad y volver a sentir un poco de libertad y espacio.

Y lo más cómico es sentir que cuando estos hijos crezcan y hagan sus vidas con sus parejas, lo apartarán a usted de su lado ya que ellos creen que su propia historia será mil veces mejor que la de usted, y esa persona especial que escogieron es el centro ahora de su vida y usted habrá pasado a un segundo o tercer plano... «ley de vida», y usted comenzará a sentirse solo.

Algunas parejas inteligentemente y bien enfocadas mantienen siempre su pasión, otras retoman una nueva forma de amarse y rescatan esa magia y la convierten en algo divino, disfrutan de una forma madura de sus relaciones, comienzan nuevos juegos sexuales, se reenamoran y se convierten en muy buenos amantes y compañeros de vida.

Pero lamentablemente la gran mayoría se estanca, se resigna, negocia ciertos privilegios, cada quien busca su propia motivación personal, bien sea en un *hobby*, un trabajo, un amante, un deporte, una meta sin cumplir, y siguen sus vidas juntos en bien de los hijos y la familia.

Otros se divorcian y comienzan nuevas historias con las mismas ilusiones y esperanzas de volver a «vivir y sentir», pero con el tiempo comenzarán a caer en la misma rutina, los mismos problemas pero con diferentes personajes y nombres, pero será más o menos lo mismo y se volverán a sentir igual o peor si no aprendieron de los errores del pasado.

Por eso no hay que buscar «un culpable» para decir que fue él el causante de todo, cómo echarle la culpa a uno solo si éramos «dos», no somos capaces de volver a decir: «Sí, acepto que cometí muchos errores y te abandoné como mi compañera/o, no te escuché, no te vi, no te comprendí, no te amé, no te respeté, no te dediqué el tiempo que necesitabas, no te consentí y te traicioné.»

No somos capaces de entender que simplemente con nuestras propias decisiones fuimos cambiándolo todo, todo fue transformándose para ir integrando objetos, hijos, problemas, y las circunstancias de la vida nos hicieron desenfocarnos de aquella perfecta y mágica mirada en el altar donde nos mirábamos el uno en el otro con tanta ilusión.

12

Amor por Internet

Cómprese una computadora y nunca más se sentirá sola/o, si la prefiere portátil, entonces usted creará una total dependencia de ella, ya que la cargará en su maletín y la cuidará como quien cuida a un bebé llevándola a todas partes a donde usted se mueva —hasta en el baño—, usted sentirá seguridad con ella a su lado y si algo le pasa, su mundo perderá toda estabilidad económica y emocional, toda su vida está allí, en ese aparato tan moderno y tan necesario para vivir.

Además, ¿quién dice que no es maravilloso cargar con todo lo que necesitamos dentro de esa cajita maravillosa? Allí está el mundo entero, tu casa, tus fotos, tus negocios, la televisión, el cine, tus amigos, centros comerciales enteros para comprar lo que quieras sólo moviendo tu mano y tecleando, hacer la compra del supermercado y que te llegue a tu casa, los índices bursátiles... *el amor*... todo lo que puedas pensar y hasta lo que tu mente ni se imagina está allí dentro... Hoy en día me río del maletín de la Mary Poppins grande y floreado, se ve tan anticuado y tonto al lado de «mi laptop».

Yo, por ejemplo, puedo vivir meses sin un hombre a mi lado, pero de sólo imaginarme que me quedase sin computadora dos días, me crea una ansiedad terrible, me pongo de mal humor, me dan ataques de pánico... Es mi compañero, mi amigo, mi conexión con el mundo exterior, mi laptop es mi marido y no me gusta que me lo toquen, cuando algo le pasa y le entra un virus, corro desesperada al departamento de emergencias y espero angustiada como quien está en la sala de terapia intensiva por una respuesta satisfactoria del técnico, y sólo quiero oír que «su disco duro» está en perfecto estado.

Así vivimos la gran mayoría de nosotros, conectados y dependientes de una forma total de la fibra óptica dentro del mundo cibernético.

Y claro, andamos como los caballos con anteojeras, sin poder despegar nuestros ojos de esa pantalla, no somos capaces de ver para los lados para encontrar «el amor», así que también lo tenemos que buscar por Internet.

El otro día leí que en un mes cuarenta y cinco millones de personas en Estados Unidos habían visitado sitios dedicados a encontrar pareja en la red, cifra altamente alarmante ya que es el doble de la población de mi país, Venezuela. Es como pensar que hay dos países llenos de solteros buscando el amor sólo aquí en Estados Unidos, pero también me espantó una frase de dicho artículo: «La Internet se ha convertido en el refugio preferido para los "socialmente ineptos"...»

Lo cierto es que cada día es más popular, más confiable, más económico y más normal encontrar el amor por Internet... En vez de gastar dinero en varias citas, comprar flores, pagar cenas románticas, regalos y gastar gasolina en paseos, la red te ahorra dinero y momentos perdidos en la selección, hay miles de sitios en todos los idiomas, es como buscar el carro usado que te quieres comprar, te dan todas las especificaciones, foto del modelo, año, condiciones del motor, capacidad, color, fabricación, kilometraje, millas recorridas, reparaciones, golpes recibidos... En fin, suena a ciencia ficción, pero es nuestra realidad.

Las personas tienen esa nueva esperanza para encontrar a ese hombre o a esa mujer de sus sueños —tu alma gemela cibernética—, que puede estar allí, dentro de tu computadora, y tú aún no lo sabes.

Después de pasar meses y recorrer medio Miami y no encontrar a nadie que mereciera la pena ni para conversar media hora, decidí registrarme en *Match.com*, el sitio de búsqueda de parejas más exitoso de Estados Unidos. Llené todas las preguntas en «mi *profile*», nombre, fecha de nacimiento, edad, país, signo zodiacal, idiomas, *hobbies*, deportes, música, comidas, lectura. En fin, qué me gustaba y qué no me gustaba, pasé media hora contestando preguntas para que el programa de una forma inmediata me lanzara un grupo de posibles candidatos, con foto y todo, que según los datos suministrados hacían una buena combinación conmigo, y yo caí también en la misma forma inmediata en la lista de los hombres que buscaban alguien como yo, pero las dos mejores partes eran: «Expresa con tus propias palabras cómo eres y qué es lo que estás buscando.»

¿Se imaginan?, la gran oportunidad de decirle a toda la red lo maravillosa que soy, lo adorable, cariñosa, espectacular y perfecta persona... La gran oportunidad de todos de llenar el gran espacio de mentiras, combinadas con ciertas verdades; total, si en la vida real y de frente te encuentras con una pila de mentirosos disfrazados y no eres capaz de reconocerlos, ¿qué se puede esperar encontrar dentro de un mundo virtual?

Y describir a ese ser humano que buscas se tornó tan fácil... mínimo tenía que parecerse a mí en perfección, alguien tan especial y maravilloso como yo, que de seguro tampoco existía, pero con suerte en el mundo cibernético yo lo encontraría.

Al final coloqué una foto de esas caseras que se toman en cualquier reunión familiar, hice mi pago con mi tarjeta de crédito durante un mes para probar y esperé veinticuatro horas a ser aprobada por los cibernéticos de *Match.com*, ya que si escribes groserías, mandas fotos desnuda o eres vulgar, puedes no ser aprobada; tampoco te permiten colocar tu teléfono ni tu e-mail personal, ya que se les caería el negocio, sólo alguien que esté registrado podrá hacer contacto, puedes en una forma gratis colocar tu foto y tus datos para que te vean y podrás recibir correo, pero no podrás contestar o escribirle al que te gusta si no estás registrada, sólo pagando podrás dar tu información una vez hecho el contacto. Veinticuatro horas después allí estaba yo con mi *profile* en la red en busca del amor.

La primera noche me desvelé hasta las tres de la madrugada viendo fotos de los posibles candidatos. La verdad, no hice otra cosa que reírme a carcajadas, qué fotos, burlándome de todo el mundo, flacos, gordos, feos, bonitos, semidesnudos, enseñando los músculos. Había varios con gran sonrisa debajo de un gran bigote, sombrero, bóxer y botas de vaquero, los mejores eran los que salían con gorro, lentes y ropa de esquiar en nieve, lucían preciosos, pero ver la segunda foto con ropa normal era de asustarse, era como ver dos individuos diferentes, igual los que salen con gorra de béisbol y lentes lucen preciosos, pero no caigan en la trampa, quítenles la gorra y los lentes, verán a otro hombre nada parecido, así que tendrán que pasarse la vida con él en gorra y lentes, qué variedad. Cuántos hombres vi, jóvenes, viejos, maduros, la selección era infinita y divertida.

Pero lo que más me llenó de esperanza y felicidad fue darme cuenta de que todos eran mis candidatos perfectos ya que ninguno era EGOÍSTA, mentiroso, borracho, jugador, perdedor, infiel, antipático, malhumorado, fracasado, agresivo, flojo, drogadicto, improductivo... Qué felicidad, había entrado al mundo de los «hombres perfectos», todos eran comprensivos, románticos, maduros, seguros de sí mismos, amables, inteligentes, trabajadores, productivos, exitosos, a todos les gustaba cocinar, viajar, ir al cine, a bailar... Qué felicidad tan grande sentí... todos podían ser míos, podía escoger mi hombre perfecto en cualquier momento.

Y ya que estaba envuelta en mi mundo de fantasía virtual donde igual se puede ser mujer que hombre, me puse a ver los *profiles* de las mujeres, y mi sorpresa fue espeluznante ya que, al igual que yo, «todas las mujeres» eran tan perfectas y maravillosas como yo, y las fotos, qué fotos, tenía competencia fuerte en fotos, ya que algunas parecían actrices de cine, pero lo más importante es que no había ninguna gritona, ni malhumorada, egoísta, gastadora, floja, desordenada, compradora compulsiva, borracha, drogadicta, jugadora, insoportable... y sólo pensé: «Éste es el sitio perfecto para escaparse de la realidad.»

Pasó una semana y no recibí ni un solo correo, y pensé que la única razón era la mala foto que había puesto, porque se podrá hablar mucha tontería de que el físico no importa, que lo que importa son los sentimientos, lo que se lleva por dentro, y créanme, ésa es otra mentira de la red y de esta sociedad. Pon una foto tuya gorda y fea y te saldrán plumas esperando a que alguien te escriba. Así que me fui a un fotógrafo profesional para cambiarla inmediatamente y me tomé cuatro fotos espectaculares, con sonrisa, seria, sensual y la más importante, la arrogante sexy, donde claramente se veía en mi mirada: «Mira qué bella y qué buena estoy...» El resultado... el que me esperaba, en dos meses diez mil personas habían visitado mi *profile*, cada día tenía más de treinta y cinco correos proponiéndome citas, dándome sus e-mails, teléfonos, y mi correo se convirtió en mi mejor compañía y diversión. Había de todo, jovencitos entre veinticinco y treinta y cinco años, proponiéndome directamente las mejores noches de amor... Yo sólo pensaba: ¿quién va a enseñar a quién? Luego el otro extremo, los maduritos entre cincuenta y cinco y sesenta y cinco años que románticamente me alababan y me brindaban estabilidad en todos los aspectos; éstos anexaban fotos de la lancha, el yate, el avión, la avioneta, la casa, los carros y demás jugueticos que distrajeran mis miradas de sus arrugas y sus dientes postizos.

Y muy pocos eran los que me escribían de mi edad, que eran los que yo había solicitado, ya que ésos en su mayoría buscaban mujeres entre veinticinco y treinta y cinco años, pero logré captar un buen grupo de mis contemporáneos y a ésos los comencé a analizar como posibles citas, ya que tenía que verificar si en verdad había posibilidades reales de encontrar el amor por Internet.

Después mi selección de posibles candidatos y pasar por mi filtro personal, ya que todos aquellos con hijos menores de dieciséis años quedaban eliminados, yo no tenía ganas de criar a más hijos y mucho menos los que no fueran míos, buscaba a un hombre libre en todos los aspectos como yo, para disfrutarnos solos y eventualmente compartir con nuestras familias. Mi época de piñatas, clases de kárate, ballet y demás actividades extracurriculares había terminado; por consiguiente, todos los que también deseaban tener hijos fueron eliminados, así pues que probé reunirme con cinco posibles compañeros de nuevas aventuras. Uno de ellos resultó muy simpático y poco parecido a la foto, pero en verdad le gustaba bailar, así que salí con él varias veces a bailar y cuando vio que sólo lo quería para bailar, dejó de llamarme. El segundo fue el más patético, el más bello, bien vestido y oloroso; la primera hora no dejó de hablar de sus grandes y maravillosos meganegocios que estaban por cristalizarse, y yo que tengo un máster en escuchar ese cuento muy dulcemente le dije que tenía que ir al baño y con mi mejor sonrisa me fui alejando mientras me decía en mis adentros: «Hasta la vista, *baby*.» Cambié mi ruta, me monté en mi carro y me fui a toda velocidad a mi casa, ¿se imaginan la cara del tipo esperándome y buscándome en el baño? Me debe de odiar, pero a mí poco me importa, ya estoy cansada de oír cuentos. Al llegar a mi casa usé la herramienta más maravillosa de la Internet y el celular, lo bloqueé, lo borré y lo saqué de mi vida.

Sin embargo, las otras dos citas resultaron de lo más agradable, hombres maduros, con buena conversación, buenos profesionales y exitosos, pero no hubo química de parte mía. A uno después de varias citas y conversaciones muy agradables y divertidas lo convencí para que regresara a buscar a su ex esposa y volviera a vivir con su familia, que tanta falta le hacía.

Y el otro, tuve que dejar de salir con él ya que él sí sintió química y yo no, sólo me gustaba de amigo, él sí se enamoró de mí y yo le parecía la mujer perfecta para él, pero al no sentir lo mismo me atormentaba tanto detalle, tanta llamadera, y estar a solas con él era como tentar al diablo y hacerle daño al rechazarlo.

Pero también tuve un encuentro fugaz con uno que me resultó el más increíble; después de conversar por el chat varias noches decidimos encontrarnos, lucía mejor en persona, la conversación era buena, pero era tacaño por ciertos detalles que toda mujer con intuición agarra en el aire, egoísta y poco educado con las personas que nos servían en la mesa, fue muy poco expresivo hacia mi persona, sólo logró decir en toda la cena que yo olía rico, y cuando pensé que la noche se iba a alargar ya que la conversación fluía bastante bien, cerró la cita y quedó en llamarme, yo me quedé helada, eran las diez de la noche de un viernes en Miami, la ciudad estaba encendida y yo llegaría a mi casa antes que la Cenicienta en pleno siglo XXI, así que cambié de ruta y me fui sola a un barcito muy frecuentado por mí, y allí compartí con el grupito de siempre hasta las doce y media, ya que tenía que ganarle de alguna forma a la del cuentito con la calabaza. Cuando llegué a mi casa, no tenía sueño, así que entré en el chat y el hombre me estaba esperando para conversar, desesperado, ya que no me encontraba y pensó que me había pasado algo, me preguntó que dónde estaba... y yo pensaba: «¿Y a este señor qué le pasa...?» Y la gran sorpresa para mí fue empezar a leer todas las cosas que el tipo no se había atrevido a decirme en la cena dos horas atrás: que era bella, espectacular, que tenía una personalidad increíble, que era supersegura y fascinante, que cuando fui al baño me observó mi trasero y era perfecto, que mis manos eran divinas y suavecitas, que no dejaba de pensar en mi sonrisa y los huequitos que se me hacían en los cachetes, que mi mirada era sensual y tímida a la vez, que había resultado mejor en persona que en las fotos, que quería hacer el amor conmigo, amarrarme y ponerme un antifaz... Una vez que paró de escribir estupideces sólo le dije: «Sí, espérame, que voy a ir a tu casa vestida para matar, con antifaz y con un látigo en la mano, y a latigazo limpio te voy a caer por idiota y te prometo que vas a quedar como el Cristo de la película.»

No podía creerlo, había encontrado como decía el artículo a un hombre «socialmente inepto».

Sé de muchas personas que en verdad han encontrado pareja en la red, algunas han resultado y son muy felices, otras han sido verdaderos desastres, he leído hasta de asesinatos, pero creo que es como todo en la vida, las posibilidades y las opciones están allí, con o sin Internet, pero el seguimiento es el que habría que investigar, cuál es realmente el ser humano que en verdad descubres en persona, en el día a día y sin estar dentro de la pantalla. Antes las personas se conocían personalmente primero y luego se escribían, se morboseaban y se reencontraban, ahora es al revés, se conocen por una pantalla, se escriben, se morbosean, adaptan cámaras, micrófonos, hacen el amor frente a un cajón con luz, cada quien por su lado con orgasmos cibernéticos, y a los meses o a los años se deciden a encontrarse personalmente para por fin «verse y tocarse» en una forma real, con los dedos cruzados para sentir los «mismos corrientazos cibernéticos» antes llamados *feeling* o química entre dos seres humanos.

Cada quien tiene su historia y su propia verdad, yo prefiero quitarme «las anteojeras» y ver para los lados, dejar que el destino, los astros, la configuración del universo, la brisa y el momento pongan en mi camino a esa persona, ya que soy de las que piensan que ese tipo de «amor» no se busca, ése llega solo y cuando menos lo estamos esperando o buscando.

Tal vez lo más importante hoy en día es sentirse acompañado y amado, la Internet funciona muy bien para no sentirse tan solo, yo paso horas chateando con mis amigos que viven en otros países, tengo hasta un novio cibernético, que conozco desde hace años, no lo encontré en la red, sólo que hoy en día vivimos en países diferentes, que me escribe cosas divinas, y cada vez que veo su nombre en mi correo me llena de felicidad y me alegra el día. Las personas han encontrado una forma perfecta y económica para estar en contacto con sus familiares en otras ciudades y países, verse y compartir el día a día. Los correos de chistes nos alegran la vida, los de los grandes pensamientos nos hacen pensar unos segundos, y la pornografía va y viene, pero lo mejor de todo es que nos hemos reencontrado con amigos que teníamos años sin hablar, hemos conocido personas nuevas, la Internet nos ha unido, nos mantiene en contacto, nos mandamos tarjetas expresando nuestros sentimientos, nos acerca los unos a los otros, somos más accesibles, encontrar correo nos hace sentir que alguien pensó en nosotros, la Internet ha servido para mantenerse en contacto, y aquellas personas que se aman y están separadas pueden mantener esa pasión y esa química, se han encontrado niños perdidos, se ha recogido dinero, firmas, se reza y el mundo entero comparte vivencias, los soldados en la guerra tienen una forma rápida y directa de decir: «Aún estoy vivo», y llenar a sus familiares de esperanza, hay mil formas de sentirse feliz y acompañado por Internet, ya que es verdad que «el amor» tiene mil formas y si se encuentra realmente en la Internet... sólo tienes que conectarte y buscarlo.

13
El gran amor

Es increíble cómo nos pasamos la vida en la búsqueda de ese gran amor, nuestra otra mitad, como si en algún momento alguien o algo nos la hubiera arrancado, esa otra persona que encaja a la perfección con nosotros mismos, como una tuerca con un tornillo, nuestra «alma gemela», sin pensar que ser gemelo es ser idéntico, así que tendríamos que buscar a alguien del mismo sexo e igualito, ¿será por eso por lo que no la encontramos?, que hay una persona sólo para cada uno de nosotros y ése será «nuestro gran amor». ¿De dónde sacaron esa idea, o concepto, con la que todos crecemos incrustada en nuestra mente? Nos dicen que hay alguien en el planeta que es la persona perfecta para cada uno de nosotros, ¿se imaginan si esto en verdad fuera cierto?, ¡¡¡qué horror!!!, imagínense la cantidad de personas que estamos dentro de este mundo, es angustiante pensar que tenemos que pasarnos la vida buscando a esa otra mitad, no tendríamos tiempo de hacer más nada y, además, ¿dónde encontrarla?, es como buscar una aguja en un pajar, siempre nos acondicionan la mente para angustiarnos por lo que no tenemos y por eso dejamos de disfrutar y darle valor a lo que sí tenemos, aun estando con la persona correcta viviríamos con la duda: «¿Será verdad que la encontré?» ¿Qué esperanza tienen los que no viajan nunca?, la frustración de alguna persona que ha tenido varias parejas y se sigue atormentando por no haber encontrado a esa mujer o a ese hombre que encaje en vez de disfrutar las experiencias vividas. Cada persona que entra a nuestro mundo es por alguna razón, cualquier vivencia con alguien puede dejarnos cosas muy buenas y cosas muy malas, todos somos maestros, muchas veces una persona en quince minutos te da más que alguien que ha estado diez años a tu lado. Yo sentí en su momento que mis dos ex maridos fueron los grandes amores de mi vida y aún lo pienso; tengo en mi mente recuerdos inolvidables, fabulosos, que me hicieron tocar el cielo a su lado, fui muy feliz junto a ellos, fueron dos historias muy diferentes y muy buenas, que serán toda la vida parte de mi historia personal, y doy gracias a la vida por haberlas vivido con toda intensidad, pero nada es eterno, sólo son momentos vividos muy divinos que disfruté y disfruto cada vez que los recuerdo, y ellos también tendrán los suyos conmigo ya que ellos también en su momento pensaron y sintieron que yo era el gran amor de su vida, sólo que toda historia que comienza tiene que tener un final, como todo en la vida.

Nos han vendido el concepto de «la gran felicidad» como si fuera algo constante y perenne, sin darnos cuenta de que «la felicidad» es sólo OTRO sentimiento más de nuestras vidas, como la tristeza, el odio, la alegría, la rabia, la bondad, la humildad o cualquier otro sentir, sólo hay que lograr tener un buen balance en nuestras vidas al manejar esos sentimientos, no podemos ser tan ingenuos en decir: «De aquí en adelante voy a ser feliz todos los días de mi vida porque logré comprarme esta casa o porque me enamoré de esta persona», y créame, eso en verdad puede ser así, pero sólo dependerá de usted y la actitud que tome día a día. Creemos que ser feliz es como pasar a otra dimensión para siempre una vez que la logremos, todos hemos sido felices en algún momento de nuestra vida de una forma intensa, hay miles de razones para sentirse de esa manera y muchísimas veces lo infantil es creer que pasaremos todo un año, día a día, sintiendo lo mismo. Eso es imposible, como también es imposible pasar el resto de tu vida con tu pareja muertos de risa y felicidad todos los días de tu vida hasta que la muerte los separe, ¿se imaginan qué cosa tan absurda y aburrida a la vez?, no creceríamos, no discutiríamos, no existirían las deliciosas reconciliaciones y llegaría el momento de sentirnos asfixiados por tanta paz y felicidad.

Creemos que es como en las películas, cuando el actor besa a la actriz, se comienza a escuchar la música, la luz aumenta o desciende, el paisaje aparece y se oye una voz diciendo: «Y fueron felices para siempre.» Usted sabe muy bien que eso es sólo una fantasía de Hollywood, la vida real es muy distinta hasta para esos mismos actores, así que piense que el sentirse feliz sólo dependerá de usted, de su actitud y su agradecimiento por cada segundo de su vida, y mire a su alrededor, que siempre habrá alguien en peores condiciones que usted y muchas veces «más feliz» que usted, con una historia realmente de terror, y usted sentirá que su vida es un fabuloso cuento de hadas.

Por eso creo que es patético seguir escuchando a las personas que te dicen que algún día encontrarás a esa persona especial y serás feliz, siempre haciéndonos creer que nuestra felicidad depende de otro y no de nosotros mismos.

Un día conversando con una amiga me dijo: «Es que tú no has tenido suerte con los hombres y aún no encuentras al gran amor de tu vida», yo sólo la miré y le pregunté: «¿Y tú, sí encontraste al gran amor de tu vida con el que siempre soñaste...?» Mi amiga se quedó callada, ya que sabía que entre ella y yo no había secretos, ella es una de esas mujeres que tienen tropecientos años de casada, pero no con el hombre que soñó, ella está atrapada en uno de esos matrimonios en que hay más amistad, compañerismo, hijos, costumbre, excusas y muchas otras cosas, pero ya queda poco amor y pasión.

Fue entonces cuando le dije que yo sí había encontrado «el gran amor» tres veces y que los disfrutaba cada día de mi vida, ya que esos amores eran el motor de mi existencia.

Pasamos la vida sin analizar nuestros conceptos ni ver lo que tenemos enfrente de nuestras propias narices. Un día yo comprendí que nunca en la vida amaría a nadie en la forma como amo a mis hijos, ellos sí son parte de mí y nada ni nadie podrá arrancarme ese sentimiento, mis hijos son realmente «para mí» mis «grandes amores», y creo que para la mayoría de las personas también, ya que no importa lo que hagan o digan, jamás nos desilusionarán para que dejemos de amarlos, es así de profundo e intenso, pero cada quien sabe quién es su gran amor; hay personas que lo encuentran en su perro, en ellos mismos, se aman más a ellos que a nadie, y alguien, en su profesión y sus logros personales; cada quien lo vive y lo siente a su manera.

Esto difícilmente pasará entre dos personas, te podrás enamorar de alguien, amarlo profundamente, pero tarde o temprano te desilusionará, te defraudará, morirá, lo reemplazarás o dejarás de quererlo y amarlo como antes, podrás sentir una gran pasión de nuevo que luego bajará su intensidad, tal vez esa pasión se vaya transformando en otro sentimiento.

En cambio, para mí encontré ese gran amor en mis hijos; para mí, los hijos son esos seres maravillosos que nos atrapan desde el primer día y son irreemplazables, no hay nada más bello para nosotros que su sonrisa, su mirada, sus lágrimas, cada movimiento de sus vidas, nos revuelven el alma, nos llenan de ternura, de felicidad, de recuerdos, nos revitalizan, nos oxigenan, nos llenan de fuerza para seguir adelante; es increíble el poder tan maravilloso que tienen sobre nosotros. Aun cuando uno de ellos muera lo seguiremos amando sin poder reemplazarlo ya que no habrá un día de nuestras vidas que no pensemos en él. Tengo varios amigos que han tenido que pasar por ese gran dolor y en verdad no me gustaría tener que vivir esa terrible experiencia, ya que estoy segura de que una parte de mí también moriría y tendría que sacar fuerzas de lo más profundo de mi alma para continuar viviendo con esa herida en mi corazón. Cuando un hijo muere, tu concepto de vida cambia, tú ya no eres el mismo, ahí sí puedo decirles que alguien o algo te arrancó parte de ti, y nos desequilibramos de por vida, aprendiendo a aceptar la realidad ya que ninguna otra persona es capaz de hacernos sentir ese sentimiento tan puro e incondicional por siempre.

Ser padres no es nada fácil, todo lo contrario, es muy difícil, y sólo lo vamos improvisando día a día, ya que desde el principio nos enamoramos de nuestros hijos y eso es igual a andar idiotizados de por vida con ellos y para ellos.

Desde el primer momento que sabemos que van a venir a invadirnos nuestro corazón y nuestra alma comenzamos a hacer cosas tontas, lo primero es el cuarto del bebé, sólo con los años nos damos cuenta de que eso no es necesario ya que el bebé por lo general, en el ochenta y cinco por ciento de los casos, va a dormir en nuestra misma habitación o en nuestra cama por lo menos los primeros dos años, y muchas veces ni estrenará la cuna, pero de pronto nos enteramos de que viene en camino otro bebé, y si ese otro bebé es del sexo contrario, entonces comenzamos de nuevo a fabricar otro cuarto que tampoco usará, porque según nuestra tonta lógica pensamos que cada uno tiene que tener un cuarto.

En verdad les digo que no se sientan mal por dormir con ellos, todo lo contrario, duerman con ellos el mayor tiempo posible, abrácenlos, apurrúñenlos y sobre todo disfrútenlos, ya que los hijos lamentablemente crecen muy rápido y usted deseará volver a tenerlos dentro de la cama. Luego usted se dará cuenta de que ese bebé que no se despegaba de usted las veinticuatro horas del día llegará un día que no querrá ni salir con usted; lograr que pase una semana a su lado será todo un reto, así que disfruten a sus hijos, díganles cada día cuánto los aman.

Hoy me río y me arrepiento de esa conducta que asumimos los padres, ya que creo que si tenemos cinco u ocho hijos, todos deberían dormir los primeros diez años en la misma habitación, varones y hembras, ya que de esa forma aprenderán a ser los mejores hermanos del mundo, los mejores compañeros, y todos juntos aprenderán a compartir, a cuidarse los unos a los otros, a apoyarse, a crear travesuras privadas y divinas, inventarse sus propios secretos, aprenderán entre ellos mismos a tolerarse y conocerse.

Sólo nosotros los adultos nos complicamos, los

niños pueden dormir en el suelo, en la cocina, uno arriba del otro, juntos en la misma cama, ellos no tienen malicia ni sus mentes están contaminadas con malos pensamientos morbosos como los adultos, ellos son puros e inocentes. Aun tocándose sus partes, sólo lo hacen para explorar lo desconocido, analícenlos cuando lo hagan y verán con qué naturalidad se halan su pipi como si fuera plastilina o un chicle, y la exploración que hacen cuando descubren que a su hermanita no le guinda nada, también es de reírse de su inocencia, son tan inocentes que no saben de diferencia entre sexos, somos nosotros quienes tenemos que enseñarlos a saber qué es un varón o una hembra, ellos sólo necesitan cariño y comida, nada material les hace falta, se divierten con una caja, un lazo, un plato de cartón, les da igual estar en New York que en Japón, no saben de fronteras, idiomas, colores, razas, vacaciones o marcas, ellos viven el momento sin importarles dónde estén.

Somos nosotros los que queremos comprarles mil cosas inútiles e innecesarias, los contaminamos enseñándoles viejos conceptos y reglas absurdas que no están escritas en ninguna parte, los enseñamos a desear cuanta basura comercial se fabrica y nos quieren vender todo el día, que nos pidan algo y complacerlos es nuestra meta para verlos felices, sin enseñarles a darles valor a las cosas y enseñarles a ganárselas para que las valoren más. Les compramos más ropa de la que pueden usar en un año, pasamos la vida planificando cómo dejarles una herencia como si no fuera mejor que ellos solos se labraran su propio camino, el dinero fácil se va rápido porque no se sabe valorar ya que no se ha luchado por él, además, cuando crecen, cada quien busca su camino y tal vez el camino de él esté en otro país, muy lejos de los negocios que usted quiere que él continúe, también los malcriamos muchas veces y luego son unos verdaderos inútiles por nuestra propia culpa. Por eso digo que los primeros ocho o diez años son muy fáciles de criar, lo difícil comienza después.

Sólo con el tiempo nos damos cuenta de la cantidad de energía que perdimos en muchas situaciones, inculcándoles cosas innecesarias, y los castigamos muchas veces por nuestro mal humor sin ser ellos los culpables. Queremos que actúen como adultos y nos olvidamos de que son niños, no aceptamos que se ensucien la ropa, que ensucien los muebles costosos que nosotros estúpidamente compramos sin pensar en ellos, no dejamos que disfruten de su casa, no dejamos que se sienten en un sofá o que pasen un carrito por arriba de una mesa, no les regalamos una pared de la casa para que la rayen y exploren su creatividad, una cosa es disciplinarlos y otra es vivir en un ambiente donde la palabra «no» sea la más constante. Piense bien, disfrute más a sus hijos y su casa, no compre muebles que no sean acordes con el momento de su vida, juegue con ellos, póngase a su nivel y gatee con ellos por toda la casa, vuelva a ser niño otra vez y olvídese de ser un adulto tan severo, que para eso ya tendrá muchos momentos en la vida.

Hoy en día oigo a las nuevas generaciones de futuros padres y me río mucho ya que en estos tiempos todo se programa de una manera absoluta, la improvisación es señal de irresponsabilidad, cada día oímos a los jóvenes decir: «Aún no estoy preparado para casarme ni para ser padre o madre.»

Pues déjenme decirles que están totalmente «equivocados», nunca nadie está preparado para casarse ni para ser padre, sólo conviviendo con una persona podrás realmente conocerla y sólo cuando tienes un bebé bajo tu responsabilidad sabes lo que es ser padre, no hay una edad para decir ahora sí, estoy listo. Creen que por tener una carrera, una estabilidad económica, una casa, dos carros y un perro estarán listos para hacerlo mejor que los demás o para ser mejores padres a partir de los treinta y cinco años.

A los hijos hay que tenerlos de una forma inconsciente, sin pensarlo mucho, cuando se está joven entre los veinte y los treinta años, cuando aún somos creativos, pacientes, medio irresponsables y siempre con ese toque de locura en nuestro día a día para quererlos, jugar con ellos y hacerles creer que somos sus héroes; para que se sientan seguros, ya que, como dije antes, en sus primeros diez años los niños no saben lo que significa casa propia o alquilada, carros, estabilidad económica y grandes planes, ellos necesitan MUCHO CARIÑO y comida sencilla ya que por lo general a algunos hay hasta que obligarlos a comer, necesitan jugar, valores morales, sentirse seguros y amados dentro de los brazos de papá o mamá, los abuelos, los tíos, y jugar con sus primos, ser guiados dentro de una buena educación sin grandes lujos. No necesitan ir a un colegio costoso para aprender que Cristóbal Colón descubrió América, ni para aprender a sumar y multiplicar, la primaria es igual en todas partes, hay que enseñarles a valorar la vida y lo que tienen, enseñarles a ser felices con lo que tienen y no sufrir por lo que no tienen.

Dirán: «¡¡¡Ésta está loca!!!, qué irresponsabilidad.» Pues tal vez esté loca, pero nadie puede pensar que hay que vivir la vida teniendo una serie de garantías en la mano que se deberían cumplir según nuestra absurda lógica, puede estudiar para lograr una profesión y tener hijos a la vez, siempre encontrará apoyo y ayuda. Tal vez será más difícil, pero a la larga será gratificante, deje de armar un perfecto futuro y viva un día a la vez, que por lo general la vida es muy distinta a sus planes. Siempre estamos planificando el futuro para cualquier eventualidad, sin pensar que nunca estaremos preparados para las cosas que nos van a suceder, créame que siempre vamos a saber enfrentar el momento aun sin estar preparados, ya que por lo general ese problema que vamos a tener que resolver era el que menos se nos cruzó por nuestra mente. Cuando aprendamos a resolver un problema, los otros que vengan serán diferentes, ya que así funciona la vida; los problemas siempre son diferentes, sin recetas, lo que tal vez funcione para usted no funcionará para mí.

Por eso yo recomiendo que hay que comenzar temprano con el tema de los hijos, ya que sí hay que estar lo más joven, estable y maduro posible para cuando llegue LA ADOLESCENCIA; ahí sí, mis queridos amigos, tenemos que estar lo más preparados posible para manejar estas situaciones de nuestros amados hijos, entre los cuarenta y los cincuenta y cinco años, para que la brecha generacional no sea tan enorme, ahí sí tendremos que estar como padres económicamente establecidos ya que aquí empezarán los grandes gastos, ahora sí nuestros hijos nos necesitarán más que nunca en todos los aspectos, unos más, otros menos, pero ésta es la etapa más peligrosa de sus vidas, ahí es donde comenzaremos a ver qué tan malcriados son, qué tan vulnerables, creativos, irresponsables, rebeldes, caprichosos, educados, conscientes, maduros o inmaduros son, aquí es donde comienzan los verdaderos problemas.

Es ahí donde no podemos descuidarnos ni un solo día, tenemos que convertirnos en sus mejores amigos y confidentes, ya que ellos estarán comenzando a cometer sus primeros errores, comenzarán a contaminarse con el mundo exterior, amor, sexo, drogas, alcohol, carros, motos, travesuras estúpidas que no sabrán controlar. Sus amigos serán sus héroes, y con desilusión aprenderán a diferenciar quién en verdad es su amigo, tendrán que saber decidir por ellos mismos y tendrán que buscar en su propia base de datos qué es bueno y qué es malo y decidir por ellos mismos, y usted comenzará a vivir con el corazón en la garganta cada vez que los vea salir solos, con el novio/a o en pandilla, y sólo lo tranquilizará el verlos regresar vivos, aunque algunos lleguen drogados o borrachos, y su tranquilidad será «verlos vivos» para poder seguir ayudándolos.

En mi época mis padres fueron autoritarios, mi opinión poco contaba, y me dieron muy poca libertad; no los critico, como dije antes, todos improvisamos, pero también me enseñaron cosas muy buenas y yo crié a mis hijos de una forma muy diferente, canalicé lo malo y lo bueno de lo que me dieron mis padres a mí y creé mis propias tácticas.

Lo primero que puedo decirle es que ningún hijo es igual al otro, puedes tener tres o cinco hijos del mismo padre y la misma madre y criarlos en la misma casa y bajo las mismas reglas, y créame, cada uno tendrá su propia personalidad y usted tendrá que aplicar diferentes métodos para cada uno de ellos, ya que cada uno le generará problemas diferentes.

Yo tuve los dos extremos, uno demasiado tranquilo y el otro completamente travieso y arriesgado; lo que no había hecho el primero lo hizo el segundo en todas sus expresiones y dimensiones. Por supuesto el segundo fue el que me convenció de que el gran amor de mi vida eran mis hijos, ya que por más que trató de hacerme desistir, de desilusionarme o enfurecerme, fue al que más le demostré que jamás lo dejaría de amar por muy mal que él se portara, y le garanticé con mucho amor y paciencia que siempre su papá y yo estaríamos allí para ayudarlo, guiarlo, protegerlo y amarlo, hiciera lo que hiciera.

Otra táctica que apliqué con mis hijos fue «la sinceridad»: jamás les he mentido. Según iban creciendo les iba contestando sus preguntas de una forma transparente, para que ellos comprendieran y comenzaran a razonar. Nunca adorné los conceptos, todo lo contrario, se los expuse en diferentes puntos de vista por muy crudo que les sonara, les expliqué muy bien mis buenos y malos momentos sin engañarlos; cuando me veían llorar, les decía el porqué y cuando me veían eufórica de felicidad, también les explicaba por qué; les he dicho las veces que cometo errores y les he advertido de que «todos» siempre cometeremos errores, no importa la edad que tengamos, siempre se cometen errores, ya que es la única forma de aprender, que no por ser yo su mamá tendría la verdad siempre en mi boca, que yo también cometía errores y que aún hoy en día los cometo, y les pedí perdón en muchas ocasiones por algún mal comportamiento de mi parte; les explicaba el por qué había sucedido o el por qué yo había reaccionado de esa manera, pero siempre con la verdad, hoy en día que son lo suficientemente grandes tenemos una comunicación maravillosa en todos los temas, soy como su mejor amiga, pero siempre aclarándoles que sigo siendo su mamá para que estén conscientes de la diferencia. Les digo cuándo voy a desaparecerme para estar en mi espacio privado, saben dónde, por qué y con quién voy a estar, les digo qué significan esa persona y esos tres días, esa semana o ese mes para mí, y de momento no veo la necesidad de involucrarlos en mis relaciones personales.

Tampoco trato de confundirlos, cuando me volví a casar la segunda vez, nunca le dije a mi hijo que ese nuevo hombre era su papá, su tío o algo parecido, simplemente le dije que lo llamara Raúl, por su nombre, y que sería como un segundo papá para él, y así fue, y siempre le estaré agradecida a Raúl por eso ya que fue muy buen padrastro, lo hizo muy bien durante los veinte años que estuve casada con él y sé que entre ellos hoy en día existe ese cariño y respeto de dos compañeros de vida, pero siempre lo mantuve cerca de su verdadero padre, ya que creo que los padres sólo son «dos», los demás tienen otro nombre. También he sido madrastra y desde el primer día asumí mi segundo plano con el cariño de una verdadera madre; hoy en día somos las mejores amigas del mundo, y antes ella me presentaba como «la madrastra peluda» o la «peluda», pero siempre en chiste y por el gran cariño, ya que logramos entre las «dos» verdaderos lazos de amor. Sin embargo, también sé de padrastros y madrastras mezquinos que no han sabido aceptar que ese compañero venía con hijos y maltratan emocional y físicamente a esos hijastros, por eso es importante siempre mantener una buena relación con ese otro «ex», ya que ese «ex» ama a «sus hijos» más que cualquier otra persona y siempre estará allí incondicionalmente para velar por ellos.

Así que si usted se divorció, nunca envenene a sus hijos en contra de su padre o de su madre; el amor que existe entre padres e hijos no tiene nada que ver con el amor entre parejas, sólo les causará daño a sus hijos transmitiéndoles su rabia y sus frustraciones, además, recuerde que si usted llega a morir, ellos tendrán el apoyo de ese otro padre que los amará igual que usted. Todo el mundo tiene su historia, hay padres y madres que en verdad son auténticas basuras, pero siempre ellos encontrarán a alguien o padrastros que les darán ese gran amor de crianza, así que no lo dañe usted con su rabia.

Creo que otra de las cosas importantes que les he dado a mis hijos ha sido la libertad de ser y decidir por ellos mismos, jamás les prohibí un amigo, una novia; todo lo contrario, preferí siempre tener la casa llena de muchachos para yo saber quiénes eran y poder tener luego mi propia opinión a la hora de conversar con ellos, pero la decisión siempre se la dejé a ellos. Siempre he querido que sepan defenderse solos y aprendan a tomar sus propias decisiones, aun sabiendo que pueden estar equivocados. Jamás cerré una puerta con llave, escondí bebidas alcohólicas, escondí mi cartera, las llaves del carro, siempre les enseñé a decidir por ellos mismos y a razonar en los problemas que podían causar por sus malos comportamientos y su actitud, les recalqué mil veces que su libertad terminaba en la línea en que empezaba la del otro, les enseñé a respetar para que pudieran ser respetados por los demás, y les expliqué también en infinidad de situaciones que no debían hacerle a nadie lo que no les gustaría que les hiciesen a ellos. He tratado en lo posible de darles el mejor ejemplo como persona para que ellos se sientan orgullosos de mí y me quieran y me acepten con mis defectos, mis errores y mis virtudes.

Creo hasta ahora que lo hice lo mejor que pude y he sido muy afortunada con todos ellos, ya que tengo unos hijos maravillosos en todos los aspectos y yo también estoy muy orgullosa de ellos. Llenan mi vida de una forma indescriptible y me encanta verlos crecer fuertes y seguros, aprendiendo de sus propios errores, estando de espectadora en sus vidas. Me han enseñado muchas cosas, gracias a ellos he crecido y soy una mejor persona, y sobre todo he aprendido a no crearme más expectativas con ellos, ya que han sido totalmente diferentes a lo que alguna vez me imaginé o quise que fueran y me han sorprendido en todos los aspectos, y la realidad es mucho mejor de lo que alguna vez pude imaginar con todos los malos y duros momentos que en ocasiones me hicieron pasar; comprendí que cada uno, como todo el mundo, tiene su propia historia que vivir, tal vez uno más intensa y rápida que los otros, pero cada uno a su estilo han llenado mi vida de felicidad, ellos son y serán siempre lo más importante para mí, ellos son «mi gran amor».

Y para todas esas personas que no puedan tener hijos, no piensen que entonces no encontrarán «el gran amor» por decirles que el gran amor se encuentra en los hijos, alejen de su mente ese mediocre y mal concepto, tal vez para ustedes sí será esa persona que esté a su lado, ese compañero/a, esa sobrina/o, o sus padres, su amigo/a, todos vamos a tener y a encontrar el gran amor en nuestras vidas, una o varias veces, no porque sea parte de nosotros, nuestra otra mitad, sino porque así lo vamos a sentir el tiempo que dure. Lo importante es que lo vamos a vivir, todos sabremos en su momento quién es para nosotros el gran amor, recuerde que amar es más profundo e infinito que casarse con la otra mitad. Conozco personas en verdad que da gusto verlas cómo se comprenden y se aman y no han tenido hijos, conozco personas que adoran a un amigo y ésa es una forma también de amar, encontrar el gran amor es algo muy personal, elimine de su mente que «sólo» lo encontrará con la persona con la que tiene que casarse.

También tengo muchas personas conocidas que han adoptados niños y he visto que «los lazos de amor» son tan iguales como con los hijos biológicos, ojalá las leyes fueran más sencillas y las adopciones fueran más rápidas, ya que soy de las que piensan que ningún niño debería vivir en un orfanato, y todo el mundo después de un breve estudio debería ser apto para adoptar; y estoy hablando de pobres, ricos, solteros, casados, divorciados, viudos, heterosexuales y gays, sí, creo que lo más importante es la oportunidad del niño de sentirse amado y en familia con «uno o dos seres humanos» que lo deseen de todo corazón.

La mayoría de los niños hoy en día son de padres divorciados, así que la mayoría tienen la suerte de tener dos papás y dos mamás, dos casas, dos vacaciones diferentes, otros hermanastros, dos familias; estos nuevos niños se crían entre cuatro «padres» distintos con personalidades y conceptos diferentes, donde ellos puedan alimentarse con diferentes puntos de vista y analizar ellos solos sus momentos para crear sus propios conceptos y valores de vida; los niños, aunque usted no lo crea, canalizan mejor la vida de lo que ustedes o yo pensamos.

Soy de las que piensan que el ser heterosexual no es garantía para ningún niño de crecer en el mejor ambiente, todos los días vemos verdaderos horrores de maltratos de padres «heterosexuales» contra sus propios hijos, heterosexuales completamente desequilibrados, ya que las personas que son capaces de hacerle daño a un niño están enfermas emocionalmente de alguna forma (independientemente de su sexualidad), así que hay que ser más tolerantes y abiertos dentro de esta sociedad en la que estamos viviendo, «los gays nacieron y se criaron con parejas heterosexuales», así que crecieron en un ambiente completamente diferente a sus preferencias sexuales, ¿por qué entonces pensar y afirmar que ese niño que vive entre gays será también así? Yo soy heterosexual y créanme que jamás mis hijos me vieron haciendo el amor con mi pareja, es cuestión de valores morales, de madurez, y creo que hay muchos gays que tampoco lo harían delante de un niño, ya que hay muchos gays tan decentes, respetuosos y con buenos valores como usted o yo, capaces de brindarle a un niño la oportunidad de sentirse amado, feliz y protegido. ¿Que se van a besar como todo el mundo se besa delante de ellos? Sí, es verdad, pero es mejor que vean cómo se besan a que vean cómo se gritan y se insultan, como la mayoría de nosotros lo hemos hecho con nuestras parejas heterosexuales; eso lo hacemos todos los «seres humanos». Esas personas gays también le darán a ese niño unos abuelos, unos primos, unos tíos, en un ambiente familiar como cualquier familia heterosexual con sus defectos y sus virtudes; lo que no puedo concebir es que ese niño pierda la oportunidad de tener un hogar por prejuicios hipócritas de una sociedad indiferente, y él se quede el resto de su vida en un orfanato mientras esos «moralistas» continúan su vida sin importarles la de él, arrebatándole la posibilidad de tener una familia, buena o mala; todos tenemos nuestras historias familiares, ninguna «familia es perfecta» y usted lo sabe, todos tenemos en la nuestra esas historias que nos hacen sentirnos muy avergonzados, y muy orgullosos otras, pero al final sabemos que así, con todas esas vivencias, nos amamos profundamente aun cuando no lo demostremos con más frecuencia. Por otro lado, ¿por qué no pensamos que a ningún heterosexual nadie le autoriza un embarazo? Ni el Estado ni institución alguna interviene ni le da permiso para hacerlo, para decirle si está cualificado para cuidar de ese nuevo niño. Entonces, ¿por qué no confiar más en alguien al que se le obliga a pasar por un filtro como ser humano cualificado, que cumple tal vez con más requisitos que muchos y que en verdad desea ayudar y amar a ese niño?

Hay que concienciarse sobre los niños, son el tesoro más valioso que tenemos a nuestro alrededor, vamos a cuidarlos y amarlos más, involucrémonos más en ayudar a esos niños del mundo que nos necesitan y están esperando nuestra ayuda, pensemos en ellos y, como ellos, de una forma simple y pura, seamos más tolerantes y menos prejuiciosos; de nosotros dependerá formarlos para que sean mejores personas que nosotros y puedan crear un mundo mejor, más tolerante y más unido, con las menores diferencias posibles entre los seres humanos. Así que si usted aún es de los que piensan que todavía no ha encontrado a ese «gran amor», pues vaya a un centro de adopción de niños y verá que allí lo encontrará.

14

Las mujeres de hoy en día

«Las mujeres de hoy en día... no aguantan como las de antes.»

Es lo que oímos en una forma muy despreciativa cuando decidimos separarnos de un hombre que no resultó ser lo que nosotras queríamos o esperábamos, y yo sólo digo: «QUE VIVAN LAS MUJERES DE HOY EN DÍA.»

Desde chiquitas crecemos en la cocina oyendo hablar de los hombres, que el desgraciado se fue con la niña de la esquina, que el muy perro dejó a esa maravillosa mujer por una puta, que todos los hombres son iguales, que le montó un hijo a la secretaria y la buena esposa está desconsolada y no sabe qué hacer, que si lo perdona es una idiota, que el muy hijo de su madre la dejó en la calle y con cuatro hijos. Crecemos oyendo mil historias que se repiten generación tras generación, crecemos desesperanzadas y confundidas ya que entre la historia del «príncipe azul» y la realidad que escuchamos hay un abismo, pasamos la vida oyendo las mismas historias con diferentes protagonistas, pero a medida que vamos convirtiéndonos en mujeres nos van sembrando otra enseñanza, y comenzamos a oír que tenemos que prepararnos y estudiar para tener un título «por si acaso», como base, «no para ser exitosas» en nuestra profesión, sino como un papelito como tabla de salvación por alguna eventualidad, ya que lo ideal es que cuelgues el título en la cocina y te dediques a tu esposo y tus hijitos, que tenemos que ser fuertes, que tenemos que sacrificarnos. Nos hacen creer que «no somos valiosas, ni sexys ni productivas, ni profesionales», y que no estaremos completas si no tenemos «un hombre a nuestro lado», que nuestra función es la de complementar la vida de un hombre, que tenemos que impulsarlo, ayudarlo a que logre sus metas, que tenemos que vivir a través de él y «que hay que aguantar porque así son los hombres», que el que no cojea por un lado cojea por el otro, así que es preferible conformarse. Nos van acondicionando la mente para que seamos resignadas y conformistas, «siempre con los dobles mensajes», para aprender a vivir con el hombre a cuestas; tenemos que aguantar por los niños, por la sociedad, por la religión, por la estabilidad, porque no tenemos adónde ir, y poco a poco vamos resignándonos y matando nuestras propias prioridades y nuestros propios sueños, empezamos a vivir una vida insatisfecha por complacer a tanta información errada y nos llenamos de excusas y de miedos.

Y comenzamos a justificar sin ser objetivas, vamos cediendo y soportando a aquel hombre borracho, mujeriego, infiel, flojo, jugador, perdedor, maltratador, débil, fracasado, cobarde, irresponsable, improductivo, vago, drogadicto, antipático, mal amante, aburrido... tenemos que cargar con «la cruz» el resto de nuestras vidas.

Y la que en este momento esté viviendo con un espécimen de éstos con «todos esos defectos juntos»... por favor, agarre duro este libro, agarre a sus hijitos, y salga corriendo a toda velocidad de esa casa.

¿POR QUÉ? ¿Una mujer tiene que resignarse a pasar el resto de su vida con alguien que no la hace feliz y la tiene desmotivada? ¿Por qué seguir con alguien que no le «aporta nada» o casi nada a su vida, que por más que usted trata de motivarlo y ayudarlo, no le ve ese futuro que soñó con él, o con ella, ya que podría agregar que hay hombres que tampoco tienen por qué aguantar a una mujer que no llene sus expectativas? ¿Por qué seguir perdiendo el tiempo con un matrimonio que no está funcionando? Deje de confundir la costumbre y las excusas por lo que es el verdadero «amor entre dos personas».

Que ese «amor sí existe» y hay muchas personas que lo han logrado.

Vemos parejas que han pasado toda una vida juntas en perfecta armonía y realizadas por un sueño logrado entre ambas, pero también vemos parejas que se quedaron juntas toda la vida siendo muy infelices y frustradas. ¿Valió la pena perder tus sueños, tus proyectos personales por seguir las normas de la sociedad?

Se lo he preguntado a muchas mujeres y todas responden lo mismo: «Por mis hijos sí valió la pena...» *¿¿¿Y por TI???* ¿Valió la pena? *¿Valió la pena olvidarte de ti misma?* ¿Por qué no pensaste nunca que podías lograr las dos cosas? O simplemente llevar una vida más feliz sola, o con tus hijos... Y la respuesta siempre es también la misma: «Me llené de miedos y excusas y lo fui dejando para más adelante, hasta que me sentí tan estancada y me conformé.»

Es lo mismo cuando se abre un negocio, se invierte, se trabaja duro en él noche y día, porque allí en ese proyecto está puesto todo nuestro entusiasmo, pero si con los años de trabajo invertido ves que realmente no es productivo ni resultó el mejor negocio, te das cuenta de que no tiene sentido seguir invirtiendo en algo que no te está produciendo las ganancias esperadas, y es cuando lo cierras, quiebras y tratas de intentarlo de nuevo.

Pero la sociedad te presiona, hay que aguantar los tiempos malos, que después vendrán los buenos, ya que según la sociedad no es lo mismo separarte a los cinco años que a los quince o veinte, es como si te diera cierto prestigio según los años soportados. Tú dices: «Yo estuve casada cinco años», ya te miran feo porque, claro, eso no es nada, pero si tú dices: «Yo estuve casada veinte años», ahí sí, inmediatamente suben las cejas de la impresión, te miran con respeto y te dicen: «Qué lástima, perdiste los mejores años de tu vida al lado de ese sinvergüenza.»

En el matrimonio no puede haber tiempos malos y tiempos buenos, ése es el «gran error», en el matrimonio es el día a día, no son tiempos, en el día a día tiene que haber una comunión de pareja para lograr juntos lo que fue el sueño del principio; habrá días buenos y días malos, pero no se puede pensar en que vamos a ser felices dentro de cinco años, cuando no tengamos deudas, los niños hayan crecido, la casa esté pagada o compremos la lancha.

«El hoy» es lo que cuenta, qué tan feliz me siento hoy al lado de mi compañero/a, qué tan orgullosa estoy de él/ella: ¿Esta vida es realmente la que yo soñé para mí? ¿Ésta es la persona que yo quiero en verdad el resto de mi vida a mi lado? ¿Es preferible no ser feliz pero tener marido? ¿Usted nació sola o con un hombre al lado? ¿O es que le da mucha flojera y miedo comenzar de nuevo? ¿Qué tan importante es para usted su paz interior, su felicidad, o su comodidad?

Yo personalmente creo que el matrimonio o la convivencia en pareja es el «estado ideal» de un ser humano, el vivir en pareja con el «papelito» o sin él, pero el lograr esa armonía y estabilidad es cosa de DOS y cuando se logra, es DIVINO, ¿por qué entonces no sabemos mantenerlo?

Los porcentajes están diciéndonos que hay un setenta por ciento de «mujeres maravillosas» dedicadas a querer lograr una buena estabilidad matrimonial al formar una familia, y que hay un treinta por ciento de mujeres brujas y malas que sólo se dedican a hacerle la vida de cuadritos a un hombre para explotarlo y maltratarlo, mujeres terribles de verdad, las llaman las grandes vengadoras por lo general. Lástima que en la mayoría de los casos es a un hombre bueno al que agreden y no al grupo de los malos, son mujeres que no quieren mover un dedo y que sólo quieren que las traten como reinas sin merecérselo.

Pero con los hombres el porcentaje cambia, ya que hay un cuarenta por ciento de «hombres maravillosos» que sí creen en el matrimonio y tratan a sus esposas como seres especiales y valiosos, las consideran, las consienten como reinas y se quedan junto a ellas toda una vida, creciendo juntos y formando en los días buenos y en los días malos una familia ejemplar.

Pero lamentablemente el sesenta por ciento de los hombres se convierten en los grandes sinvergüenzas que se olvidan de respetar los valores morales y los compromisos adquiridos con esa mujer, se olvidan de que son sus compañeras de vida, y son ellos, la gran mayoría, los que durante años han ido destruyendo los sueños, la autoestima, el amor y la confianza de sus mujeres hasta arrinconarlas en la más profunda soledad, convirtiéndolas en «las brujas del cuento».

De allí la gran frase: «Todos los hombres son iguales»...

Pues no, aceptar que todos los hombres son iguales es como decir que «Todas las mujeres somos iguales»... y eso sería generalizar de ambos lados, ya que no es cierto ni justo.

Por eso es justo reconocer que hay un cuarenta por ciento de hombres maravillosos, que están ahí y los vemos todos los días en un sinfín de situaciones.

Hombres que nunca han dejado de ser amables, siempre con un «mi amor» o un «mi vida» en la boca para dirigirse a su mujer, esté gorda o flaca, fea o bonita, saben que a las mujeres hay que «llenarlas» (el hombre se vacía), hombres que están pendientes de esos días de menstruación para ser «más cariñosos» con ellas ya que están en esos días difíciles del mes, hombres detallistas que están dentro de un supermercado y los oyes hablando por el celular: «Mi vida, estoy comprando unas cositas para la casa y quería saber si necesitas algo», comprándole el jamoncito que a ella le gusta, llevan flores en el carrito, compran toallas sanitarias, saben las medidas de las pantaletas y los sostenes de su mujer, están pendientes de esos regalitos pequeñitos que se convierten en los «grandes detalles» que alimentan el día a día..., ellos nunca dejan de invitar a su mujer a cenar juntos los dos, a bailar, al cine, y de vez en cuando a pasar un fin de semana «solitos» en un lugar alejado del encantador ambiente familiar.

Ellos las tratan como reinas, ayudan en las labores de la casa, con las tareas de los niños, saben preparar teteros, bañan a sus hijos, están pendientes de las necesidades económicas y buscan en todo momento mejorar esa economía para disfrutarla familiarmente, crean «bases económicas sólidas para el futuro», se preocupan por «crecer y envejecer juntos», planifican y disfrutan de vacaciones familiares porque están convencidos «del amor que sienten por su compañera y sus hijos», son hombres maduros y seguros de sí mismos. Ellos podrán ver y distraerse en el mundo diario, pero «no se desenfocan» de sus prioridades ya que por sobre todas las distracciones saben respetar y valorar a la mujer que tienen a su lado.

Estos hombres maravillosos ¡¡¡SÍ EXISTEN!!!

Pero como nada es perfecto, estamos viviendo en una sociedad carente de auténticos valores morales y familiares, donde estamos invadidos de hombres y mujeres que sólo causan daño sin medir las consecuencias de sus actos, hombres y mujeres que traspasan líneas prohibidas y hacen mucho daño a sus seres más queridos.

Hombres que todo el tiempo están queriendo convencernos de que los grandes negocios se hacen en la barra de un bar, mientras sus mujeres están hasta altas horas de la noche encargándose de los hijos, ya que ellas salen de su trabajo de la calle y llegan a su casa a seguir trabajando en la familia que están formando, organizan la comida, las tareas y la casa, hay hombres que se gastan el poco dinero que producen en sus caprichos, sus aventuras y sus fracasados proyectos, hombres infieles que no respetan y exigen respeto, que le dan buenos tratos y «romance a una extraña» sin darse cuenta de que eso es precisamente lo que «está esperando su mujer en la casa». Que son simpatiquísimos en la calle, y en la casa siempre están buscando pelear por el más mínimo detalle para hacernos sentir culpables; hombres que nos ridiculizan en las reuniones ya que se pasan de tragos y pierden el sentido de la conversación, y después de beberse hasta el agua de los floreros quieren hacer el amor, sin darse cuenta de que no hay cosa más desagradable que hacerlo con aquel borracho que no puede ni mantener una buena erección, y pasa veinte interminables minutos moviéndose y jadeando para ver si en sus sueños logra terminar, todo hediondo y descontrolado, que por supuesto al otro día no sirve para nada, ni para producir estabilidad emocional ni mucho menos económica.

Hombres jugadores, viciosos, que apuestan hasta el último centavo y arruinan el patrimonio familiar, hombres flojos que viven echándole la culpa de sus fracasos a otros, hombres quejones a los que todos los días les duele una parte del cuerpo, hombres aburridos y antipáticos que sólo quieren estar en la casa viendo la televisión y aplastados en un sofá, hombres que no saben hacer el amor, que sólo se te montan encima y te escupen, hombres alcohólicos y drogadictos que maltratan verbal y físicamente a sus mujeres y les hacen perder su autoestima, las humillan y las ridiculizan y la mayoría de los casos delante de sus hijos.

¿Por qué hay que seguir viviendo con estos hombres que cada día, gota a gota, van acabando con una relación de pareja?

¿Por los hijos...? No creo, he conocido muchos hijos criados sin la presencia de este tipo de padres y créanme que ha sido lo mejor para ellos, han tenido una vida bonita al lado de mujeres que han sabido ser madres y padres a la vez, y con *su ejemplo y su paz emocional* les han dado a esos hijos una muy buena estabilidad en todos los aspectos.

Además, si tú como mujer no te sientes feliz, no puedes lograr que las personas de tu alrededor lo estén; hay que ser sinceras y fuertes. Hay muchos hombres que les fallan a estas mujeres y a sus hijos y hay muchas de estas mujeres que sacan a sus hijos adelante cuando esos padres fallan.

No hay que tener miedo a la hora de tomar ciertas decisiones, muchas lo han logrado, ¿por qué tú no? No es fácil, nada es fácil, pero no es imposible, ni se logra en tres días. Pasarás un mínimo de dos años encauzando tu vida nuevamente, pero al final siempre habrá valido la pena, y te sentirás mucho mejor, aun cuando veas un panorama muy oscuro y poco alentador al principio, pero siempre se abren nuevos caminos, inimaginables, que te enrumbarán a lograr el éxito y la paz emocional.

He visto mujeres hacerse millonarias preparando tortas desde la cocina de su casa y levantar una familia; con constancia y dedicación crecen y crecen como la levadura de sus tortas, al punto de tener que encargar una de sus tortas para dentro de tres meses por su volumen de venta y calidad. Se convirtieron en dueñas de su propio negocio, crean puestos de trabajo y empresas muy sólidas.

¿Y qué me dicen de J. K. Rowling (autora de *Harry Potter*). Divorciada, pobre, que no tenía ni computadora y se iba a escribir su sueño a un negocio donde alquilan las computadoras, y todas las noches con constancia fue construyendo su futuro y se convirtió en lo que ya todos sabemos, una escritora supercreativa, exitosa, y mejor aún, entró este año en la lista de las cien personas más millonarias del mundo. Ella no se llenó de excusas, sólo se enfocó y creyó en ella misma.

Otras venden productos, hacen carteras, cosen ropa y se convierten en diseñadoras, pintan y decoran casas, manejan taxis y luego tienen su propia flotilla, otras son ejecutivas brillantes... Ejemplos los tenemos todos los días a nuestro alrededor, la mujer *siempre* ha sido creativa, trabajadora, luchadora, gerencial, emprendedora, y lo que es mejor, «no se rinde».

Estoy convencida de que éste será el «milenio de la mujer», cada día será menos increíble ver mujeres presidentas, gobernadoras, alcaldesas, empresarias... dueñas de su propio destino y de sus países en todas partes del mundo, las estadísticas nos están diciendo que cada día se gradúan más mujeres en las universidades que hombres, que los bancos confían más en los préstamos otorgados a mujeres que a hombres. Hace rato que la mujer se despertó, y los hombres están «asustados y deprimidos» porque se descubrió que el «sexo fuerte» no eran ellos sino «nosotras», en todos los aspectos, ya que hasta en la cama somos mejores y con más resistencia sin tener que tomar «pastillitas».

¿Por qué entonces pasarse veinte años al lado de un hombre si a los cinco años ya una voz en el interior de tu corazón te decía que no funcionaba? ¿Por qué? Porque la sociedad te va a criticar, si ella no es la que vive con él.

Y de algo estoy muy segura hoy en día: «Los hombres no son los que les hacen daño a las mujeres», no; somos nosotras mismas las que nos hacemos daño, idealizándolos a ellos, creyendo en ese hombre de barro que nosotras mismas nos inventamos, que adornamos y justificamos creyendo que va a cambiar, quedándonos al lado de él. Sólo nosotras sabemos cuál es el verdadero hombre que tenemos escondido dentro de la casa, ese que no queremos que nadie vea, ni la familia ni siquiera nuestros hijos, sólo nosotras sabemos que ese hombre no sirve.

Por eso yo adoro a «las mujeres de hoy en día» que no se estancan, que saben ver claramente su realidad, que luchan por ser felices porque son valientes, inteligentes y no «comen cuentos».

15

Cómo recuperarse de un divorcio

Una vez que usted se vea sentenciada a entrar en un divorcio, comprenderá que está por comenzar a vivir el momento más doloroso y dramático de su vida. Yo le voy a dar varios consejos para que tenga una guía de cómo recuperarse, por lo menos a mí me funcionaron ya que he pasado dos veces por ese peregrinaje.

Lo ideal sería que usted meses o años atrás haya tenido la precaución de guardar «sus propios ahorros para emergencias», pero por lo general nunca lo hacemos, nunca nos preparamos un pequeño piso económico para cualquier eventualidad, y por eso no nos atrevemos a divorciarnos o a enfrentar la vida solas, pero aun sin tener ese colchón vale la pena arriesgarse si usted no está feliz con la vida que lleva. No será fácil, pero no será imposible, todo dependerá de «la actitud» que usted tome.

Punto 1: Un abogado

Así como usted años atrás coordinó todo lo referente a su matrimonio, ahora tiene que buscar a una persona que la ayude «legalmente» a desbaratarlo todo de la mejor manera posible y cuanto antes mejor. No se estanque por que pasen los años y usted siga en un limbo legal sobre su estado civil, ya que esto le podrá traer problemas de toda índole por seguir perteneciendo legalmente al señor aquel. No se duerma y recupere de inmediato su soltería, ya que entre otras cosas, cuanto más tiempo tarde usted en firmar, le estará dando tiempo a él para hacerle todas las trampas posibles con su contabilidad, cambio de cuentas, traspasos de dinero, cambio de nombre de las propiedades, ventas ficticias... etc. Acuérdese de que comenzó la guerra, él ya no la quiere y está en contra de usted, así que será frío, hábil y calculador, abra los ojos y esté atenta.

Yo personalmente no creo que las guerras sean solución alguna para ningún conflicto, por tal motivo trato de protegerme económicamente en son de paz con muchas conversaciones y siempre abierta a un acuerdo, sin querer desplumar a nadie. Ya que entre los dos llegamos hasta aquí, prefiero llegar a un punto medio aun sintiendo o saliendo perdiendo, muchas veces en un momento se puede pensar que estás perdiendo y a la larga te darás cuenta de que saliste ganando, creo que la libertad y la paz emocional valen más que muchas cosas materiales que con el tiempo puedes llegar a volver a conseguir o sin las que puedes vivir. Pero cada quien pelea por lo que realmente considera de valor en su vida, usted sola decidirá qué feroz o pacífica puede ser su propia guerra contra el que hasta ayer fue el compañero de su vida y, lo más probable, el padre de sus hijos.

En mi primer divorcio sólo tuve dos conversaciones con el abogado, expuse mis planteamientos, mis condiciones, se conversó con la otra parte en la misma manera, rápidamente se llegó a un acuerdo, se leyó el documento y firmamos. Y el segundo divorcio fue bastante cibernético, un día recibí un e-mail donde se me pedía el divorcio, quedé paralizada, por e-mail, no tuvo el valor de decírmelo de frente, ni a mí ni a mis hijos, ya que a cada uno le llegó un e-mail diferente sobre el mismo tema, luego una semana después recibí otro e-mail del abogado con el documento del divorcio, así que lo leí y lo acepté sin cambiar una palabra, una coma o un punto, el abogado quedó tan sorprendido como usted y me escribió de nuevo diciéndome que si mi ex no cumplía, podía entablarle un juicio y obligarlo a cumplir. Sólo le respondí que de ahora en adelante si él cumplía o no quedaba a su «conciencia y su responsabilidad», ya que yo jamás llevaré a juicio, o entablaré demanda alguna, contra el que es el padre de mis hijos, bajo ninguna circunstancia y por ningún motivo. Por supuesto, no estoy hablando de padres delincuentes, drogadictos, pedófilos o algo parecido, ya que de estar mis hijos en peligro sería yo la primera en meterlo a la cárcel, por eso mi respuesta. Mis dos ex maridos son personas muy decentes y buenas personas y sobre todo buenos padres; que me hayan dejado de querer a mí como mujer es una cosa, y lo acepto, pero jamás los divorciaré de sus hijos ni iré en contra de los padres de éstos, ya que los hijos sufren mucho viendo a sus padres enfrentados y mucho más en un juicio legal. Así que mi paz emocional y la de mis hijos están por arriba de cualquier acuerdo de dinero.

Pueden pensar que soy estúpida si lo desean, jamás he quedado holgada en mis divorcios, todo lo contrario, he salido con las piernas quebradas, he trabajado mucho para salir adelante, pero hoy en día, después de muchos años, llevo una buena relación con mis ex maridos y puedo decir que a mis hijos no les ha faltado nada, ya que siempre he pensado que por las buenas siempre se consigue más que por las malas, aun cuando no esté especificado en un documento legal.

Historias de divorcios las oímos todos los días, hay personas que pasan años sin ponerse de acuerdo, peleándose a muerte y llenándose de odio, los abogados cobrando y las ex parejas completamente envenenadas afectándose a ellas mismas y dañando emocionalmente a los hijos y a toda la familia en pleno.

Por eso le digo: usted decidirá que tan largo y traumático puede resultar un divorcio, es un proceso muy desagradable y devastador en cualquier caso, para las dos partes. Un divorcio implica mudanza, pérdida afectiva de la persona que ha estado a su lado y desbalance total de su vida económica, son tres temas que causan mucho estrés y desequilibrio, ya que es su vida emocional y económica la que estará en juego, así que trate de ser lo más objetiva posible, recuerde que ambos están a la defensiva, analice las leyes y deje la rabia y el odio a un lado, que son malos consejeros.

Punto 2: Alcohol, drogas y pastillas

Olvídese de que existen, recuerde que usted está «desequilibrada emocionalmente», acéptelo desde el principio, cuanto más rápido, mejor, su vida está pasando por un proceso muy doloroso, usted ya tiene bastante desequilibrio en su vida y estas herramientas inadecuadas la desequilibrarán aún mucho más, ya que usted no tendrá la capacidad de controlar este desastre. Su amor propio está herido y a nadie le gusta sentirse fracasado y así se sentirá, luego con el tiempo aprenderá de esta lección.

Todas estas drogas le harán perder aún más el control, todas crean adicción, y usted sentirá que la ayudan a evadir la realidad perdiendo su poca objetividad, y usted, mi querida amiga, no está para seguir perdiendo nada más, todo lo contrario, sólo estando lo más sobria y lúcida posible será la «única» ayuda para usted misma.

Así que no busque el camino fácil y falso, sea fuerte. Así como le gusta disfrutar de los buenos momentos en su sano juicio, sea fuerte para vivir también sus malos momentos lo más despierta posible. Recuerde que nadie se toma una pastilla para dormir cuando se está muy feliz.

Si usted no cumple este primer paso, tendrá en sus manos el pasaporte vigente para su viaje al fracaso total de su vida.

Punto 3: El dinero

Si usted tiene dinero, la casa y el carro pagados, usted es una mujer muy afortunada, ya que podrá llorar de vez en cuando tranquila y tendrá el ochenta por ciento del proceso superado, pues sólo será cuestión de tiempo para que a usted se le pase la tristeza, o quién sabe, tal vez esté usted feliz de la vida de haberse quitado ese matrimonio de encima, si es así, ¡¡¡felicitaciones!!!

Usted podrá irse de viaje, de crucero, de compras, para distraerse y ser feliz.

Pero si aun así, llena de dinero y estabilidad económica, usted es de las personas que piensan que tener dinero y estabilidad económica no la ayudará a ser feliz, entonces, mi querida amiga, le recomiendo que: «Done todos sus bienes y su dinero a una institución benéfica», adopte tres niños pequeños, si quiere más emoción, adopte tres adolescentes. Y luego comience a enfrentar el mundo de verdad, sin dinero, busque trabajo, busque una casa donde vivir, trate de comprarse un carro con su trabajo, y comience a mantenerse sola con el propio esfuerzo de su trabajo para que sienta lo que en verdad es tener estabilidad en la vida en todos los aspectos, y créame que deseará irse de crucero, de viaje o de compras. Usted aprenderá a apreciar de verdad la vida que antes tenía y dejará de quejarse y hablar boberías.

Pero si usted no tiene dinero, ni la casa pagada, ni el carro, y encima tiene una montaña de deudas, junto a tres hijos de diferentes edades, usted tendrá dudas en ciertos momentos, ya que en realidad no sabrá ni por qué o por quién llora todo el día, y no se confunda pensando que llora por amor, usted está llorando de miedo, miedo a todos los problemas que tiene que empezar a resolver sola.

No se sienta tan desdichada, usted pertenece al grupo de «la mayoría de las mujeres», así que la única solución es secarse las lágrimas, limpiarse los mocos y conseguir la forma de producir dinero y más dinero.

Si usted ya trabaja y depende de un sueldo, pues tiene que buscar una segunda opción propia, un negocio propio, no otro sueldo, ya que estará limitada a horarios y pagos, tendrá que ser creativa. Piense qué más sabe hacer usted, si usted es experta en hacer ensaladas, pues comience a vender ensaladas en su trabajo o en el vecindario; si sabe coser, pues cosa ropa en las noches; si sabe hacer tortas, pues empiece a hacer tortas. Piense en cualquier alternativa por más disparatada que le suene... de seguro que ésa, la más disparatada, será la que tenga éxito.

Si usted está pensando en meterse a puta... no se lo recomiendo, las putas están pasando por una fuerte crisis económica, hay mucha mujer regalada en la calle, ya los hombres no tienen que pagar por sexo, ahora la cosa es casi que al revés. Además, los hombres ahora son gays, virtuales o fracasados, conseguir a un hombre de verdad que le haga el amor y gratis será todo un reto, se lo digo por experiencia, por lo tanto olvídese de que ganará dinero en esa profesión. Lo que pasa es que Dow Jones no da los índices bursátiles de las putas, ni el descenso económico de esta masa trabajadora, ya que no están organizadas y no las incluyen en las estadísticas de desempleo o en las quiebras de sus parcelitas... Así que le recomiendo que comience a sudar en otro empleo, éste está perdiendo terreno y su valor en la bolsa. Pero si usted tiene un cuerpazo, sabe bailar en tubo y no le importa desnudarse en público o por Internet, usted sí está lista para ganar mucho dinero así, usted tiene desde ya un buen porvenir sin tener que acostarse con nadie, cómprese una cámara, péguela en la computadora y abra su propia pagina web de pornografía, cobre desde su cama para que la miren y la disfruten, póngase una máscara si le da mucha pena, esto a la vez le dará más dinero, ya que más de uno pagará más por convencerla de que se quite la máscara, sólo tiene que llevar debajo un supermaquillaje bien marcado de puta para que ni así la reconozca nadie.

No tenga miedo, piense y sueñe con cualquier posibilidad que usted pueda desarrollar, lo importante es lograr su objetivo, hasta piense en la idea o proyecto que alguna vez le planteó a su pareja y él se murió de la risa y la hizo desanimarse, lo más probable es que «ésa» sea la ruta hacia su éxito, sueñe, verá cómo su mente empezará a olvidarse del dolor de su divorcio, y concéntrese en ese nuevo proyecto aportándole ideas nuevas. Escuche a su corazón, siempre escuche a su corazón y confíe en usted misma, todas tenemos un talento maravilloso por dentro que no hemos encontrado ni desarrollado. No se autocastigue, olvídese de las excusas, piense que las excusas no existen, sea valiente, no se menosprecie. No importa si usted no tiene estudios universitarios, conozco muchas personas graduadas o que hablan varios idiomas, estancadas, con un techo arriba de sus ojos por el simple hecho de tener ese título universitario que no las deja surgir más allá, y no son capaces de producir ni un dólar si no consiguen algo a su altura de su papelito universitario. Pero conozco mucha más gente que sin preparación alguna ha triunfado y es superproductiva, así que como dicen en mi tierra: «Pa' lante es para allá de frente, para atrás ni para coger impulso.»

En la medida que usted vaya produciendo más, irá solucionando cada día un poquito más, así como las hormiguitas, y cuando usted menos se imagine, habrá logrado sacar la cabeza del agua, se habrá nivelado y podrá comenzar a ahorrar para lograr su independencia económica y se sentirá «superfeliz y tranquila».

Punto 4: Llore... llore... llore...

Nunca se prive de llorar, usted está pasando por un mal momento, necesita desahogarse, saque toda esa tristeza, rabia y desamor de su alma, el llorar la hará adelgazar, la deshidratará, la hará tomar mucha agua, y créame, adelgazará tanto que se verá «bella». No se sienta como tonta por llorar, piense que está pasando por una pérdida afectiva en su vida y es normal que desee llorar, es como el tiempo de luto que usted necesita para curarse de esa pérdida, así que llore y disfrute de su llanto, llénese de mocos y luego báñese, no duerma llena de mocos ya que amanecerá toda empegostada.

Con el tiempo usted misma se habrá cansado de llorar; sin darse cuenta notará que se está riendo sola y sin motivo, el mismo cuerpo dejará de llorar ya que se habrá limpiado, y usted se sentirá desahogada y tranquila, sentirá que nadie se muere de amor, por nada ni por nadie, eso la hará sentirse segura y más fuerte que nunca.

Es la mejor dieta y la más económica, muy dolorosa pero efectiva, mire a su alrededor, cada vez que una mujer se divorcia se pone flaca, bonita, la mirada le brilla y parece una diosa, así que a llorar, llénese de mocos y enjabónese con sus tristezas, que como el Ave Fénix usted resurgirá de entre las cenizas más bella que nunca.

Pero eso sí, no abuse, no ande por la vida inspirando lástima, eso de: «Pobrecita yo»... eso no vale, quiérase, no hay nada peor que desear inspirar lástima todo el tiempo, la gente saldrá corriendo de su lado ya que ahí está usted disfrazada de lástima y eso espanta, eso la estancará y le hará perder su autoestima. Recuerde que usted es una mujer valiosa, y cada día que pase lamentándose y vistiéndose de lástima será un día más perdido, otro día en su contra, así que administre su llanto y utilícelo en positivo.

Punto 5: Las fotos

Mire a su alrededor, toda su casa está llena de preciosas fotos, de momentos felices y divertidos, nadie pone en un portarretrato a gente llorando, triste o furiosa, todas las fotos son con sonrisas, así que esto le causará más daño. Yo recuerdo que mientras lloraba por toda la casa y veía tantas fotos de todos riéndose, me sentía peor, ya que, aparte de los recuerdos que se me venían a mi mente, llegué a pensar que todos se estaban riendo de mí; así que tomé todas las fotos y las guardé un tiempo, hasta que me curé. Recuerde: no se autocastigue, quite de su vista todo lo que le cause más daño.

Puede, si lo desea, vender todo, me refiero a los muebles, no a las propiedades, ésas aguántelas y sálvelas hasta el final, aférrese a sus propiedades, ya que en dos o tres años usted tendrá el doble porque los valores inmobiliarios siempre están subiendo; así que aguante el palo de agua sin vender, luche por eso. Lo que sí puede hacer es alquilarlas y vivir en un sitio más económico; puede también pintar con colores diferentes las paredes y comprar cosas nuevas que sólo le gusten a usted y vayan de acuerdo con su nueva vida, todo cambio es bueno, lo importante es usted, mientras más rápido usted se recupere, su entorno estará mejor cada día.

Punto 6: La música

Llénese de música nueva, no se ponga a oír las canciones que los unían a los dos o aquellas que le traigan recuerdos, escuche todo lo contrario, hágase adicta a la bossa nova, a la salsa, a la música clásica, usted busque su propia alternativa, la música es la mejor medicina y cuanto más alegre, mejor. Yo cuando veía que ya el ánimo lo tenía por el piso, me inventaba mis propias fiestas particulares, ponía una foto de George Clooney pegada a una pared, me servía un vodka con jugo de naranja (uno o dos, no más, recuérdelo, no abuse) y armaba mi propia fiesta privada entre él y yo, me paraba frente a la foto y le bailaba y le lanzaba besos como loca a ritmo de Juan Luis Guerra, Celia Cruz, Olga Tañón, Óscar de León... Y quedaba yo sudada como un pollo, descargada de toda tristeza, llena de alegría, eufórica y feliz; eso, aparte de subirme el ánimo, me hizo adelgazar más, ya que el baile endurece las piernas y las nalgas.

Inténtelo, no hay nada más sabroso que poner música a todo volumen y bailar sola por toda la casa mientras cocina, limpia o se viste para salir.

Por otro lado me grabé un CD con dos canciones solas, *Color esperanza*, de Diego Torres, y *La vida es un carnaval*, de Celia Cruz, esas dos canciones se repetían una y otra vez hasta que el disco no daba más, y fue una de mis mejores terapias, las letras de esas canciones me devolvieron la esperanza y la seguridad de que la vida era bella, aunque yo pensara lo contrario.

Punto 7: Usted sola

Deje de pensar que los demás tienen que ayudarla, su papá, su amigo, un novio, su amiga, su hermana, usted sola tendrá que ayudarse a superarse, sólo así se curará, usted es la única que tiene que hacer el trabajo sin la ayuda de nadie, usted es la que tiene el problema, usted es la que está sufriendo, usted es la que está sintiendo, usted es la que tiene que luchar por usted misma, usted sola es la que tiene que encontrarse a sí misma, ver en qué falló, en qué se equivocó, saber qué fue lo que hizo bien y qué fue lo que hizo mal. Analícese, mire su interior, sea totalmente sincera con usted misma, no tenga miedo, nadie la está escuchando, no se castigue, sólo analícese y encuentre sus propias respuestas, busque qué es lo que realmente quiere y para dónde quiere ir, perdónese y perdone, suelte toda atadura, no se aferre a nada, ni a sus miedos, ni a sus fracasos, ni a su desdicha, ni a su rabia, suelte todo, no se engañe y busque su propia verdad, y cuando la tenga, entonces luche por ella.

Y si en ese profundo análisis usted siente sinceramente que quiere de verdad a su pareja y quiere volver y tratar de ser feliz con él otra vez, pues hágalo y luche por lograrlo, sólo usted sabrá si será correspondida o no, sólo usted sabrá si se está engañando o si está haciendo lo correcto, piense en usted, no por los hijos, la sociedad o la familia, sólo usted decidirá por su vida de una forma u otra, recuérdelo bien, sólo usted.

Punto 8: Sin trampas

Dicen que un clavo saca otro clavo, sáquese el clavo si quiere, pero no sea boba y no se clavetee o se crucifique sola de nuevo, piense que usted está saliendo de una relación que no funcionó, está desequilibrada emocionalmente, y lo que es peor, usted está «hambrienta de cariño», muerta de hambre como quien dice, lo que más desea es sentirse amada y deseada y eso es supernormal; pero no se ponga usted sus propias trampas, disfrute de ese nuevo encuentro cercano con un hombre, pero sólo aliméntese sin perder la cabeza, no se vuelva a amarrar, no comience de nuevo a depender de un hombre. Toda escoba nueva barre bien los primeros meses, pero con el tiempo usted se volverá a sentir infeliz y atrapada en otra relación sin haberse curado de la anterior, y muchas veces con una relación peor que la que tenía, ya que por su desequilibrio usted estará de nuevo idealizando a otro hombre por estar tan ansiosa.

Y por esa misma ansiedad usted caerá en la trampa de otro hombre que de pronto le devolverá de nuevo esa ilusión divina que se crea cuando uno se vuelve a enamorar. Sólo le aconsejo que si esa maravilla nueva es divorciado, entonces busque por todos los medios conocer a la ex esposa de ese hombre para oír la otra versión del cuento, para que usted camine en un terreno más fuerte y no en las nubes, oiga a la otra parte de la historia y entonces comprenderá muchas actitudes de él y tendrá la ventaja de analizar si en verdad vale la pena. Conociendo a los dos personajes usted sacará sus propias conclusiones, y siempre recuerde que no tiene que hacerse trampas a usted misma, no idealice de nuevo, busque por todos lados si él le está mintiendo ya que ése es el deporte favorito de ellos.

Recuerde que usted sola es la que decide por usted misma, disfrute de la comida, pero no quiera llevársela dentro de los bolsillos para su casa. Piense en su libertad de poder probar tal vez varios sabores nuevos y comparar, no se lance de cabeza arriba de la primera torta otra vez.

Aprenda de los hombres a no involucrarse a la primera (bueno, algunos), pero por lo general ellos están tan hambrientos como usted, comen y se van a otro lado a comer. Y si les gustó mucho, entonces buscan la manera de volver a comer en el mismo sitio.

Así que cúrese muy bien primero, que las cosas buenas llegan solitas y sin buscarlas.

Las mujeres somos muy brutas en eso, sólo creemos que seremos felices si tenemos a un hombre a nuestro lado, y comenzamos a buscar sustituto; conocemos a uno nuevo y salimos desbocadas a convertirlo en un héroe sin serlo, al verlo lo empezamos a medir, queremos que en unos pocos meses nos demuestre todo el amor del mundo, que nos compre una casa, un carro, lleve los niños al colegio, nos lleve de viaje, nos mande flores, nos regale joyas, nos saque a comer todas las noches, a bailar... Si no es así, no sirve, no nos ama, o pensamos que tenemos que seguir trabajándolo para lograr esas cosas, nos engañamos con nuestra propia paciencia y nuestras mismas y caducas estrategias, sólo buscamos a alguien que nos resuelva la vida económica, y es allí donde volvemos a fallar, y terminamos con otro pegote a nuestro lado peor que el anterior.

Punto 9: La soledad

La tan temida soledad nos aterra a todos, pero una vez que canalicemos también ese miedo y aprendamos a vivir con nuestros propios silencios, empezaremos a disfrutar de la soledad. Es cuando todo cambia como por arte de magia, un día te das cuenta de que has logrado muchas cosas sola, de que tienes todo el tiempo para ti y tus decisiones de vida son más pensadas, más centradas y más exitosas.

Es muy duro verse de pronto solo. Recuerdo que yo me sentía como la fotografía de la película *Volver al futuro*, yo también tenía una foto donde salíamos retratados todos, allí estábamos unos al lado de los otros abrazados como la bonita familia que éramos, a la que yo le había dedicado gran parte de mi vida, pero de pronto comenzaron a desaparecer de la foto todos: mi hijastra se casó y como es normal comenzó a formar su propia familia, mi hijo mayor se fue a vivir con su novia, el pequeño se fue a la universidad, y mi esposo se fue a vivir con su novia de veintidós años, así que me quedé ahí en el medio de la foto sola, los demás desaparecieron y yo dejé de ser imprescindible en sus vidas.

Fue duro sentir que no me necesitaban tanto, vivir en la casa tan vacía, pasar las noches sola sin tener ni con quién hablar o pelear, hubo momentos que sentía que me desmoronaba, pero allí en la más profunda soledad fue la única manera de encontrarme a mí misma, allí en esa soledad volví a encontrarme con aquella mujer alegre y jovial que yo misma había olvidado que existía. Sí, fue duro sobre todo en las noches, que se hacían interminables, y lo más difícil fue acostumbrarme a dormir sola, de hecho hay mujeres que por el miedo a no dormir solas prefieren no divorciarse; el saber que duermen con un hombre, aunque no sirva para nada, les da cierta seguridad. Yo, sin embargo, preferí dormir sola que mal acompañada, ya que poco a poco fui llenando mis propios espacios y traté de buscarle el lado positivo a tanto silencio.

Así que le aconsejo que recuerde cuántas veces deseó tener tiempo libre para usted. Pues bien, eso es la soledad. Pase dos horas bañándose, llénese de espuma, échese cremita, aceitito, hágase tratamientos en el pelo, córtese las uñas, acarícíese los pies, acuéstese desnuda o con su franela vieja preferida y léase un buen libro, escuche música, arregle el clóset, hable con sus amigas horas por teléfono, registre Internet, chatee, haga lo que le provoque hacer, haga eso que nunca podía hacer por estar corriendo complaciendo al marido o a sus hijos. Pues hágalo ahora, disfrute de sus silencios, piense, recuerde sus tiempos bonitos, arregle esa cantidad de fotos que tiene en una caja, póngase a estudiar, rescate aquel proyecto que engavetó por no tener tiempo, hay mil cosas que puede hacer en sus momentos de soledad. Si lo que le gusta es dormir, pues duerma, pero no vea la soledad como un abismo negro.

Una vez que usted vea a la soledad como una parte

de las muchas alternativas que debe mezclar para funcionar como persona, estará salvada, ya que usted tiene que buscar un equilibrio de todo en su vida, crear sus propias prioridades sólo en función de su estabilidad emocional.

Punto 10: Sea feliz

Una vez curada no se sienta culpable de ser feliz, al contrario, disfrute al ver su nueva vida sin nubarrones, sin tormenta, salga y respire.

Siéntase orgullosa de usted misma, segura; usted lo está logrando, está viva, muy linda, más tranquila, llena de planes, de esperanzas, hasta enamorada, ilusionada, aunque sea de usted misma, eso es divino, usted logró sola manejar sus sentimientos y aprendió a vivir de una forma diferente sin tantas normas ni prejuicios que no están escritos en ninguna parte, usted es otra mujer, más completa y más madura, y merece vivir su vida como usted la decida sin darle explicaciones a nadie y sin importarle lo que piensen los demás. Así que sea usted misma, siga escuchando a su corazón, no le tenga miedo a volver a fracasar, arriésguese a ser feliz y, por qué no, a volver a sufrir, sólo usted descubrirá si aprendió la lección.

Arriésguese todos los días a vivir un día a la vez como si fuese el último de su vida, no hay nada más sabroso que vivir, así que a vivir; pero siempre con una sonrisa en su rostro porque usted es lo más valioso que usted tiene, y créame que si usted está bien, todo a su alrededor estará mucho mejor.

«Y recuerde que detrás de una gran mujer hay siempre un ex marido sorprendido.»

16

Me convertí en bruja

Es increíble, pero un día te levantas casi que agotada y te miras al espejo y te espantas, los pelos parados como palmas de cocos, con varios matices de colores entre un torbellino de canas, tu nariz está más grande de lo normal, estás llena de espinillas que parecen verrugas, tienes un color amarillento verdoso entre un cutis que está dando los primeros indicios de estar marchitándose. Vas bajando la mirada y tus senos están mucho más abajo, como queriendo tocar el suelo en caída libre, sobre un estómago inflamado lleno de estrías, flácido, y cuando ya te parece que el panorama no puede ser peor, ves que te están saliendo canas... allí, ¿allííí... también salen canas...? Vuelves a verte al espejo despavorida y el grito que pegas es de terror.

Es tal el grito de pánico que te despiertas sudando, despertando de la más terrible imagen de ti misma, y corres al espejo y te das cuenta de que sólo fue eso, un mal sueño, pero sabes que poco te falta para comprarte la escoba.

Así es cómo te comienzas a sentir después de varios años de matrimonio ejerciendo todos los papeles del mundo en una sola mujer. La experiencia de los años vividos al lado de tu marido te ha vuelto muy intuitiva, estás cansada de aconsejarlo sobre su trabajo, en los múltiples negocios sin éxito en los que se ha metido y ha salido con las piernas quebradas, la cantidad de veces que le has comentado «este amigo» o «este socio no me gusta», «las cosas no las veo tan claras ni tan buenas como me las estás contando»..., en fin, cada una sabe su propia historia. Pero él, tu maravilloso esposo, es el primero que comienza a verte como «una bruja», ya que le has dado todas las predicciones posibles y se han cumplido de una u otra forma, y claro, él sigue sin escucharte porque tú eres muy negativa y por eso siempre las cosas salen mal, por tu mala intención, y no reconoce que tu intuición por lo general siempre ha sido la correcta, pero si llega una extraña a decirle lo mismo, él, como por arte de magia, la ve como alguien que sí lo entiende y confía en él.

Por otro lado, ya a estas alturas tienes los hijos adolescentes que cada día te dan más problemas, son muy desordenados, pasas el día recogiendo y lavando ropa, la casa llena de amiguitos, el jamón, el queso, los refrescos y el pan no duran ni dos días, te convirtieron en el chófer de la casa llevándolos y trayéndolos de un extremo al otro de la ciudad, y por supuesto de seguro están «enamorados» de una perfecta extraña/o angelical que les está dando «algo» que tú no puedes darles, y aquí vas desarrollando otra faceta de «bruja», como madre, ya que cualquier consejo o visión que tengas sobre la susodicha/o o algún amigo será tomado también como un síntoma de celos de madre, de vieja fuera de época o de estar completamente equivocada, siempre negativa y pensando mal de todo el mundo.

Pero tienes que seguir adelante con mucha paciencia, ya que eres el «pilar, el balance de la familia», no te puedes rendir. Y vas al médico para que te recomiende un complejo multivitamínico porque te sientes como cansada y, en vez de encontrar un poco de consuelo, el muy caradura del médico te dice con la mejor de sus sonrisas: «Señora, usted está entrando en la menopausia...»

De pronto te quedas mirándolo cómo se ríe como loco mientras repite una y otra vez: «Eres una bruja menopáusica, eres una bruuuuja menopáááááusica.»

¡¡¡¡¡ERES UNA BRUJA MENOPÁÁÁÁÁÁÁUSICA!!!!!

Por una extraña razón vuelves a enfocarlo y él dulcemente te está explicando que es un ciclo normal en la vida de cada mujer, y te preguntas qué tiene de normal tu vida. Si más bien parece el mundo de la dimensión desconocida.

¿Entrando en la menopausia? ¿Por qué entrar en una menopausia si tú lo único que quieres es entrar en un resort con una playa espectacular donde la brisa y el sol te den paz y armonía? Quieres desaparecer de la vida que estás llevando y regresar unos años después, y ver que los hijos ya crecieron, tienen sus propias vidas, y tu marido triunfó en los negocios y ya volvió a ser aquel hombre bello y sin barriga con el que te casaste.

Llegas a tu casa y en verdad te sientes como «una bruja», has dedicado muchos años a unas personas para las que en este momento no eres tan indispensable, cada uno está en su propio mundo, sus sueños, sus metas, y tú estás allí a un lado sintiendo que a nadie le van a importar tus necesidades, tu agotamiento y mucho menos tu menopausia.

Sólo eres «la bruja de la casa», «la bruja histérica y amargada», la que pasa el día quejándose del desorden, de llevar y traer gente, la que regaña por todo, la que nunca está de acuerdo con las ideas descabelladas de todos, la que tiene que cocinar todos los días los brebajes para alimentar a los buitres que habitan a su alrededor incluyendo las mascotas, la que no tiene tiempo ni para ver su programa favorito, la que todo lo tiene que organizar, «la bruja» que si no se pone las pilas el marido tendrá la excusa perfecta para cambiarla por una nueva «bruja» mucho más joven y encantadora.

De pronto al entrar de nuevo a la casa tuve una visión que me llenó de paz, serenidad, alegría y felicidad.

Así que en vista del panorama que tenía frente a mis ojos, me decidí y tomé mi escoba y salí volando.

Dejé una nota que decía:

> Queridos esposo e hijos:
>
> Ustedes tienen razón, «soy una bruja», lo acepto, y como están cansados de mis argumentos y mi mal humor, he decidido librarlos de mi presencia unas cuatro semanas, volé en mi escoba a una espectacular isla caribeña a *descansar de todos ustedes*. Voy a entregarle mi cuerpo a los cirujanos plásticos de la isla para que me reconstruyan y me vuelvan a convertir en una mujer bella como por arte de magia del bisturí y el botox, así que trataré de volver a ser la dulce y bella criatura que era antes de que todos ustedes entraran en mi vida. No

tuve tiempo ni de cocinar ya que no había ido esta semana al supermercado, la casa es toda suya, por mí pueden incendiarla si así lo desean.

Un fuerte beso a todos, los quiero mucho.

La Bruja de la Casa

17

Mi mejor amiga

Se llama *Ramona Ganza*, es medio alemana y medio venezolana, es joven, tiene veintitrés años, ni fea, ni bonita, ni flaca, ni gorda, más bien tiene barriga, tiene ojos azules y habla tres idiomas, alemán, inglés y español, es una ejecutiva muy buena y está graduada de Turismo Hotelero, trabaja de relacionista pública en uno de los hoteles donde yo por lo general me hospedo cuando voy a Venezuela.

Ésta es la forma exacta como mi esposo, de cuarenta y cinco años, me describió en su momento a su «nueva amante», una vez que no le quedó más remedio que quitarse la máscara que había usado conmigo durante veinte años de matrimonio.

Ella entró a nuestras vidas así como entran «los terroristas», callados y sigilosamente, con su plan armado, muy cuidadosos, pasan unos meses estudiando el terreno para atacar en el momento menos esperado, para lograr con efectividad «destruir» de un solo bombazo lo que tú llevas veinte años construyendo con toda dedicación y amor.

Es como que te den un batazo por la frente, quedas tan aturdida y tan desequilibrada que pasan meses para que puedas volver a reaccionar y «razonar objetivamente».

Oír y verle la cara a tu esposo describiendo a su nueva mujer es algo patético y deprimente, el cinismo y la frialdad de su actitud arrogante, como si te estuviera hablando de una prima lejana, hablando de ella como parte de la familia, que está llegando a nuestras vidas como quien llega de un viaje y a la que todos tenemos que aceptar como algo muy normal y, además, «exigiendo respeto», y yo preguntándome: ¿Merece respeto quien no respeta?

Cuántas preguntas pasaban por mi mente en aquel momento, no sabría decirlo nunca. ¿Era ese hombre cínico mi esposo, mi compañero, mi amigo, mi amante de los últimos veinte años...? ¿O era un clon?

Una vez que como puedes, después de unos meses muy difíciles, te recuperas y vuelves a coordinar tus ideas y a retomar tu vida, te das cuenta de que la tal *Ramona Ganza es tu mejor amiga*, porque sólo una verdadera amiga es capaz de quitar de tu vida l*o único malo que tenías*, a ese hombre que te estaba aplastando tu personalidad, estrangulándote tus sueños, un hombre que vivía de viaje haciendo sus negocios de hotel en hotel, de país en país, comiendo en restaurantes, tomando tragos en los bares, siéndote infiel cada vez que se le presentaba la oportunidad, mientras tú sola coordinabas la educación de los hijos, la casa, los problemas del día a día, los problemas de la adolescencia, las tareas, lidiando con el plomero, el mecánico, la directora del colegio, convirtiéndote en el chófer de la familia, cuadrando las cuentas para que alcanzara el dinero, ocupándote también de ser muy profesional en tu propio trabajo, durmiendo sola y agotada la mayoría de las noches, organizando la Navidad, el cumpleaños, y pendiente de verte bonita para cuando él llegara de sus viajes y recibirlo con los brazos y las piernas abiertos, deseosa de verlo y preguntarle: «¿Cómo te fue?»

Y que él la mayoría de las veces te contestaba «Muy bien, pero vengo con "un fuerte resfriado"», lo cual significaba un hombre enfermo el fin de semana completo, o te decía «Vengo con "una colitis"», cansado de bares, restaurantes y deseoso de pasarse el fin de semana metido en la casa viendo deportes, aplastado como un sapo en el sofá o en la cama viendo la televisión, con una mano en el control del televisor y la otra en los testículos... Y tú deseando romance, salidas nocturnas, cenas o ir a bailar, al teatro... Nada de eso pasaba, ya que él lo hacía con la otra. Yo sólo tenía que dar un balance a vuelo de pájaro de los acontecimientos familiares durante esa semana, y con suerte saldríamos a hacer una visita a un familiar o a un matrimonio amigo, después que él disfrutara de sus partidos de tenis con un amigo para descargar sus presiones, o hacer lo de siempre, una parrilla familiar.

Ella se llevó a ese hombre que convirtió mi vida en una rutina aburrida, un hombre que, cuando salía conmigo, a las dos horas comenzaba a bostezar, a mirar para los lados sin decir palabra, que jamás tenía un detalle para conmigo, ni siquiera en mis cumpleaños, un hombre que me llenó de infecciones vaginales ya que no tomaba las precauciones necesarias al acostarse con cualquiera, un hombre que se perdía los momentos más maravillosos del día a día de sus hijos y sus nietos, un hombre que aparentaba estar escuchándome pero no lo hacía, que vivía pegado de un celular todo el santo día hablando de cosas «muy importantes», un hombre que en forma de chiste decía que el Viagra era para usarlo con la esposa —ahora comprendo sus palabras—, tal vez él tenía que usar el Viagra porque no podía cumplir con las dos sin ayuda, y hoy en día seguirá usándolo hasta que se le pongan los ojos azules, ya que dudo mucho de que pueda cumplir con todas las jovencitas con que se va acostando por el camino. También decía que si él fuera millonario como los artistas de cine, no se casaría, sino que tendría a su alrededor a doce mujeres bien buenas para él solo. Un hombre que cada vez que lo enfrentabas y tratabas de indagar si había otra mujer, te juraba su fidelidad diciéndote que «Tengo mucho trabajo y no tengo tiempo ni dinero para gastarlo en amantes, deja de inventarme novias que la gente es muy chismosa, yo jamás te he engañado». Un hombre al que no le importaba mi trabajo, ni mis metas, mucho menos mis sueños, para el que planificar un fin de semana solos los dos por ahí en un sitio especial era como un castigo, un hombre que nunca me quiso llevar a conocer New York porque decía que allí no había nada que hacer, un hombre que sólo se comunicaba conmigo por teléfono, con suerte, diez minutos al día, y que no tenía ni idea de lo sola que me sentía, abandonada, que prometía regresar de su viaje un jueves y lo posponía para el domingo en la noche, un hombre que no sé qué día se le olvidó que yo era su compañera, la que estaba apoyándolo para que él pudiese tener «paz», para que «él lograra sus metas profesionales», un hombre que se acostó con tantas mujeres que se le olvidó el olor de mi piel porque mezcló esa magia y luego no supo diferenciar.

Un hombre que disfrutaba de una mujer alegre que lo recibía siempre con su comida favorita, que mandaba hacer sus camisas a la medida y con sus iniciales, que le compraba esa chaqueta que le hacía falta, que cuidaba que no le faltara su loción, su disco preferido, que estaba pendiente de comprar los boletos para ir al concierto de su cantante favorito/a, que buscaba su ropa en la tintorería, que lo llenaba de detalles y regalos, que lo trataba como un rey, una mujer que se bronceaba desnuda para lucir bonita y apetecible, que le bailaba desnuda en la piscina y le hacía nado sincronizado para divertirlo, una mujer que lo esperaba en el cuarto vestida supersexy para motivarlo y no perder la magia, que pasaba frente a la puerta de la oficina que tenía dentro de su casa completamente desnuda jugueteándole para desconectarlo y hacerle ver que lo deseaba y lo necesitaba, que lo complacía por todos los puntos cardinales posibles y que jamás lo rechazaba si él la deseaba.

Ella, mi mejor amiga, mi Ramona querida, quiso probar su salchicha y se quedó con el cerdo completo.

Ella, que apareció en su vida en el momento justo para que ellos juntos decidieran mi vida a mis espaldas. Tal vez fue «la vida» que sabía que había un mundo mucho mejor que yo tenía que vivir dentro de mi historia personal, tal vez fue el destino que la puso allí en ese justo momento para que yo finalmente me decidiera a desprenderme de ese hombre que estaba bloqueándome, que yo sabía en el fondo de mi alma que ya no me amaba y me aferraba a él como una garrapata. Y por eso tal vez suceden las cosas de una forma más dramática y sufrimos más, porque no queremos hacerles caso a las señales que día a día tenemos delante de nuestros ojos y nos lamentamos preguntándonos: «¿Por qué a mí?» Sólo el tiempo te da esa respuesta y será mucho mejor de lo que alguna vez soñaste.

Ella me dio la oportunidad a mis cuarenta y cuatro años de volver a vivir en LIBERTAD, ellos dos me quemaron el alma, pero como Ave Fénix resurgí de entre las cenizas y me convertí en una mujer que se reprogramó gracias a sus experiencias y su dolor, retomé mis sueños, mi vida, mi paz y mi alegría de vivir.

En un año conocí la ciudad donde había vivido durante siete años sin ir más allá del colegio, el supermercado y las casas de la familia. En ese primer año sola comí en los mejores restaurantes de Miami, recorrí bares, discotecas, me disfruté más de diez obras de teatro, fui a varios conciertos maravillosos e inolvidables, llené de música mi casa sin que él me mandara bajar el volumen, bailé como nunca. Gracias al daño que me causaron bajé quince kilos a puro dolor, me compré ropa para mí, ropa nueva y a mi gusto, no al gusto de él, que no compraba por comprarle a él, fui a talleres de autoestima, crecimiento personal, entraba y salía de mi casa a la hora que me daba la gana sin darle explicaciones a nadie, y sin ser cuestionada por nadie, me llené de minifaldas, pantalones divinos, me transformé otra vez en una mujer «bella y segura de sí misma», feliz de mi libertad, llena de espacio y pensando en mis metas y mis sueños. Cada día me puse más atractiva en todos los aspectos, era una mujer madura, con unos hijos ya grandes y encaminados, sin mayores problemas, que podía resolver con mi trabajo, y lo mejor de todo y lo que más me alimentaba era el volver a «conquistar a un hombre», y aprendí a usar a los hombres como ellos usan a las mujeres.

Los hombres se convirtieron en el mejor alimento para mi ego y mi alma, ya que me llené de vida y ellos me miraban con morbo, con deseos, y yo les parecía divina, sexy, bella, inteligente, simpática, me escuchaban, les encantaba mi conversación y ninguno bostezaba a mi lado, todo lo contrario, cada minuto a mi lado los despertaba, los excitaba, yo me convertí en «un Viagra con piernas», hasta me vestía de azul cielo y me encantaba sentir cómo «yo tenía el control» de ir volviéndolos locos poco a poco, verlos excitados, deseándome y cautivándolos con mi sonrisa.

Me di la oportunidad de conocer gente nueva, conversar, tratar a otros hombres e involucrarme con ellos, me convertí en la mejor amiga de los mejores amigos de mi ex esposo, y disfrutaba de ellos ya que eran más abiertos conmigo, me veían como su mejor amiga a la que le podían contar cualquier cosa, pues yo entré en el mismo juego que ellos; dejaron poco a poco de verme como la esposa del amigo y los fui envolviendo poco a poco en mi juego y con mi personalidad, para penetrar sus almas y sus más bajos instintos, los enfrentaba y los arrinconé con preguntas que ellos gustosos fueron contestándome, para estar más clara en lo que ellos más desean y extrañan de las mujeres.

Me dolió mucho perder a mi esposo ya que lo amaba profundamente, me dolió mucho descubrir que no era el hombre que yo había idealizado, me dolió mucho que no me valorara, me dolió mucho que me hubiese engañado y mentido en tantas cosas, me dolió mucho el sentirme tan humillada frente a mis hijos y mi familia, me dolió mucho que no me extrañara, me dolió mucho que no regresara, me dolió mucho que me traicionara en todas las formas posibles, me dolió mucho la forma tan despiadada como me abandonó en todos los aspectos posibles... Pero comprendí que era más el dolor por mi amor propio herido, por no haberme dado cuenta de con qué clase de persona vivía. Pero de no haber sido así, nunca me hubiese dado cuenta de que yo había cometido el más grave error que una mujer pueda cometer.

Me olvidé de «mí misma», sólo vivía para él, para

complacerlo, sólo miraba a través de sus ojos, de su vida, su vida profesional, sus éxitos, sus fracasos, esperando que me diera el tiempo que a él le sobrara, conformándome y justificándole lo injustificable.

Por eso jamás molesté a *Ramona Ganza*, porque poco a poco me di cuenta de que era mi mejor amiga, por eso jamás la llamé para insultarla, para reclamarle, para atormentarla, todo lo contrario, me quedé tranquilita, para que ella se quedara con él... para que siguiera lavándole la ropa, cocinándole, enredándose en su propia telaraña de mentiras, ya que cuando vi que él prefirió irse con ella después de todo lo que yo le había dado, cuando vi que él dejaba aquel maravilloso y alegre hogar, aquella familia bonita, que prefería vivir sin ver a sus hijos todos los días por ir a vivir con una «perfecta extraña», en una casa alquilada, con muebles y cubiertos alquilados, inventándose un hogar de mentira, comprendí que en verdad ÉL no valía la pena.

A él sólo le dedico una canción: *I will survive* de Gloria Gaynor.

Y a ella sólo le doy las gracias: *Muchas gracias, querida amiga.*

18

Me repotencié

Hasta hace dos años venía como de costumbre, a toda velocidad, soñando, montada en una nube con aires de boba, mirando la cara de mi último marido, confiando en él y creyendo que nada me podía pasar mientras estuviese a mi lado... Y por andar de tonta y confiada me empujó por un barranco donde descendí en caída libre, de golpe y porrazo, con la misma fuerza con que andaba transitando por la vida.

Así como los esquiadores de nieve que primero salen disparados en pleno vuelo, tratas de aletear con brazos y piernas; pero como no eres pájaro, te estrellas de espalda y vas bajando a toda velocidad por la peor montaña helada cuesta abajo, para luego estrellarte contra una pared.

Una vez rota por dentro, con el tiempo vuelves a saber quién eres, comienzas a aceptarte y a sentirte segura, y entonces decides enfrentarte al espejo y ver cómo quedaste por fuera. Y como si de un automóvil se tratara, sabes que tienes que reconstruirte, hacerte tres cuartos de máquina, cambiarte la cadena de tiempo, una buena latonería y pintura para volver a estar bella por dentro y por fuera, ya que tendrás que convertirte en el mejor «clásico de 1958» posible.

Lo primero que hice fue «quitarme los cachos», cuernos, tarros, como usted quiera llamarlos, ya que los cachos son como cuando tienes un moco en la nariz, que todo el mundo te lo ve pero nadie te dice nada; así andaba yo por la vida, con razón ni dormía, ya que dormir con cachos es terrible porque se te enganchan de la cabecera de la cama. Probé a dormir al revés con la cabeza donde por lo general pones los pies; pero fue peor, pues los cachos quedaban en el aire y entonces la cabeza me pesaba más. Fue terrible, ya que fueron tantos cachos los que tenía que parecía la propia «broncosauria», me salían desde la cabeza hasta el final de la espalda, para lo único que me servían era para bajar de un solo golpe las bolsas del supermercado, ya que me colgaba aquel bolsero por todos los cachos y sólo hacía un viaje del carro a la cocina. Así que fue lo primero que hice, me los arranqué uno a uno como quien se arranca una muela; créanme que sufrí y lloré, pero lo logré, me curé mis heridas y dejé que cicatrizaran y recuperé mi balance y volví a dormir feliz.

El siguiente paso fue «arreglarme los frenos», ni crean que fue que me cambié las pastillas y me perfumé con liga de frenos, no, señor, me puse los más modernos «frenos supersónicos», igualitos a los F16 que aterrizan en los portaaviones que usa la Marina norteamericana, así aterrizo yo ahora. También me mandé adaptar dos paracaídas, uno que me sale de la espalda como el de los aviones esos y otro en la nuca, este último por si no consigo una pista donde aterrizar. Ya me siento más tranquila, más protegida para futuras caídas y totalmente preparada para cualquier aterrizaje forzoso. Ya que una vez que te empiezas a ilusionar con un hombre, tarde o temprano tendrás que frenar, y cuanto más rápido mejor.

Este sistema viene con su respectiva alarma automática por si me vuelvo a idiotizar; cuando mi radar interno vuelva a captar la cara de estúpida que pongo cuando me enamoro, automáticamente sonará en mi interior «*MAYDAY, MAYDAY*» y se activará —sin yo poder impedirlo— todo el sistema de frenos supersónicos para no volverme a estrellar.

Luego me adaptaron «unos dispositivos en los oídos» captadores de mentiras para mis conversaciones con los hombres; en lo que estos dispositivos detectan una mentira por pequeña que sea, inmediatamente dentro de mí se oye: «Es mentiroso ese hombre... es mentiroso...»

Otra cosa que incorporé a mi cuerpo fue «una tercera pierna», es invisible para que la gente no se espante al mirarme, pero sólo yo la veo y sé que la tengo, ésa me sirve para permanecer anclada en tierra mientras hago el amor, mis otras dos piernas pueden volverse locas y hacer lo que quieran mientras disfrutan de cualquier buenísima pasión que me roce de vez en cuando, pero mi pierna invisible siempre me mantendrá haciendo contacto con la tierra.

Ya que cuando se hace el amor se oyen muchas cosas lindas, divinas y profundas, pero no hay que creer en lo que te dicen en esos momentos de pasión, justamente en esos instantes es cuando más mentirosos son los hombres. No lo hacen a propósito para hacerte daño, ya que lo que dicen se lo dicen a cualquiera, sólo son tácticas para adornar el momento, por eso hay que seguir y disfrutar de ese instante, pero hay que mantenerse anclada haciendo contacto con la tierra.

Una vez ya lista con todos los avances tecnológicos que sólo la NASA puede ofrecerte y cuando sientes que has tenido un buen crecimiento personal, que dejaste de creer en cuentos de hadas, en príncipes azules, y te sientes segura para controlar los posibles encuentros cercanos con «los hombres», entonces notas que ya es momento de entregarle tu cuerpo a la ciencia para convertirte en una «espectacular mujer de nuevo».

Así que indagué un poco con mis amigas y me recomendaron a un doctor en Venezuela, Julián Taborda; lo contacté por Internet, ya saben, sólo tienen que juntarlo y agregarle punto com, y me tomé unas fotos desnuda sin mi cabeza para que me viera mis senos y mi barriga, otras de mi cara para que pudiese ver mi nariz de bruja. Bueno, se imaginarán las fotos, sin maquillaje y desnuda con el *flash* a medio metro de la cara, cuando las vi casi muero infartada, me veía hasta verdosa, «con razón no consigo ni un novio, qué espanto, las peores fotos de mi vida», pero no podía engañar al doctor; a los hombres les apagas la luz y les brindas unos tragos primero y te ven bella, pero con el doctor no podías hacer lo mismo, así que se las mandé por e-mail. Primero lo previne para que pasara el susto sentado y mentalizado, le pedía que por favor no me aumentara el precio por la posible taquicardia que le podría causar ver mis fotos, y le dije que para compensarlo le enviaba un anexo de dos fotos de top models del catálogo de Victoria's Secret para refrescar su vista, ya que una de las modelos tenía la nariz que yo deseaba y la otra tenía los senos y la cintura sin barriga que yo quería. También le dije que sabía que ellas tenían unos veinte años menos que yo, pero me habían dicho que él era milagroso.

Créanme, nunca sentí miedo y escalofríos al terminar de escribir un e-mail, pero ese día me costó trabajo darle a «*Send*», me temblaba la mano, qué pena sentía, las fotos eran de espantarse y yo tampoco estaba como para espantar, así que cerré los ojos, me armé de valor y lo hice.

A las veinticuatro horas recibía la respuesta de un doctor superamable y profesional diciéndome que no se había espantado de nada y que no me preocupara, ya que «mis retoques» me dejarían más bonita que esas modelos.

Inmediatamente me organicé para darme un mes de vacaciones y poder dejar todo arreglado para estar tranquila y lograr mi objetivo: «mi reconstrucción».

Volé a Venezuela y conocí a mi doctor, que resultó un médico excelente, poseedor de las manos más maravillosas que han tocado mi cuerpo, que supo mandarme callar, ya que yo llegué diciéndole qué tenía que hacerme como si yo supiera cómo hacerlo; él es todo un profesional que me dejó hablar como cotorra loca, y cuando terminé me dijo: «¿Quién es el médico, tú o yo...? Si te hago las operaciones como tú me las pides, quedarás horrible», así que me explicó qué podía hacer según mi contextura, mi rostro y mi aspecto en general.

Después de hacerme todos los exámenes, organizamos el día y la hora. Serían tres operaciones en un solo día, *me quitaría la nariz de bruja, me aumentaría los senos y me haría la lipoescultura.*

Y llegó el día, me sacaron fotos desnuda por delante y por detrás, me rayó el cuerpo con un marcador negro cual dibujo de niñitos de *kinder*... Más fotos... Me colocaron una bata de hospital de esas que andas con el culo al aire y me pasaron al quirófano helado, me presentaron al personal de la operación, allí me quitaron la bata y desnuda me hicieron pararme con los brazos abiertos. Me sentía como crucifijo, muerta de frío, y me rociaron un spray líquido helado como si me estuvieran desinfectando. Les dije: «¿Esto es una operación o el comienzo de una sección de sadomasoquismo?» Ellos se reían, me mandaron acostarme en una camilla, me amarraron la pierna izquierda por arriba del tobillo, y volví a quejarme ya que me apretaba mucho (era para controlar mi presión arterial). Ya los nervios se estaban a apoderando de mí, ese miedo a lo desconocido, les volví a repetir: «No me gusta el sadomasoquismo», el equipo se volvía a reír y para ese entonces ya olían mis miedos. En eso una doctora, muy linda ella por cierto, me amarraba el brazo izquierdo y me decía: «Quédate tranquila que aún no nos ponemos los trajes negros de cuero ni hemos traído los látigos», me inyectó algo en la vena y ya ahí miré la luz del quirófano y sentí miedo, miedo de sentirme rodeada de tantas personas extrañas que me tenían absolutamente sometida, sólo hice contacto con Dios y mis angelitos para que no dejaran de mirarme. En ese momento llegó el doctor, que con una bella sonrisa me tomó mi mano derecha, y yo se la apreté como diciéndole «en ti confío...». No supe más de mí hasta que desperté cuatro horas después que para mí fueron como el minuto anterior.

Desperté en otro cuarto pidiendo un espejo para verme la nariz, ya que me espantaba la idea de quedar totalmente diferente a lo que era mi cara, mi expresión de toda la vida, ya que los senos y la barriga de quedar mal me los podía tapar con la ropa, pero la nariz... era otra cosa, no quería pasarme la vida como Michael Jackson, con una mascarilla el resto de mi vida. Al mirarme al espejo sentí una paz y una felicidad tan grandes que gritaba de alegría como loca, era yo, la misma pero más bonita, el trabajo en mi nariz era tan perfecto y sutil que era como la nariz que siempre había querido tener.

Bajé mi vista inmediatamente para verme mis senos, y mis lolas eran simplemente espectaculares, completamente hinchadas, parecía la novia de Mazinger Z, Afrodita A, parecían dos proyectiles, grandes como cuando te sube la leche después de dar a luz, pero era consciente de que aquella hinchazón bajaría a las pocas semanas, sólo tenía dos pequeñas cicatrices en mis axilas y estaba feliz, así que me levanté la sabana y, ¡¡¡sorpresa!!!, no tenía barriga, de hecho parecía que me hubiese tragado una guitarra, estaba tan espectacular que ni yo misma me lo creía. Estaba tan feliiiiiiiz... que agarré el celular para llamar a todo el mundo para decir que estaba viva y de paso increíblemente bella.

Claro, me sentía como si me hubiesen caído a batazos por todo el cuerpo, todo me dolía, pero la emoción era tan grande que no pensaba en el dolor, sólo en los resultados.

De pronto me dieron unas pastillas que me dijeron que eran para calmarme el dolor; hoy en día creo que fueron para dormirme, ya que yo no dejaba de hablar y gritar de felicidad y tenían que buscar la forma de hacerme callar. Desperté al otro día con la cara de mi maravilloso doctor enfrente, casi que me lo como a besos, él también estaba bien contento con los resultados y le alegraba que yo me sintiera tan feliz. De pronto me explicó qué podía hacer y qué no podía hacer los próximos quince días, en eso con sus dos manos me empezó a empujar mis senos hacia el centro para que aprendiera el nuevo ejercicio que yo tenía que hacer, y por supuesto vi el diablo del dolor y le dije que no volviera a hacer eso, que me dolía mucho; él, hombre al fin, me dijo: «Eso no duele», así que puse mi mano en su pierna y le dije: «OK. Tú me aprietas mis senos otra vez y yo te aprieto tus testículos a ver quién aguanta más.»

Una carcajada temblorosa salió de su boca y se alejó un poco de mí y me dijo: «¡¡¡Eres terrible!!!», así que le dije que yo haría los ejercicios sola y a mi manera.

Salí de la clínica con una de esas amigas de toda la vida a comprar las medicinas para mi recuperación, caminaba como Robocop, y me instalé en casa de la abuelita de mi hijastra, la cual me consintió con sopitas, ensaladitas y juguitos.

Los primeros siete días son bastante fastidiosos y dolorosos ya que quedas como recién parida, bastante lenta, y por la lipoescultura te dejan un pequeño drenaje para botar líquidos. Las medicinas y la faja te ayudan muchísimo y el ánimo que tú les pongas a esos días, ya que para lucir bella tienes que ver las estrellas.

A los siete días volé a mi ciudad (Puerto Ordaz) para que todas mis amigas y amigos me vieran, creo que dejé la humildad en el quirófano ya que me sentía tan bella que estaba insoportable, todos se maravillaban de verme sin un morado, con unas lolas superespectaculares y muy naturales, ya que le había dicho al doctor que no me gustaban esos senos a la altura de los hombros como si fueran flotadores, mis lolas eran grandes de acuerdo a mi estatura y caían firmes debajo de mis axilas, simplemente bellas. Estaba tan feliz y segura que le enseñé mis senos a medio pueblo, hombres y mujeres; total, no tengo ni papá ni marido que me regañe, soy una mujer libre y no veo nada de malo en que mis amigos vieran mis dos poderosos nuevos «proyectiles franceses», sí, porque mis lolas ahora son francesas ya que mis prótesis son fabricadas en Francia, ¿se imaginan?, ya soy superinternacional, tengo sangre napolitana por mi padre, sangre española por mi madre, soy venezolana, de signo Escorpión, y ahora medio francesa... o sea, la propia bomba en erupción... qué feliiiiz soy.

Feliz de haber encontrado un médico tan profesional y dulce, ya que estuvo todo un mes pendiente de mí, llamándome todos los días por teléfono para saber de mi recuperación, aún hoy en día nos escribimos por e-mail manteniendo el contacto, y yo siempre dándole las gracias.

Fue increíble cuando regresé a Miami y corrí al clóset a probarme mi ropa, ya que tenía varias prendas que quería vérmelas puestas sin tener que usar sostén, y cuando me las puse y me miré frente al espejo... ¡¡¡¡qué rico!!!!... ¡¡¡ERA YO!!!... ¡¡¡qué diferencia!!!!... Ahora sí, hablando en lenguaje hípico, soy tremenda yegua y en todas las carreras soy «la favorita número uno»... Hagan sus apuestas... que voy a comenzar a galopar por la vida de verdad, de aquí para delante obligaré a los hombres a hacerme el amor con la luz bien encendida para que vean muy bien el caramelote que se están comiendo.

Sólo puedo decirles que merece la pena hacerse sus retoques sin llegar a la exageración. Jamás sentí complejo por ninguna parte de mi cuerpo, siempre he sido una mujer muy segura y con personalidad, pero no me engaño tampoco, ya pasé los cuarenta y no tengo el cuerpo ni la frescura y la agilidad de los veinte, y mucho menos después de los embarazos de mis hijos, pero así como mejoramos la casa para que se vea más bonita, ¿por qué no hacerlo con nuestro propio cuerpo? Es increíble cómo se te sube el ego, te da más seguridad en ti misma, y todo lo que te quieras poner te queda simplemente perfecto, se te desaparecen varios años de encima como por arte de magia.

Y créanme, los hombres podrán decir lo que quieran de los senos pequeños y naturales, pero se vuelven «locos» por un buen par de senos grandes, bien firmes y bellos; ponen cara de bobos cuando los ven, lo traen en la mente desde la lactancia, para ellos eso sólo les recuerda placer, es la imagen que vieron por primera vez cuando lograron enfocar su mirada, pasan un tiempo creciendo sin mirarlos, hasta la adolescencia, que es cuando vuelven a verlos, y se dan cuenta de que, aparte de ese vago recuerdo de placer, los excitan más que nada ya que ellos son muy visuales.

De hecho, una mujer con unos buenos senos y un buen cuerpo bien operado puede llegar a producir mucho más dinero y abrir muchas puertas sin pasar por la universidad, ganando una verdadera fortuna en estos tiempos. Si no, miren a Pamela Anderson, es irónico para todas aquellas mujeres superprofesionales y con máster que no logran ni siquiera igualar el salario de un hombre de su mismo nivel educativo.

Pero así es la vida y así es la sociedad en donde estamos viviendo, lo importante es estar feliz con una misma en todos los aspectos.

Así que sólo puedo decirles que se informen bien, no se transformen, sólo retóquense, dejen el miedo y háganlo siempre por ustedes mismas si lo desean.

19

Bienvenido, Manuel...

Nunca pensé que lo haría, pero todo en la vida tiene su momento y a mí me llegó ese momento: me compré un vibrador.

Hoy les voy a contar cómo fue que tomé semejante decisión después de analizar el tema y llegar a muchas conclusiones, por qué sentí la necesidad de adaptarme a la nueva tecnología en otra de sus facetas.

La mayoría de los hombres, por lo general, cuando te conocen te abrazan, te besan, te desean, te llenan de detalles y te tratan como una reina (ya sabes, nosotras amándolos y proyectándonos junto a ellos a largo plazo y ellos queriéndonos a corto plazo), por lo tanto a los pocos meses, yo diría noventa días o seis meses, comienzan a empujarte, a apartarte para que te vayas alejando poco a poco de ellos, pareciera que desearan que te vayas desencantando, y cuando tú comienzas a hacerlo, entonces sienten cierto temor y regresan a abrazarte de nuevo (sí, amiga, todos regresan, tarde o temprano, siempre regresan), y así te van teniendo como un «yoyó», te lanzan y te recogen a la velocidad que ellos quieren, ya que en cierto sentido les da miedo perderte.

Estos hombres son elásticos, ya que se alejan tanto de ti que cuando ya ni sabes de ellos aparecen de pronto de nuevo, con su mejor sonrisa, como si nada malo hubiese pasado, tanteando el terreno para saber si tienen posibilidades de volver a engañarnos, se convierten en verdaderos maestros para tener a varias mujeres a la vez medio entusiasmadas y controladas para satisfacer sus caprichos, saben exactamente cuánto aguanta cada una de sus víctimas y cómo manipularlas. Además, lo que más les gusta y disfrutan estos hombres debido a la escasez de su especie es tener a varias mujeres alabándolos, consintiéndolos, amándolos, besándolos y deseosas por estar con ellos, ya que entre el trabajo y los viajes van acomodándolas en sus agendas para tener variedad en su vida sexual, y ellos se sienten como dioses potentes en su masculinidad ya que ése es su soporte emocional, así que las mujeres deberíamos aprender a tener a varios hombres a la vez para llenar de igual forma nuestro ego.

Esa conducta de los hombres va creando un sentimiento de creciente desánimo en las mujeres a seguir intentando creer en ellos, ya que se sienten frustradas al no lograr satisfacer plenamente a un hombre para mantenerlo a su lado. Unas tiran la toalla, otras cierran sus puertas a posibles relaciones, otras se olvidan de que ellos existen y se dedican de lleno a su trabajo, y otras toman la peor de las decisiones: se convierten en lesbianas sin serlo.

He comprendido también que la mayoría de los hombres de hoy en día no se apasionan por ninguna mujer, ya que en cuestión de mujeres lo tienen más fácil que nunca, las mujeres solas e independientes sobran y están por todas partes, las casadas son en cierta forma las más discretamente disponibles y ansiosas, así que la calle está llena de mujeres muy dispuestas a tener sexo casual o fijo, por lo tanto no se dan mala vida, ya que tienen para escoger y si lo desean, una en cada ciudad según su agenda de viajes, y si viven en una ciudad grande, pueden tenerlas en diferentes urbanizaciones, no se molestan en trabajar una verdadera relación que podría funcionar bien, ¿para qué?, si es más fácil y satisfactorio comenzar una nueva. Ya saben, nueva mujer, nuevo olor, nuevos senos, nueva cosita, una nueva tonta para repetirle las aventuras que ella nunca ha oído, para sentirse de nuevo como el «perfecto gladiador», impresionarla con los mismos restaurantes que ella no conoce, los mismos viajecitos a los que ella no ha ido, ya saben, el mismo y trillado plancito de conquista acompañado de flores con esas poderosas palabras o el poema que nunca falla.

Además, con tanta libertad y liberación ya no sabes ni cómo etiquetar estas relaciones, no sabes si eres la novia, la amante, la de turno, la amiga con derecho, la propia, la favorita, la posible futura compañera... En fin, crees que eres y representas algo verdadero en la vida de él y en verdad estás tan en el aire como la esposa, la novia, la amante, o la que está en la reserva engavetada; sí, mi amiga, ya que cuando me refiero a este tipo de hombres, estoy hablando de casados, solterones, viudos o divorciados, juegan al mismo juego sin importar su estado civil, créanme, hoy en día veo los toros desde la barrera y desde otro ángulo, sin telarañas enfrente. Además, todos te salen con los mismos epitafios: «Yo desde el principio te dije que era casado», «Yo desde el principio te puse mis cartas sobre la mesa, siempre te hablé con la verdad», «Yo no te mentí, no te prometí nada, somos adultos y sabíamos lo que estábamos haciendo», y así sucesivamente, es como si cada vez que hicieras el amor con ellos saliera un letrero debajo de la cama diciéndote: «Acuérdate de que es sólo sexo.» Ellos van a lo suyo, a conocer un paraíso nuevo, lo necesitan, ya que la rutina los apaga, igual que a nosotras, pero bueno, a ellos nunca les ha pasado por la cabeza que nosotras sentimos igual.

Y de pronto, cuando estás pensando que las cosas van bien, sientes que tu romance comienza a oler a perfume de otra mujer, abres los ojos, tanteas el terreno, lo descubres, y al enfrentarlo, oyes la ecuación más disparatada que mente alguna pueda entender: «Eres bella, inteligente, divertida, trabajadora y la paso de maravilla contigo, pero estoy empezando a salir con otra mujer.»

O sea:
Bella + Inteligente + Divertida + Trabajadora +
Tiempo maravilloso a tu lado = Buscar a otra mujer

Menos mal que a estas alturas de tu vida estás segurísima de que no eres bruta y crees que la respuesta correcta sería: «Estoy feliz de haber encontrado a *la mujer casi perfecta*, ya que nadie es perfecto», pero no, a él le dio otro resultado que considera el correcto.

Y vuelves a sentir que tu gladiador es otro miedoso al que le aterra la idea de tener que convertirse en un hombre fiel y le da pánico sentir que encontró lo que estaba buscando, y de nuevo ves cómo otro hombre más de barro se convierte en polvo, en más de lo mismo, con otra cara y otro nombre, pero más de lo mismo, y tú de nuevo abriendo el paracaídas para aterrizar, pero gracias a tus experiencias vividas ya tienes controlada parte del juego, ya que es bastante repetitivo y primitivo. Sólo te apagas unos días y vuelves a resetearte de nuevo, y cuando lo logras, aún con la rabia por dentro, lanzas como buena bruja un poderoso conjuro al aire para que esta «nueva bruja» que entró a la vida de él falle en todos sus intentos de conquistarlo y le haga la vida de cuadritos, ya que eso es lo que él se merece.

Pasan las semanas, los meses, y te sientes tranquila y optimista de nuevo, comienzas de nuevo a besar y a oírle los cuentos a otra comparsa de «sapos» que se te va atravesando por el camino, hasta que llega el día en que te desanimas, ya que sientes la necesidad de volver a «hacer el amor» con alguien que en verdad te mueva el piso, dentro de una búsqueda infructuosa. Cansada de recordar y analizar a los hombres, decides probar otras alternativas.

Un día amanecí como un volcán en erupción, sobrecargada de pasión, me bañé, me puse bonita y me fui a una tienda de estas que venden todo tipo de accesorios sexuales, decidida a comprarme mi vibrador.

Me encontré con toda una inmensa pared llena de una variedad increíble de todos los modelos fabricados, y me decidí por uno «negro» ya que nunca he hecho el amor con un hombre negro, y como no soy racista ni nada que se le parezca, salí feliz de la tienda con «mi negrito».

Al llegar a la casa me serví un trago, me senté en la cama y me puse a leer las instrucciones con él a mi lado, le coloqué las pilas para darle vida a mi nuevo compañero y comencé a conversar con él. Lo primero que hice fue ponerle el nombre de Manuel, ya que me pareció el más apropiado, le di un besito y él vibró, aquello comenzó a parecerse a una primera cita, busqué mi música preferida, a él lo recosté en mi almohada, cerré las ventanas dejando pasar una luz tenue, me serví un segundo trago y comencé a bailar mientras me quitaba la ropa; para alargar el momento me eché aceite por todo el cuerpo, y me sentía divina viéndome mi piel brillando y acariciándome, así que me lo acerqué y lo encendí para que me acariciara, me encantó verlo cómo se trasladaba solito desde mi ombligo hasta mis senos, estábamos compenetrándonos, no me hablaba, pero sentía que me miraba, jugué un rato con él por todo mi cuerpo hasta que llegó el momento esperado y apropiado, y dejé que se introdujera dentro de mí y de pronto sentí mi primer «orgasmo precoz»...

¡¡¡Qué maravilla!!! Y qué desilusión a la vez, todo había terminado y ésa no era la idea, no estaba segura de si yo estaba muy cargada, el aparato era muy bueno o mi negro Manuel era tan poderoso como la leyenda de los hombres de su raza.

Nos quedamos ahí los dos mirándonos, él seguía sin decirme nada, pero yo ya había entendido «qué era lo que quería el negro», así que le expliqué que en esta nueva relación yo dirigiría la orquesta todo el tiempo, ya saben, siempre la primera vez hay mala coordinación la mayoría de las veces, así que conociendo ya su poder comenzamos de nuevo para mejorar nuestra relación.

La segunda vez fue realmente fabulosa, ya que logramos juntos disfrutarnos en verdad y mi orgasmo fue lento y explosivo, me dejó completamente relajada y satisfecha, tanto que me quedé dormida con una sonrisa en mis labios.

Cuando desperté allí estaba él aún, mirándome, me sonreí y sólo le dije: «Bienvenido, Manuel.»

Ese día no pude dejar de pensar en Manuel, en lo poderoso y satisfactorio que era, pensé también en los otros modelos que quedaron en la tienda, más sofisticados, con más funciones y más grandes, pensé en la cantidad de mujeres que tenían tres y cuatro vibradores para satisfacer sus soledades y comprendí cómo poco a poco vamos necesitando menos a los hombres.

Siempre he pensado que estos aparatos no son una buena idea, por lo menos es mi opinión personal, y aún lo sigo pensando; siempre me imaginé que funcionarían muy bien o mejor que cualquier hombre ya que por ser de pilas tienen más aguante (dígame si hubiera utilizado las pilas del conejito, ese que no se acaba nunca, aún estaría ahí), pero siempre he estado consciente de que estas cosas son mucho más adictivas que los hombres reales, por eso creo que hay que saber mantener el equilibrio si alguien lo considera como una muy buena solución para su vida.

Creo que son altamente peligrosos para relaciones futuras y reales, ya que se puede acostumbrar a sus movimientos constantes e irreales y luego, al relacionarse con hombres de verdad, usted comenzaría inevitablemente a comparar y sentir que sólo «su vibrador» es capaz de llevarla al perfecto orgasmo, y ahí, mi querida amiga, usted se estará perdiendo un mundo de caricias, susurros, besos y demás momentos maravillosos que sólo dos personas pueden llegar a sentir y a vivir.

Por otro lado, pensé en cómo poco a poco vamos buscando cada día más alternativas para seguir adelante sin un hombre a nuestro lado, cosa que no ocurre con los hombres, ya que ellos no se han hecho adictos a las vaginas artificiales, muñecas y demás accesorios fabricados para llenar ese vacío. Ellos siguen prefiriéndolas reales y humanas, pero con las mujeres está sucediendo todo lo contrario y es realmente preocupante, ya que de seguir así muy pronto no se necesitará un hombre ni para tener un hijo.

Los hombres han sido «muy poco inteligentes» y han llenado hasta su máxima capacidad los «bancos de semen» por el mundo entero, y hoy en día las mujeres recurren a ellos para tener hijos por medio de la inseminación artificial, y creo que pronto, muy pronto, en pocos años, esto será un procedimiento sólo para mujeres que tengan problemas para fecundar, ya que las que sean altamente fértiles usarán... óiganme bien, «los nuevos y más modernos vibradores fertilizantes».

Sí, mis queridos hombres, pronto se venderán «vibradores fertilizantes», ya que con las nuevas tecnologías inventadas no me extrañaría nada que comiencen a fabricar vibradores con propulsión igual o más veloz que la que ustedes son capaces de dar en sus eyaculaciones. Estos vibradores supersónicos vendrán cargados con el semen del candidato deseado según los cuestionarios de los bancos de semen, y comenzarán a venderlos de la siguiente manera:

¿Quieres tener tu propio bebé? Nosotros, la mejor y más prestigiosa compañía de Estados Unidos, te garantizamos el 90% de posibilidades de que puedas tener el bebé que tanto has deseado, rubio, ojos azules [ya saben, el bebé de propaganda], con un coeficiente intelectual alto, piel blanca, descendiente de un hombre sano, libre de taras, drogas y enfermedades, por medio de un método sencillo y satisfactorio.

Luego en letras muy chiquitas que jamás podrás leer te explicarán las contraindicaciones para hacerte creer que sólo tú serás la culpable por no obtener los resultados deseados de concepción o de lograr el propio hijo terremotito maleducado con un ojo azul y el otro verde.

Así que pronto nos asombraremos (tan sólo durante unos meses) cuando comencemos a oír las nuevas historias de mujeres que compraron sus vibradores fertilizantes y acondicionaron su día de fertilidad, crearon el momento más acogedor y, solas, después de unos minutos maravillosos de placer, ellas mismas le dieron al botón para expulsar el semen dentro de ellas mientras tenían su orgasmo, y en absoluta paz concibieron a su hijo.

Suena de muchas formas: patético, alarmante, maravilloso, increíble, muy bueno... póngale usted el nombre que quiera y cree su propia polémica en la próxima reunión a la que asista; pero para allá vamos, ya que será la solución para muchas mujeres, y los hombres se sentirán cada día más desplazados porque nosotras las mujeres nos habremos convertido en las únicas responsables de la perpetuidad de la raza humana, ya que tenemos suficientes reservas de semen en dichos bancos y crearemos nuevos varones, de los cuales podremos a su vez extraer su semen para continuar con este método.

Estamos atravesando por momentos muy difíciles en cuestión de relaciones humanas, cada día nos hacemos más adictos a la tecnología, no sabemos vivir sin el celular, hoy en día multifuncional, la computadora, el iPod, la laptop, la televisión, los juegos de video, los vibradores... En fin, todo portátil, recargable y con un cable incorporado en nuestras orejas. Mire a su alrededor, despiértese y observe cuántas personas se han convertido en androides programados hipnotizados en una pantalla, hasta los niños han dejado de correr y hacer travesuras en las calles, restaurantes y aeropuertos, ellos también están con sus juegos y su DVD portátil en sus manos y con audífonos en sus orejas, cada día nos aislamos más los unos de los otros, somos más individualistas, intolerantes, indiferentes y menos creativos, poco sensibles con lo que sucede en nuestro mundo exterior.

Estamos perdiendo «la pasión» en todo lo que hacemos, tanto por el amor como por nuestra profesión, nuestras propias vidas, nuestros sueños, nuestras metas, vamos como veletas según nos mueva el viento.

Será que tendremos que desconectar las plantas eléctricas del planeta un mes para desenchufarnos y poder reflexionar, tendremos que volver a encender velas para reconocernos entre las penumbras y volver a vernos, comunicarnos, sentir en qué clase de personajes inútiles nos hemos convertido, en analizar nuestro comportamiento estúpido e individualista, será que nos hace falta una buena sacudida para seguir funcionando sin estar tan enchufados.

Sólo cuando hombres y mujeres dejemos de COMPETIR y pongamos todas esas energías mal canalizadas en COMPARTIR y nos aceptemos y seamos más tolerantes y maduros, nos daremos cuenta de que con nuestras alas abiertas podemos VOLAR JUNTOS para crear un mundo mejor.

Yo por mi lado regresé a mi casa al terminar de un largo día de trabajo y tráfico, me serví un trago después de un buen baño y hablé con Manuel. Le dije que había sido un placer conocerlo y que la había pasado muy bien con él, pero que no era lo que estaba buscando, que él era muy eficiente, pero no era eficiencia lo que realmente yo necesitaba, que en mi caso había un sinfín de cosas que él nunca llegaría a darme por mucho que avanzara la tecnología del planeta Gates, le expliqué que yo, al igual que la mayoría de las mujeres, sólo estábamos deseando encontrar a un hombre valiente y maduro que nos hiciera sentir amadas y respetadas.

Y así, como dos buenos amigos, esa noche me despedí de otra nueva y corta relación, esa noche tranquila me despedí de mi Negrito Manuel.

20

La mensajera del Señor

Es increíble cómo te cambia el humor cada vez que sales de una oficina pública en cualquier país, a los empleados públicos del Gobierno les deberían dar masajes, darles más días libres, charlas con sicólogos, ya que entiendo perfectamente que trabajar con el público es altamente desgastante, pero no es justo que cada vez que uno vaya a solicitar sus servicios tenga que salir completamente encolerizado, así salí hoy del Consulado de Venezuela en Miami. Llegué con mi mejor sonrisa a pararme en una cola descomunal para después de una hora y treinta y cinco minutos oír a la empleada decirme que la renovación de mis pasaportes sólo sería posible dentro de mes y medio. «¿Mes y medio? Pero si tengo que viajar dentro de quince días a pasar las Navidades por allá, lo único que tiene que hacer es una pequeña nota de renovación...» «Lo siento, tenemos mucho trabajo y no podrá salir antes.»

Así que salí indignada pensando en una posible solución y en ese momento suena mi celular y era «el difunto» (ya saben, mi ex marido número dos), me preguntó que por qué estaba molesta (por el tono de mi voz), al comentarle el problema me dijo que no me preocupara, que él conocía a una «señora» que me solucionaría el problema en tres días, me dio su teléfono y procedí a llamarla.

—¿Aló?, buenos días, me gustaría hablar con la señora Jazmín Camporeal...

—Habla con la doctora Camporeal.

Le expliqué mi problema, me dio la dirección de su oficina y me prometió que en cinco días a más tardar tendría mis pasaportes listos, así que me fui a la mañana siguiente hasta su oficina lo más temprano posible para no perder otro día de trabajo.

Siempre me ha parecido un gesto de total arrogancia la imposición de los abogados de hacerse llamar «doctores», ya que en la gran mayoría de los casos ninguno tiene un doctorado y el término de doctor siempre es más identificable con los médicos, pero en la mayoría de nuestros países cualquiera es doctor, ingeniero o licenciado aun sin serlo, y eso llena el ego de muchos, pero no el bolsillo, así que a muchos les encanta marcar distancias con sus títulos, y ésta es una de esas doctoras que se sienten más seguras advirtiendo de entrada que son profesionales.

Cuando llegué, tuve que esperar en la calle una media hora ya que «la doctora Camporeal» no había llegado; lo más simpático del asunto es que el cubículo, perdón, la oficina, de dicha doctora quedaba en la parte de atrás de un local de ropa, trajes de baño y cholas para mujeres, compartido también por una venta de tarjetas telefónicas y accesorios telefónicos, todo muy folclórico, y nadie tenía la llave para abrir aquel local a tiempo.

De pronto apareció majestuosamente una mujer de

unos treinta y cinco años, muy bien vestida, arrogante y peluqueada, era «la doctora Camporeal»; yo al verla me dije para mis adentros: «Ésta me huele que es una de las novias del difunto...»

Pero bueno, ya estaba allí y necesitaba una solución a mi problema, le dejé todos los requisitos que necesitaba para arreglarme el pasaporte mío y de mi hijo menor. Después de una conversación un poco extraña con ciertas preguntas que no venían al caso, me prometió que al cabo de cinco días tendría todo resuelto en mis manos.

Al salir de allí llamé inmediatamente al difunto y le pregunté que si la tal doctora era su novia, y casi me come por teléfono con sus gritos y su pedantería, que yo me había pasado la vida entera inventándole mil novias, que según yo todas las mujeres eran novias de él... bla... bla... bla...

Pasaron los días y la doctora aún no me cumplía, hasta que diez días después la ubiqué y me dijo que ya tenía los pasaportes listos, así que fui a buscarlos.

Me recibió muy amablemente y me entregó los pasaportes, casi muero al enterarme de que había enviado mis pasaportes a Venezuela para arreglarlos, ¿se imaginan si alguien la agarra?, me hubiese quedado yo sin documentos. Al mismo tiempo me empezó a ofrecer sus servicios para quitarme el apellido de casada en mi cédula de identidad y todos mis documentos personales, me informó de que en verdad estaba divorciada (gran sorpresa para mí, si alguien sabía que yo estaba divorciada, era yo), pero que yo no había registrado ni publicado los documentos de mi divorcio y de eso también ella se podía encargar. La verdad es que me sorprendió, ya que tanta amabilidad de aquella mujer con una labia extraordinaria, muy profesional y muy perspicaz, denotaba que había algo más en su conversación. Me habló de lo bien que le iba aquí en Miami, que ya tenía tres oficinas (me imaginé que serían cubículos quién sabe dónde), y entre otras cosas me dijo que ella tenía mucha suerte con los hombres y que candidatos le sobraban y era muy feliz con su novio.

La conversación fluía de una forma amena de ambos lados, pero yo ya me sospechaba que estaba nadando entre dos aguas, así que se me ocurrió decir que mi hijo ya no viajaría conmigo ya que iría a un crucero con su papá, inmediatamente ella me interrumpió para decirme: «Sí, ya sé, Raúl me dijo «ayer» que como ha estado viajando tanto todo el año por cuestiones de trabajo, quería ir solo con sus hijos a un crucero para dedicarles más tiempo a ellos y compartir sólo con ellos...»

Yo la interrumpí y le dije: «Sí, va con sus hijos y también con su novia Ramona.»

Ella de pronto se paralizó y furiosa me dijo: «La novia de Raúl soy yo».

Yo en un segundo entré como de costumbre en «la dimensión desconocida».

Y ya irónicamente le dije: «¿Tú eres la novia de Raúl? Perdóname, pero la novia oficial de Raúl, por lo menos aquí en Miami, es Ramona, claro tiene otra en Houston, que ésa sí que no sé cómo se llama, y tendrá otra en Venezuela; sólo te puedo decir que se pensaba ir solo con Ramona al crucero, y los hijos estaban muy molestos con él ya que ellos no irían, así que al final decidió llevárselos a todos.»

«Pero él y Ramona rompieron hace cuatro meses y ella lo dejó...»

«Sí, ella lo había dejado, se mudó a casa de una amiga, hasta hace dos meses que lo pensó bien y se vio viviendo en una habitación de nuevo y prefirió volver con Raúl, ya que él, mal que bien, le ofrece una casa para ella sola, aun cuando la relación no funcione como ella quiere. Y él, hombre al fin, la aceptó de nuevo ya que tendrá sexo rápido, quien le lave y le cocine otra vez bajo la misma «ley del embudo», como siempre, hasta que ella vuelva a tirar la toalla.

De pronto «la arrogante y majestuosa doctora Camporeal» ya no lucía tan altiva, ya se estaba pareciendo más a mí, a otra víctima más de las mentiras de mi adorado difunto, una más en la colección de las novias que «yo le inventaba».

Una sumisa y dolida doctora Camporeal floreció y me dijo: «No sé si tú sabes, pero yo soy cristiana, y la semana pasada estuve en el templo y le pedí al Señor que me enviara una señal para estar segura de que Raúl era el indicado, ya que él es tan trabajador, familiar, buen padre, con buenos valores, responsable, dulce, maravilloso... bla... bla... bla.»

Era patético verla y oírla describir a mi difunto, ya que hablaba y describía a aquel hombre al que yo misma había fabricado en mi mente años atrás y era como escucharme a mí misma pero con otro rostro, ella había fabricado el mismo personaje ficticio que yo tenía escondido en el clóset, aquel hombre inexistente e idealizado.

«Y aquí estás tú —me dijo—, como una "mensajera del Señor", trayéndome la luz de la verdad a mi vida.»

Quería irme, salir corriendo de la escena, había pasado de ser la ex esposa a la «mensajera del Señor», me sentía muy incómoda y furiosa a la vez, ya que entre los dos me habían hecho sentir como una idiota pues ellos dos sí sabían quién era yo. Ella sabía desde el principio que yo era la ex esposa y él sabía que ella sí era una de sus novias, y yo de boba en el medio; con razón la doctora había estado averiguando sobre mi divorcio, me indignaba saber que tenía fotocopia de todos mis documentos personales, estaba enterada de los problemas de adolescencia de mi hijo menor, ella era una aventura más en la vida del difunto y, sin embargo, estaba demasiado involucrada en mis cosas, y mi hijo la conocía y sabía que el papá andaba con dos mujeres a la vez en Miami. La muy graciosa hasta me había mandado una tarjeta de Navidad, la cual yo tenía muy colocada en la puerta de mi casa. Por otro lado me sentía mal por haberle arrebatado de un solo zarpazo las ilusiones a esa mujer sin darme cuenta, me sentía muy incómoda, y de pronto mis pensamientos fueron interrumpidos por ella de nuevo.

«¿Por qué se divorciaron tú y Raúl?», me preguntó, así que respiré y me dije: «Prepárate, que ahora sí no voy a tener consideración con él, ya que sólo un hombre muy bruto o muy cínico puede haberme colocado en semejante posición.»

A medida que le iba contando a vuelo de pájaro las causas que me llevaron a sacarlo de mi vida, ella me interrumpió cuando le hablé de las infecciones vaginales, ya que me dijo que estaba teniendo los mismos síntomas, así que le dije: «Pues cuídate, ya que él jamás toma ningún tipo de protección y hoy en día se siente más libre que nunca; de hecho yo aún, después de tres años sin acostarme con él, sigo cada seis meses haciéndome una prueba de sida para sentirme más tranquila, ya sólo me faltan dos años para respirar más segura, y cuido muchísimo con quién me acuesto.»

Ella con cara de pánico me dijo: «No me asustes, que yo jamás le he dicho a Raúl que se proteja.»

«Pues haces muy mal, ya que tú deberías ser más cuidadosa, además, tampoco sabes con quién se acuesta Ramona y sus antecedentes, ella era empleada de un hotel y también traerá su historia. Como te dije antes, ni tú ni Ramona son las únicas en la vida sexual de Raúl, ni Raúl será el único en la vida sexual de ustedes, es como una cadeneta, ¡¡¡no sé si me entiendes!!!»

Era increíble mi posición en ese momento y me daba pánico también estar en su pellejo, ya que era un solo hombre engañando a varias mujeres a la vez, todas idiotizadas y manipuladas por él, era increíble, un solo hombre burlándose de cuatro o cinco mujeres a la vez, con razón cada vez que se cuenta una historia se llega a la conclusión de que «todos los hombres son iguales», me da hasta risa, no son todos, en este caso era uno sólo, el mismo cínico burlándose de varias, hasta de mí, que no tenía ya vela en este entierro.

De pronto toda la historia dio un giro inesperado para mí cuando ella me dijo: «Yo aún estoy casada con mi esposo, tenemos dos hijos, uno de dieciocho y otro de diez años, y realmente tenemos graves problemas matrimoniales, por eso estaba feliz con Raúl, ya que él me llenó de esperanzas para vivir una vida matrimonial mejor y más feliz, yo pensaba divorciarme de él [del esposo], ya que no soy la amante de nadie, conmigo las relaciones tienen que ser serias y con vías matrimoniales, y tú estás aquí para hacerme ver que Raúl no me estaba tomando en serio.»

Yo casi me caigo de la silla, «la doctora Camporeal», con su carita de ofendida, engañada y altiva, era igual o peor que mi adorado difunto.

Así que le dije: «Perdona, pero me tengo que ir, realmente no tengo más tiempo para seguir conversando, sólo vine a buscar los pasaportes.»

Ella me dijo: «Una última pregunta: ¿él te paga la mensualidad que dice en el documento del divorcio?»

«No, nunca ha llegado a esa cantidad, me da lo que él quiere, y el día que cumpla con la cantidad estipulada te vendré a buscar para celebrarlo, ya sabes cómo es esto, tú eres abogada y el papel aguanta todo.»

Me levanté más altiva que nunca y la dejé allí aplastada en su escritorio tratando de ordenar sus pensamientos, atando cabos y viendo cómo se desmoronaba su fabulosa «suerte con los hombres y lo feliz que era con su novio».

Me fui a mi casa, y al llegar arranqué la tarjeta de navidad de la doctora Camporeal de mi puerta, me serví un trago y me senté en el jardín a pensar. Me sentía terrible, de pronto no sabía cuáles eran los momentos reales vividos con el difunto, me preguntaba cuántas veces me había mentido diciéndome que viajaría y a lo mejor no lo hacía, cuántas reuniones fueron de verdad y cuántas sólo una mentira para encontrarse con alguien. Después de un largo rato sólo me llenó de paz el saber que todos los momentos que yo le había dado a él sí eran los ciertos y los auténticos.

Y luego como por arte de magia llegó el difunto a mi casa, durante un momento sólo deseé pararme y meterle un solo derechazo como hacen los boxeadores, pero me calmé ya que no me gustan las peleas, trato de evitarlas; además, ya estaba divorciada de él, me daba mucha rabia la situación en la que me había involucrado, pero sabía que no valía la pena volver a la etapa del odio ya superada años atrás. El muy descarado venía a buscar el pasaporte de nuestro hijo, ya que yo dos días después me iría de viaje; encima yo le había pagado a su novia la renovación del pasaporte de nuestro hijo. Eran como las siete de la noche, él estaba hinchado de tanto dormir después de una buena parranda, muy tranquilo me dijo que se había acostado a las tres de la madrugada, ya que estuvo celebrando la noche anterior en la fiesta navideña de la empresa donde trabajaba su adorada Ramona, así que pensé que era uno de esos días en que la doctora Camporeal no había podido contactarlo a su única alternativa, la maravillosa arma de todos los hombres hoy en día, «el celular», pero de seguro tendría uno o varios mensajes de ella.

Me imaginaba la peleíta que se iba a formar, ya que la «doctora» tenía buenas espuelas como mi difunto, los dos eran cínicos y arrogantes, pero aun así aposté por mi ex, a ése nadie lo gana, ésta le daría la batalla, pero saldría al final con las piernas bien quebradas, por estar enamorada de un espejismo.

No le dije nada, sólo lo observé, esa vez como las culebras, muy cuidadosamente, viendo cómo se esponjaba hablando estupideces de la noche vivida, tan tranquilo y tan cínico, con su doble moral, haciéndome creer que su vida era perfecta y maravillosa.

Y yo me sentí muy feliz, feliz de saber que ya estaba fuera de esa vida de mentiras, yo sólo estaba allí educadamente observándolo y deseando que se fuera de mi casa con su cuento a otra parte.

Pasé como dos días muy sensible y afectada por lo sucedido, pensando en lo idiotas que podemos ser las mujeres, recordando la cantidad de veces que mi hija me había dicho que yo era muy ingenua con su papá ya que le creía todo lo que él me decía, que yo no tenía malicia y que era muy inocente, pero estaba demostrado que eso no tenía nada que ver con la personalidad mía, ya que me había enfrentado a una mujer muy profesional, hábil, maliciosa y altiva que se creía mucho más que yo, pero igual de idiota que todas las mujeres que se enamoran y pierden «la objetividad»; no importa cuántos idiomas hablen, qué título universitario tengan o cuántos másters o doctorados hayan conseguido, simplemente se enamoran de un hombre y pierden toda perspectiva de razonamiento.

Y también pensaba en la estupidez de mi doctora, ella, la muy creída, dándoselas de sincera y maravillosa y era casada, se sentía engañada, pero no se sentía igual de cínica que su adorado, ella también con su doble moral creyéndose mejor que nadie, la típica historia de la mujer sufrida y abandonada por el marido que busca su felicidad en los brazos de otro tal vez hasta peor que el que tenía en su casa. Ella había fabricado su propio hombre para llenar su vacío, escapar de la realidad, y estaba soñando con un hombre que aún no encontraba.

Durante un momento pensé que la mejor venganza para mi difunto sería contratarla para que él cumpliera con lo acordado en el contrato de divorcio. ¿Se imaginan la cara del pobre difunto recibiendo la citación?, seríamos dos brujas en su contra. Esos pensamientos me alegraron la noche, pero nada de eso hice ni haré, a mí me va muy bien en todos los aspectos y cerré ese acontecimiento en mi vida, pasé la página, sin dejar de desear alimentar mi morbo y haber tenido la oportunidad de ver y escuchar por un huequito la conversación que mi adorada doctora Camporeal iba a tener con mi maravilloso difunto antes de irse él a su crucero. Esa pequeñita discusión me la perdí, escuchar de nuevo sus argumentos de mentiras fabricadas para que ella siguiera creyendo en él, pero no importa, me la imagino completita, ya que para eso me sobra imaginación y vivencias falsas a su lado.

De seguro él saldría encolerizado conmigo por seguir pensando que yo sigo siendo «la bruja del cuento», algo que ni me importa.

Después de unos tres meses supe que Ramona se había enterado de la existencia de la «doctora» y volvió a irse enfurecida con su maletita a casa de su amiga, y la doctora, sintiéndose victoriosa, había perdonado al cínico y se sentía feliz con su trofeo... Por eso digo: Los hombres no son los que engañan, somos nosotras mismas las que nos engañamos; como dicen por ahí, el amor es ciego y no hay peor ciego que el que no quiere ver.

21

Cómo cambió este cuento

Así me dijo mi abuelo cuando le conté cómo andaban las cosas con los hombres y con las mujeres en estos días. Estas historias me han pasado a mí y a miles de mujeres, y no una, sino varias veces, pero como ya lo he dicho en varias oportunidades, estamos viviendo en otros tiempos donde tenemos que reprogramarnos.

Las mujeres nos hemos pasado la vida diciéndoles a muchos hombres que se nos han acercado a enamorarnos que no insistan porque sólo los vemos «como un amigo», y nos ha parecido lo más normal y sincero para no hacerles daño y así conservar esa amistad. Que no sentimos química, que no queremos nada más allá de una buena amistad, que no eres mi tipo, no entras en mis patrones... En fin, cuántas veces no hemos hecho sufrir a un hombre que nos «desea con toda su alma» y quedamos tan tranquilas sin ningún remordimiento.

Pero los tiempos cambian y hoy en día «algunos hombres» te dicen: Sólo quiero ser tu amigo... y nos quedamos *frías, tiesas, paralizadas, incrédulas...*

Una vez le dije a un amigo que quería «revolcarme con él», me vestí espectacular de pies a cabeza, me bañé en mi mejor perfume, me sentía divina ya que estaba segura de que esa noche lograría hacer el amor con ese amigo al que había deseado mucho tiempo, había planificado mi fantasía de principio a fin, pero ya saben lo que sucede con las cosas tan planificadas, así que tomé la iniciativa y se lo propuse, y el resultado fue catastrófico para mí, me dijo que NO y varias veces.

Y me salió con las mismas frases que yo había usado infinidad de veces, que sólo me veía como una amiga, que no era el momento, que tal vez más adelante, que a él le gustaba conquistar... en pocas palabras, hay que tener cuidado, ya que algunos hombres «se enfrían» cuando una mujer es la que los ataca.

Con el tiempo comprendí que él tenía todo el derecho de rechazarme, que él como hombre había sido sincero y maduro, que así como yo podía rechazar a un hombre, él tenía que contar con ese mismo privilegio, ya que si las mujeres buscamos igualdad, entonces ¿por qué no aceptar que ellos tienen que mover un gran torrente sanguíneo en algo que no desean, sólo por no quedar mal con ciertas tradiciones inculcadas desde pequeños? «Usted es un macho, un hombre... ¡¡¡usted tiene que cumplir!!!...» Así sigue pensando mi abuelo. Queremos hombres sensibles y nos molestamos cuando no actúan como animales.

¿Qué más sensible puede ser un hombre que no quiere sólo sexo y es sincero?

Por otro lado también me han sucedido mis historias con mujeres. Un día me fui a pasear por un centro comercial supercostoso de aquí de Miami Beach donde están las tiendas de los grandes y muy famosos diseñadores, total, hay que distraerse de vez en cuando y cambiar de ambiente, y viendo vitrinas vi un vestidito chiquitito de esos espectaculares y que por alguna razón crees que por tener tan poca tela no debe de ser muy costoso, así que me decidí a entrar con cara de sobrada y pregunté cuánto costaba. Mil doscientos dólares me dijo una empleada muy amable. Mi carcajada fue espontánea y cambié la cara de sabrosa por una de susto, en un segundo la cara de millonaria se me cayó, hice un pequeño chiste y pensé en voz alta: «Dos cuotas de mi carro, qué bello.» La empleada insistía en que me lo probara y yo seguía con los chistes: «No, gracias, ¿y si me gusta, y si lo rompo o lo ensucio? No, gracias.»

Así que salí de la tienda sonriéndome y convenciéndome de que hay un mundo divino allá fuera, pero muy caro, y me senté en uno de los restaurantes a tomarme un jugo y una ensalada para ver desfilar a las personas de la clase altísima. Y de pronto, sin verla llegar, una mujer muy bien vestida y elegante se me sentó en mi mesa y de frente, era una mujer con una piel blanca preciosa, ojos verdes y pelo negro, no era bella pero lucía muy bien, y me dijo: «Me causaste mucha risa con tus comentarios en la tienda en la que entraste y quiero regalarte el vestido —y me entregó una preciosa caja con lazo y todo—, además, quiero darte el dinero también para que pagues dos cuotas de tu carro.» Yo, sin salir de mi asombro de ver la seguridad con la que se sentó y comenzó a hablarme, y encima me había comprado el vestido... Me sonó muy raro ya que yo no creo en regalos y menos en este país en que nada, absolutamente nada, es gratis. Le dije: «Gracias, pero no la conozco y realmente no hace falta que me regale nada... ¿Quién es usted?» Ella me dijo con una sonrisa: «Mi nombre no es importante ahora, vivo en Costa Rica y vengo a Miami una semana al mes, y tengo un apartamento cerca de aquí y me encantaría estar esa semana al mes contigo cada vez que venga.» Durante un momento pensé que me había quedado paralítica de la impresión, no podía creer lo que oía, era la misma proposición que me habría podido hacer cualquier hombre en mi vida, pero no era un hombre, era una mujer la que me estaba hablando como un hombre, esta vez era una mujer la que me estaba proponiendo ser su amante. Sólo pude decirle educadamente: «No soy lesbiana, de eso estoy muy segura, y no tengo nada en contra de las lesbianas, de hecho tengo dos buenas amigas lesbianas.» Ella seguía con su sonrisa y su tranquilidad, así que con la misma seguridad me dijo: «Tú no sabes, no me has probado, y soy muy dulce y generosa.» Generosa... tal vez... pero ¿dulce? Sólo me retorcí por dentro imaginándome probándola y un saborcito amargo fue lo que estremeció mi cuerpo, no tenía nada de dulce... ascooo y, además, me iba a pagar... Y cuando iba a comérmela a insultos por ser tan atrevida, ella volvió a comenzar a decirme que estaba casada y tenía hijos, que era una mujer con muchísimo dinero desde pequeña, ya que había nacido muy privilegiada, pero que tenía ciertos gustos que le gustaba darse y que desde que me vio yo le había gustado mucho, cuando entré a la tienda, y que mis comentarios y simpatía le habían encantado.

No sé por qué de pronto me tranquilicé y le dije que en realidad me tenía lo suficientemente sorprendida, pero no desenfocada ni deslumbrada. Le dije cordialmente que yo estaba muy clara en mis preferencias sexuales y que le agradecería que respetara mi espacio, ya que no estaba interesada en su oferta.

Ella se volvió a sonreír, yo le devolví el regalo, se levantó de la silla y me dijo: «Eres muy bella y simpática, te deseo mucha suerte con los hombres», y se fue.

Yo aún estaba petrificada, me pedí un trago y me quedé ahí sólo pensando en lo que me había sucedido, increíble pero cierto.

En otra oportunidad regresaba de un viaje, venía feliz de Venezuela a Miami, y cuando entré al avión y vi al copiloto, casi me convierto en asmática, qué belleza de hombre, quedé impactada, y durante el vuelo no pude sacármelo de la mente, estaba viendo una revista y había una propaganda con un cielo precioso, recorté como pude una nube y dentro de la nube escribí: «Estás divino» y se lo mandé a entregar con una de las aeromozas. Ella se fue derecha a la cabina y como a los diez minutos regresaba con una nota para mí que decía: «Tú también estás divina, te vi al entrar, pero yo soy gay.»

Al terminar de leer sólo me dije en voz alta: «*Welcome to Miami.*»

¿Cómo creen que una se siente como mujer...? El sentimiento es indescriptible, no lo puedes creer, ¿por qué un hombre así tiene que disfrutarlo otro hombre? Ya que si el tipo te dice soy casado y no quiero tener problemas, tú te quedas como con envidia, pero cuando es otro hombre el que lo disfruta, simplemente no puedes competir, no te cabe en la cabeza, te deja desarmada.

Por eso las mujeres estamos más lanzadas, menos tímidas, ya que o lanzamos el anzuelo o pasamos hambre. Estamos besando a cuanto sapo conseguimos en la calle ya que con suerte uno de esos sapos puede convertirse en un heterosexual.

Y por eso «algunos hombres» se están aprovechando de la escasez de su propia especie, y por eso a mí me parece «muy injusto» que algunas mujeres tengan en su poder «hombres divinos y maravillosos» para ellas solas. *Hay que compartir*, y más en estos tiempos de crisis, sí, y conozco hombres divinos que creo que deben ser de varias mujeres a la vez o que sólo puedan tenerlos dos o tres años para ellas solas. De igual manera considero que hay «mujeres divinas y maravillosas» que tienen que ser compartidas por varios hombres a la vez y sólo tienen que quedarse pocos años con cada hombre para poder disfrutarlas mejor, eso sería vivir en un mundo perfecto, bien lo dijo alguien por ahí: «Amaos los unos a los otros.»

También creo que hay muchos por ahí con las parejas equivocadas, pero no se sueltan y siguen amarrados.

Yo por lo menos tengo un amigo «bello y divino» que comparto con otras mujeres; sí, no se espante, jamás he sido egoísta ni celosa, además, todos somos divorciados y libres, pero él es demasiado maravilloso para ser mío solamente, no es que me guste mucho compartirlo, pero estoy aprendiendo a hacerlo, y más o menos me gusta que las demás lo disfruten y así me envidian cuando me ven con él, además, eso te crea una competencia sabrosa como mujer. Es como una carrera, como lograr una meta, la que más calidad y más complemento le dé más gana, ya que él va decidiendo con quién desea pasar más tiempo, a mí por lo menos eso me encanta, saber que poco a poco me voy convirtiendo en su preferida y voy eliminando a mis competidoras (¿me estaré convirtiendo en musulmana y no lo sé?). Sólo sé que me pone más creativa, no me deja caer en la rutina de una relación, me hace sentir más mujer el saber que tengo que buscar nuevas tácticas de encantamientos, de embrujarlo para que me desee cada vez más a mí y no a las otras.

Eso es lo sabroso de cómo cambian los tiempos, porque vas rompiendo los esquemas, los patrones, vas creciendo como persona y vas actualizándote como las versiones de los programas de computación... (espero que se hayan dado cuenta de la palabrita que hay en medio del sistema).

Una noche estaba en la barra del bar de uno de mis restaurantes favoritos, Trattoria Sole, aquí en Miami; me gusta ya que siempre me encuentro con un grupito bastante familiar de solitarios que poco a poco nos hemos hecho amigos, allí nos sentimos como en familia, ya que somos parte de la decoración del restaurante, y como a eso de las diez y media de la noche se sentó una mujer que al igual que yo frecuenta el sitio sola (es una de estas gringas bellas, con cara de gatita). Se sentó, pidió su acostumbrado trago y dijo: «Confieso hoy aquí que necesito *un marido, estoy cansada de mi vibrador...»* Aquellas palabras le salieron del alma, todos en la barra quedamos paralizados, pero explotamos inmediatamente de la risa, algunos hasta escupieron el trago ya que de no hacerlo se hubiesen ahogado, aquello era la confesión de una cruda y triste realidad que causaba risa por semejante atrevimiento, pero todos comprendíamos que era mejor decirlo que callarlo. Así que esa noche se convirtió en una terapia de grupo muy divertida en donde cada quien en la medida de su inhibición, según los tragos tomados, fue sacando de su interior sus más reservados secretos de soledad y falta de afecto. Esa noche aquella mujer logró irse a su casa con un hombre para sentirse amada por lo menos esa noche.

Hoy en día mi abuelo, después de muchas conversaciones conmigo, lo asimila, pero aún no lo mastica ya que él sería feliz en el mundo de hoy con tanta mujer lanzada y semidesnuda que ve por la calle, pero el cuerpo no le responde, sólo se le acelera su corazón, y sabe que si usa el Viagra sería como buscar su propia muerte, pero no quiere morir, prefiere seguir vivo y mirando porque puede seguir soñando, y me dice: «Mientras pueda seguir soñando me sentiré vivo, sólo desearía tener cuarenta años menos», pero se conforma, y su gran esperanza es creer que la reencarnación existe de verdad, ya que dice que en la próxima vida se va a divertir mucho de principio a fin. Yo sólo espero que le toque reencarnar como hombre de nuevo, ya que si le toca ser mujer en la otra vida, entonces él se quedará con las ganas así como nos quedamos nosotras.

22

Queridos hombres...

Yo, hoy aquí y ahora, con una mano levantada y la otra en el corazón (no sé cuál mano va levantada y cuál en el corazón... pero bueno, eso no importa) confieso, delante del mundo entero que acepto y admito que «no puedo vivir sin ustedes», porque ustedes son «lo máximo» y más ahora que soy una mujer «felizmente divorciada», que eso traducido en sus mentes es como decir «felizmente disponible». Quiero en verdad darles las gracias por estos casi cuatro años intensos de aprendizaje al lado de ustedes. Se han convertido en mi universidad, mi posgrado, mi maestría, además son los mejores maestros de vida que he tenido. Hoy les pido perdón a todos por haber sido durante tantos años «tan inmadura». Antes cuando un hombre me decía inmadura confieso que me molestaba terriblemente pero ahora me he dado cuenta de que todos ustedes tenían razón, lo que pasa es que no sé si saben, pero la mayoría de las mujeres hemos crecido generación tras generación completamente mal informadas, ¡¡¡aunque ustedes no lo crean!!! imagínense que hace unos cuantos años atrás las mujeres no podían hablar, pensar, sentir, dar su opinión, estudiar, votar, trabajar (en la calle, sí dentro del hogar), manejar, en fin... (bueno, aún hay países que las tienen totalmente anuladas y hasta tapadas y nadie hace nada) había muchas cosas que las mujeres no podían hacer ya que las que tenían algo de visión, razonaban o se salían de las normas de la sociedad de esa época, las quemaban vivas ya que las consideraban «unas brujas»... ¡¡¡se imaginan qué horror!!! ¿Pueden creerlo?

Además las mujeres siempre hemos estado muy bien amaestradas por grandes y maravillosos líderes religiosos, políticos y hombres muy seguros de sí mismos que están convencidos de que las mujeres somos inofensivas por eso nos enseñaron sólo a cocinar, obedecer, ceder, aguantar, callar, sacrificarnos, tener hijitos y a consentir al marido, eso sí, a «uno solo». Y siempre contamos con la ayuda de unas excelentes monjitas y curitas que dulcemente nos reforzaron esa doble moral de pureza, nos llenaron de miedos, perjuicios, tabúes y nos convencieron de que «todo» o casi todo era pecado, luego nuestras adoradas madres, tías y abuelas nos bloquearon día a día nuestra sexualidad y sensualidad, y nuestros padres, hermanos, tíos y abuelos nos enseñaron a ser lo más opuesto a ese patrón de mujer que ellos deseaban en la calle ya que querían hijas —mujeres, ingenuas y puras—, lo más inocentes posibles.

Pero afortunadamente logramos casarnos con hombres maravillosos que inteligentemente nos mantuvieron en una linda vitrina como muñequitas de sala o como sirvientas y nos ayudaron a no desarrollar nuestros sueños y a terminarnos de convencer que las mujeres decentes y mal informadas éramos las que mejor adornábamos sus vidas y que cuanto menos pensáramos o razonáramos sería mejor.

Pero como siempre lo he dicho, yo he sido muy afortunada ya que mis dos ex maridos me querían tanto que me abandonaron por inmadura, y aquí entre nosotros debo confesarles... qué bien merecido me lo tenía, hoy los comprendo tanto... y me arrepiento de mi mal comportamiento tan infantil para con ellos, pobrecitos, ese par de santos que tuvieron que aguantarme tantos años, sobre todo mi ex número dos, veinte años cargando con una inocente idiota, qué paciencia... pobrecito, menos mal que ahora ellos son hombres muy felices y eso me tranquiliza el alma.

Pero lo que más feliz me hace hoy en día es haberme encontrado con esta nueva generación de hombres maravillosos con los que puedo compartir en estos nuevos tiempos, de todas las edades y con otra mentalidad, por eso grito: «VIVAN LOS HOMBRES DE HOY EN DÍA» que me han hecho entender, ¡¡¡por fin!!!, que la «FIDELIDAD», no tiene nada que ver con «pecar», saber que no es un sentimiento sino que es sólo un «comportamiento» (comporta-miento), así como el «libre albedrío», sólo tú decides, y asumes las consecuencias.

Por eso digo que a ustedes los amo, ahora los comprendo más que nunca, por eso andan tan felices y despreocupados por la vida como si nada, nunca nadie los engañó haciéndoles creer que eso era malo, que era un pecado, que ofenderían los sentimientos de alguien, que ese comporta-miento sólo era algo natural en sus vidas, son tan maduros e inteligentes que no me cansaré de admirarlos, gracias a ustedes he descubierto las sensaciones que te produce «el sexo casual»: es absolutamente maravilloso y oxigenante, qué delicia y qué rico es sentir a otra persona amándote (aun cuando sea de mentira), esos nuevos olores, nuevas caricias, nuevos estilos de hacer el amor... ¡¡¡uuuhhhh!!! Es que de sólo pensarlo me excito, esa sensación de hacer el amor con otra persona que no es la misma de todos los días, de todos los años... ya saben más de lo mismo, sentir que alguien te desea con toda su pasión animal es algo fabuloso, vuelves a sentirte vivo, esos corrientazos que te llenan de energía, te renuevan, ya que cuanto más morbosees el momento podrás enloquecerla y estará esperándote con una creatividad única en todos los aspectos, esa doble vida, esa vida paralela te llena y te excita a saborear «el borde de lo prohibido»... es que aunque no te acuestes con esa persona el solo hecho de salir con ella a cenar y a penetrar su personalidad es como caminar en la línea del límite, y qué puede tener de malo si sólo están cenando, conversando, tomándonos unos tragos... sólo fue darse un beso, si en realidad no pasa nada y no nos revolcaron para tener sexo, sólo están pasando un buen rato, alimentándose e intercambiando ideas sin tocarse físicamente, pero con la mente, con esa mente maravillosa que tenemos todos activada con el morbo se puede tener una comparsa de múltiples orgasmos.

Ahora lo he entendido, cómo es posible que nos hayan privado a nosotras las mujeres de esos deliciosos momentos envenenándonos erróneamente la mente y el alma, y no dejarnos respirar y disfrutar por años, manteniéndonos aburridas con el mismo hombre todos los días, ahora comprendo nuestro mal humor, nuestra tristeza, ese ánimo apagado constante tratando de volver a sentirnos vivas como mujer.

Una vez un amigo me dijo: «Que una o varias infidelidades bien discretamente realizadas dentro del matrimonio eran lo mejor para refrescar una relación de ambos lados». Él me dijo que para la mujer era saludable también, es inconcebible que haya mujeres que sólo hayan vivido una vida sexual con un solo hombre y no tengan patrones de comparación más allá de lo que han logrado ver en la pornografía de Internet, se imaginarán la cara de estúpida que puse al oírlo yo a mis 44 años y recién divorciada, inmediatamente pensé que ese hombre era un extraterrestre disfrazado de humano, (que de hecho los hay por ahí... fíjense bien y observen) lo cierto fue que en ese momento me costó creerle ya que semejante argumento jamás me lo hubiese «planteado» y mucho menos recomendado por un hombre, me costaba trabajo creer que existían hombres tan maduros, sinceros e inteligentes... y luego para dejarme más paralizada me dijo: «Te imaginas a un hombre viviendo toda su vida habiéndose acostado sólo con una mujer, eso es imposible, antinatural para ambos sexos y mucho más para un hombre...» Y con el tiempo me di cuenta que este amigo pertenece a esa nueva generación de hombres que amo, que son lo suficientemente maduros para aceptar que también su mujer, su pareja puede sentir deseos de estar con otra persona y tener un buen sexo casual y volver a sincronizarse en el trillado argumento «contigo para el resto de mi vida» como si nada hubiese pasado, ya que puedes tener el libre albedrío para razonar qué hombre puede estar en tu vida un momento, un fin de semana y cuál en realidad quieres para toda la vida y como padre de tus hijos, allí está la madurez de saber diferenciarlos, por eso hay que saber encontrar a esta nueva generación de hombres, hombres que son lo suficientemente sinceros consigo mismos que aceptan sus debilidades y sus emociones, que no han sido fieles a sus parejas y que saben que lo que es igual no es trampa, ya que están convencidos que es un acto biológico y normal que se produce por una serie de factores en un determinado momento y que puedes aprender a manejar sin sentirse «CULPABLE», ya que no estás haciendo «nada malo», que consideran que sus mujeres pueden en su momento sentir atracción por otro y no tener mayores consecuencias, sólo hay que aprender a «manejar el momento y los sentimientos».

Sé que algunos hombres rebotarán de indignación al leer esto, pero esos hombres son del siglo pasado, que han sido también infieles en algún momento de su vida y no aceptan su infidelidad ni que los maten, que son brutos, son «machos», los dueños de la ley del embudo, lo ancho para ellos y lo estrecho para sus parejas, hombres que no han actualizado sus conceptos, que no han crecido y no han madurado ya que su machismo no les permite ver más allá de su egoísmo y su inseguridad como hombre, ya que les da terror correr el riesgo de que ella encuentre en otro lo que él no ha sabido darle, luchan contra su propia inseguridad, sin aceptar o analizar que aparte del sexo hay otras muchas cosas por las cuales su pareja continúa a su lado.

El otro día fui a mi restaurante favorito aquí en Miami y me encontré con una fiesta privada pero el homenajeado al verme llegar me dejó pasar ya que me conocía por frecuentar el lugar, pero mi sorpresa fue mayúscula cuando me agarró desde la puerta y me llevó derecha a presentarme a su esposa y a sus hijos, sólo pude decir «mucho gusto...», ya que visualmente había captado el mensaje completo, él cumplía 55 años y yo lo había visto siempre con otra mujer en ese restaurante, la cual creía yo era su esposa, pero aún no terminaban las sorpresas ya que después de socializar un rato y comenzar a mirar a mi alrededor con mi trago en la mano de pronto enfoqué a «la otra» que también estaba allí acompañada por otro hombre que me imagino hacía el papel de celestino, ella cariñosamente me saludó y yo que a estas alturas de mi vida me asombro por muy pocas cosas, actué como si estuviera en el perfecto mundo real, que de hecho lo estaba, sólo que antes todo lo veía borroso.

Así que hice lo que más me gusta hacer: «analizar y observar», me senté en una esquina de la maravillosa fiesta y me di cuenta cómo el cumpleañero de vez en cuando le picaba el ojo y lanzaba un besito a su clandestina y ella se reía en aquel juego morboso, y comencé a ponerme en los zapatos de cada uno de los personajes, comencé por él, el cumpleañero, feliz, esponjado de verse rodeado de su familia y su amante a la vez controlando cual gladiador su propia batalla con su espectacular ego, lucía grandioso y seguro, con sus dos trofeos, perdón, mujeres en la misma fiesta, luego me pasé para los zapatos de la esposa, una mujer mayor como él, que lucía muy bien, aún conservaba los rastros de belleza de su juventud, se movía serena y atenta con todos sin saber que estaba en el medio de la gran celebración de la doble moral de su vida matrimonial, haciendo un papelón sin ni siquiera presentirlo ya que hablaba de él como el gran amor de su vida y el maravilloso padre de sus hijos.

Luego analicé al «celestino» su gran amigo y cómplice, muy tranquilo y amable «sacrificándose» por sus dos amigos (el cumpleañero y la amante de éste), y pensé que éste es al final el que más disfrutaba, ya que él sería el que se llevaría a la cama a esa mujer, él, que es precisamente su paño de lágrimas, el comprensivo, el que no entiende cómo su amigo sólo la tiene de amante y él claro, hombre al fin la envolvería entre sus brazos para apoyarla, consolarla una vez que se la llevara de regreso a su casa encendida, relajada por los tragos y deseando ser amada por el papelón hecho, ése, «el celestino», me hizo sentirme convencida que él también le hace el amor a la amante, porque así son mis queridos hombres, a ellos no les remuerde la conciencia porque con «esa» cabeza no tienen conciencia y tampoco pueden pensar.

Y claro, mi final fue colocarme en los zapatos de la amante de toda una vida, una mujer un poco más joven que la esposa, simpática, educada y cariñosa, yo de ella conocía mucho más ya que tenía unos tres años viéndola eventualmente junto a él, pero a mí me parecía la más «patética» del grupo, estar en los zapatos de ella me hizo sentirme vacía, sucia, ya que yo soy muy intensa y apasionada y una cosa es saber que compartes a un hombre y otra muy diferente es verlo con otra en el mismo sitio, yo aún en mi reprogramación no supero esa etapa de cinismo y espero no superarla, ya que cuando amo a un hombre, cuando lo quiero como el hombre que me mueve el piso y veo sus miradas hacia otra delante de mí en la misma forma como me mira a mí (estoy muy clara que son sus miradas naturales, propias de él, pero cuando me mira a mí, siento que esa mirada es mía y de nadie más) verme que estoy en el mismo sitio y esa otra me lo está tocando, acariciándolo, o verlo a él tocarla a ella, simplemente tengo que respirar profundo y alejarme de allí, ya que soy muy mala para hacer «tríos» y papelones en vivo y directo, simplemente no puedo, no llego a esos niveles de morbosidad, de quemarme a mí misma, de mirar algo que me hace daño como mujer... De eso no soy capaz ni quiero ser capaz de vivirlo, aceptarlo o planteármelo.

Salí de esa fiesta con escalofríos y tristeza de sentir que no puedes volver a creer en ningún hombre, sentir cómo has pasado toda una vida alimentándote de conceptos y comportamientos falsos en los cuales basaste tu vida y creíste como auténticos valores de vida. Y es donde te sientes tan idiota y tan «inmadura» que de pronto se te caen todas las telarañas que padres, maestros, religiosos y políticos te han ido colocando en los ojos y en el alma y te sientes totalmente desprotegida en la más cruda realidad.

Es cuando aprendes que los hombres no se inmutan en estas situaciones ya que es un comportamiento normal entre ellos, y te das cuenta lo equivocada que has vivido y tienes que aprender a desarrollar ese lado «masculino» que no has desarrollado, es terrible sentirte como mujer ya que cada día tienes que reprogramarte más y más, vivir y sentir de otra manera, luchar contra ti misma y todas esas enseñanzas que defendías a capa y espada, como mujer te sientes cada día más alejada de ese «sueño de hombre, de compañero de vida que deseas», y que no logras por nada del mundo conquistar sólo para ti hagas lo que hagas, ya que ellos sólo serán tuyos solamente cuando sean viejos y tú te conviertas en su enfermera, nos hemos pasado la vida enfocándonos en ser auténticos hombres y mujeres a la vez, pero sólo en la parte económica y profesional pero aún estamos completamente «bloqueadas» para desarrollar esa parte masculina sexual que tenemos que lograr, tenemos que aprender a aceptar que nosotras también tenemos «derecho y deseos» a tener una vida paralela que nos alimente y nos oxigene como mujeres, tenemos lamentablemente que buscar a esa otra persona en nuestras vidas, ya que los hombres tipo «trucutrú» cavernícolas nos están empujando a eso, ya que sabemos que nuestro compañero no será capaz de darnos esa otra parte que no sabe llenar por más que lo intente (¡¡¡ojo!!! no estoy hablando sólo de sexo, hay muchas carencias que esa otra persona no tiene o no sabe llenar y que otro sí te puede dar, como apoyo, conversación, cultura, visión, amistad, crecimiento emocional, paciencia para escucharte, motivación... En fin, no es sólo sexo, eso lo quiero dejar muy claro).

Un día le regalé a una amiga una dormilona negra larga completamente sexy, elegante y explosiva y me dijo que no creía que despertara nada especial en su marido, así que la convencí de todo lo contrario y ella se armó de valor y se la puso una noche y cuando el marido la vio le preguntó si ése era el vestido que se había comprado para la fiesta de fin de año de la compañía.

Casi muero de la rabia cuando mi amiga me lo contó y sólo le dije: «Qué mente tan bruta tienen los maridos, si la secretaria le hubiese salido vestida así créeme que lo menos que hubiese pensado él es que era un vestido para un evento público y sí, hubiera pensado en tirársele encima de un solo golpe a la secretaria, así que guarda tu dormilona y úsala otro día con otro hombre para que veas cómo la respuesta es otra y te hace el amor sin preguntarte para qué te pusiste ese atuendo ya que lo entenderá en el primer instante que te vea.»

Porque así hemos vivido, mal educados, hasta los hombres, ya que no están preparados para que «su mujer» se comporte de una forma sugestiva ni sexy, se asustan, no lo captan ya que no se la imaginan de una forma más sensual y vagabunda, ella pierde su atractivo de mujer al casarse, infunde más respeto y ternura como compañera de vida, y los hombres la ven más como ama de casa que como mujer.

Conozco hombres (MUCHOS) que no son capaces de entender que todo ese romance que saben darle a sus amantes es precisamente el que sus esposas están esperando en sus casas, deseosas de verlos motivados por ellas, excitados y morboseándoselas, sus esposas están deseando que ellos las conviertan en sus amantes y dejen de verlas como la madre de sus hijos, «que las vuelva a mirar como mujeres», ya que eso es lo que son ante todo.

Por eso es que yo soy incapaz de decirle a ninguna mujer que su hombre tiene «una amante», no soy capaz de hacerle ese daño a nadie, ya que yo sé lo que se siente por dentro al escuchar semejante afirmación, es como recibir un solo «batazo por la frente mientras el piso se te desaparece».

Yo a mis amigas y a las mujeres del mundo les digo que por favor nunca dejen de tener cierta «independencia económica», que no dependan de nadie económicamente y mucho menos de su pareja, por lo menos no el 100%, yo les aconsejo que ahorren en una cuenta silenciosamente para cualquier eventualidad y que «POR FAVOR» tienen que abrir su mente y tienen que «REPROGRAMARSE», ya que nos llenaron de miedos y malos conceptos para hacernos sentir «CULPABLES POR TODO», hasta si el marido nos engaña con otra, siempre oímos a una estúpida comentando que eso le pasó a la esposa porque no supo darle lo que él quería ni tratarlo como él se merecía, sí, mis queridas amigas, nos han engañado siempre, nos enseñaron a descuartizarnos las unas contra las otras, a echarle la culpa a la mujer que se acostó con nuestro hombre, pero a él no, como si no fuera una decisión de dos, nos enseñaron a reprimirnos, a ceder, a no razonar y a no sentir, nos bloquearon nuestra propia sensualidad, ya que el sentir atracción por otra persona que no sea nuestra pareja no es pecado, «pecado» ha sido lo que han hecho con nosotras y con nuestras mentes por los siglos de los siglos, sentir atracción, morbo, deseo por otra persona es algo natural y hay que aprenderlo a canalizar, hay que aprender a manejar las situaciones, hay que aprender a ser discretas, muy discretas, tan discretas como ellos y despiértense, cuántas veces han notado que su pareja de pronto y sin motivo aparente anda de lo más feliz y usted cree es que le fue bien en el trabajo sin sospechar que él anda de lo más feliz «por un buen polvorete que se metió», que para eso recuerde que no tiene que ser de noche, puede ser antes de llegar a su casa, en el almuerzo de negocios o en el desayuno cuando salió muy bañado y vestido de su casa, o en ese largo y aburrido viaje de negocios, esos viajes de negocios son los preferidos por ellos, todos, oiga bien, todos disfrutan con alguien del sexo casual en esos viajecitos... Así que abra los ojos y deje de vivir reprimida.

Yo personalmente no me arrepiento de nada de lo que he hecho en mi vida pero sí puedo decirles que «sí me arrepiento de lo que "NO HICE" en su momento» ya que pasé toda una vida bloqueando a un hombre que me gustaba sin decirle en su momento lo que sentía, que me encantaba su personalidad y su forma de reírse, que me encantaba escucharle sus tonterías, que quería conocerlo más como persona y como hombre y nunca me permití acercarme a él, yo quise en mi vida vivir más aventuras que me fueron frenadas por mis padres y mis maridos, yo al igual que usted he tenido mis momentos donde un hombre me vio y me deseó como mujer y me asusté, y no lo dejé entrar por miedo, por prejuicios, por no hacerle daño a mi pareja, por no engañarlo, por todas esas telarañas que me inculcaron desde pequeña que me hacían sentir culpable como mujer y dejé de vivir tal vez muchos momentos que deseé tener y de eso mi querida amiga sí me arrepiento hoy en día, de no haberlo vivido.

Con todo esto no quiero decir que todos tenemos que ser infieles, no, sólo quiero que reflexione, que deje de sentirse culpable y que no piense bajo ninguna circunstancia que su tiempo ya pasó, cada día que usted viva es el comienzo de una nueva aventura, aprenda a vivir según desee sin hacerle daño a nadie y mucho menos a usted misma, no se reprima, quiero que piense, que se sincere y analice su vida, busque su propio balance y analice bien su entorno, créame, no se deje cuestionar por nadie y mucho menos por un hombre machista y egoísta, ni tampoco por un hombre que tiene a su disposición una o tres mujeres a la vez dentro de su agenda de vida, ése en verdad no está muy claro en lo que realmente quiere, es no tiene nada de maduro o inteligente, todo lo contrario, tal vez está más perdido que usted, deje de criticarse y ser tan dura con usted misma y con ellos, los hombres están tan llenos de miedos e inseguridades al igual que nosotras, todos, hombres y mujeres sentimos y padecemos igual, todos tenemos nuestras propias miserias, soledades, celos y frustraciones, hay muchos hombres también que aún no saben ni lo que están buscando, y hay muchos que sólo quieren tener una mujer que los represente en las cenas y eventos sociales, una mujer que sepa encargarse de las tareas domésticas y los hijos, sin importar los sentimientos o los sueños de esa mujer, los hombres son muy egoístas y nosotras muy bobas, saben engañarnos, nos conformamos con lo poco que nos dan «cuando ellos quieren» y en esos momentos los idealizamos, nos han educado mal a todos de una forma u otra, hemos vivido equivocados en muchas cosas, deseando la vida de los demás sin darnos cuenta de lo que realmente tenemos, particularmente a los hombres les angustia mucho la idea de ser fieles, y de envejecer y que el aparatito ése les deje de funcionar, no saben manejarlo, ellos necesitan tener «orgasmos», de cualquier forma y constantemente, porque si no les duelen los testículos, a nosotras no nos duele nada si no tenemos un orgasmo en meses (de hecho hay mujeres que viven felices una vida sin saber qué es eso), los hombres aun sintiendo deseos de ser fieles se complican sus vidas, son tan inmaduros como podemos ser nosotras, pero los han criado con la idea de que son los grandes héroes y por eso les es tan difícil crecer como seres humanos seguros, tenemos que ser más sinceros con nosotros mismos y lo que es aún más importante tenemos que ser mejores «padres», dejar esa doble moral para las niñas y para los «machitos», enseñémosles a tener una sexualidad menos complicada y a dejarlos sentir sin sentirse culpables para cualquier punto donde orienten su sexualidad, seamos más conscientes y cambiemos patrones que nos han hecho sufrir tanto a todos, reflexione y rompa con sus tabúes personales transmitidos de generación tras generación, y ustedes mis queridos hombres no le hagan a sus mujeres lo que no son capaces de soportar si se lo hicieran a ustedes.

Yo personalmente pienso que no hay nada más sabroso que amar intensamente «a una sola persona a la vez», pues cuando logras ese nivel de sentir y de amar, donde aprendes a aceptarla sin idealizarla, aceptándola y disfrutándola con sus defectos y sus virtudes, logrando un verdadero balance personal con ella aun sin llenar todas tus expectativas, es entonces cuando sientes ese amor profundo y maravilloso como algo real en tu vida, que te motiva a tal punto de no necesitar ni desear a nadie más, y te llena en todos los aspectos posibles, sentir eso dentro de ti es «simplemente delicioso y maduro».

23

Veinte años después

¡Epa...! ¿Qué fue lo que sucedió? No importa en qué país vivas, en qué ciudad o pueblo, qué edad tengas, todas las mujeres, jóvenes o maduritas, estamos quejándonos y hablando de lo mismo:

¿Dónde están los hombres...? ¿Qué les pasó?

Todo lo que vemos por la calle son solteros muy jóvenes, casados, fracasados hombres virtuales o gays. Si seguimos así, se va acabar la raza humana, y eso lo tenemos que impedir.

Las mujeres muy jóvenes andan con hombres cuarentones, las de treinta, con hombres más jóvenes, y las mujeres cuarentonas, con hombres muy jovencitos u hombres mayores de cincuenta pisando los sesenta.

Pero siempre está un grupo de mujeres que no encaja en los parámetros de moda porque no se sienten cómodas ni con los jovencitos ni con los ya muy mayorcitos, ¿es que acaso perdimos el termino medio...? ¿Hay un verdadero desbalance en todas las edades? Ya que todas nos quejamos de lo mismo, ¿es selectividad o realmente el hombre se estancó y la mujer busca un hombre diferente, al espécimen totalmente distinto al común y repetitivo hombre que venía desde los tiempos de las cavernas?

Y yo me pregunto: ¿por qué todos los hombres divinos son gays?, ¿qué fue lo que pasó?, ¿qué comieron?, ¿será verdad que las hormonas de los pollos los están afectando? Habrá que empezar a matar a los pollos, comencemos a hacer campañas para eliminar a cuanto pollo y gallina haya por ahí, si ve un animalito de éstos por allí, mátelo sin pensarlo dos veces, pero no se lo coma.

Vamos a empezar a comer y promocionar los testículos de toro para ver si logramos alterar este desorden, total, así somos, hace unos años atrás nadie comía sushi y ahora nadie puede vivir sin comerlo una vez al mes.

Siempre oigo que ser «gay es antinatural ya que no pueden reproducirse», la verdad es que no lo creo, yo sí creo que se reproducen, y a gran velocidad. Ellos tienen su fórmula, claro, no es la misma de los heterosexuales, pero debe de ser así como la de los gremlins, que se mojan y salen como diez de ellos, ya que cada día hay más gays saliendo del clóset... Y coño... ese clóset es bien grande porque mira que salen y salen y el clóset no se vacía.

Además, lo que más rabia me da es que los gays, aparte de ser «todos bellos», son amables, limpios, impecables, bien olorosos, educados, bien vestidos, bien ejecutivos, no gritan, son dulces, cariñosos, saben cocinar, decorar... son tremendos «partidos».

Y la mayoría tienen muy buena estabilidad económica, ¿será porque son dos hombres trabajando, produciendo dinero, sin ninguna mujer gastándoselo?

¿O será que como tampoco tienen hijos no tienen tantos gastos?

¿Será por eso que no quieren saber nada con las

mujeres? ¿Será que se dieron cuenta de que «algunas mujeres» sólo arruinan a los hombres?

No hay nada más sabroso que tener un amigo gay, te comprenden, te consienten, te respetan y son considerados, por eso las mujeres sufrimos más viéndolos, es pura envidia, y yo no puedo comprenderlo aún, pero los amo.

Por eso desde ya convoco a todas «las mujeres científicas» del planeta Bill Gates a dejar todos los proyectos que están experimentando en estos momentos, ya que estamos en una verdadera EMERGENCIA MUNDIAL.

Tenemos que organizarnos, reunir mucho dinero y comenzar a crear «laboratorios clandestinos», miles por todas las ciudades, conectarnos y protegernos todas, para empezar cuanto antes a CLONAR HOMBRES, hay que dejar los prejuicios religiosos, las leyes gubernamentales y pensar que si Dios nos dio la capacidad y la inteligencia de llegar a descubrir que tenemos otra alternativa de reproducción, hay que perfeccionarla y realizarla.

Hay que olvidarse de salvar a los osos panda, ballenas y elefantes, llamadas comúnmente «especies en extinción», qué vamos a hacer con esos animalitos tan lindos y adorables dentro de unos años si no va a haber HOMBRES, éstos son los que realmente están en peligro de extinción.

El primer objetivo es secuestrar a George Clooney y hacer unos cinco millones de copias de él y repartir un millón de ellas en cada continente, una vez logrado ese objetivo no vamos a ser «discriminativas con ninguno», así que iremos clonándolos a todos en todas partes del mundo, y luego en los laboratorios los iremos perfeccionando, alterándoles el ADN para fabricarlos lo menos defectuosos posibles, ya que en la variedad está el gustito y tiene que haber de todo y, lo más importante, PARA TODAS.

Todas sabemos dónde están los hombres, ellos están en los «estadios» de béisbol, fútbol, básquetbol, hay que secuestrarlos, hacerles creer que hay una epidemia y que no podrán salir sin una pequeña muestra de su saliva y una foto digital adjunta. ¿Se imaginan a todos escupiendo, encantados de la vida? Será muy fácil y rápido tener en horas millones de muestras.

El resto, conociéndonos, será sencillo, ya que nosotras logramos todo lo que nos proponemos, y clonar hombres tiene que ser algo muy simple ya que ellos mismos lo dicen: «Nosotros somos simples, las complicadas son ustedes.»

Una vez encaminado nuestro primer objetivo, hay que crear la más importante de las fórmulas para nuestra tranquilidad futura, tenemos que lograr una fórmula para inyectársela una semana antes de la boda en el «juguetito preferido de ellos», con los fluidos vaginales personales de la futura esposa, con un efecto de un año renovable cada aniversario de boda. Dicha fórmula tiene que ser potente y reactiva por si él mete su «juguetito» en otra vagina que no es la suya, creando así una reacción tremendamente alérgica y produciéndole una hinchazón en su miembro del tamaño de una berenjena, que sólo podrá ser curada con los mismos fluidos de «la propia vagina», o tendrá que esperar un mes para desintoxicarse solo y volver a su tamaño original.

Esto, con el tiempo, los ayudará a ser más fieles y menos mentirosos, logrando así un buen crecimiento personal por parte de ellos.

Tal vez todo esto le suene a chiste, pero estoy segura de que por ese camino vamos, ya que la situación en verdad es altamente preocupante.

Las mujeres cada día están más lindas, más preparadas, más emancipadas y «más solas»; entras a un bar o a una discoteca y las ves bailando solas, montadas en unas tarimas bailando, y los hombres sólo se limitan a verlas, como si sintieran que estas nuevas mujeres son inalcanzables para ellos.

Pareciera que la mujer se está superando cada vez más, luce más feliz, está más desinhibida, muchas veces demasiado ya que algunas andan medio desnudas por ahí, van al ataque, seducen y buscan lo que quieren, y el hombre se está conformando cada vez más con su simplicidad, luce cansado, intimidado y aburrido.

Por otro lado hoy en día ser «heterosexual» es lo raro, lo diferente, he estado en fiestas y discotecas y no logras encontrar cinco personas heterosexuales, del resto todos son gays, hasta hacen desfiles para celebrarlo, jamás usted ha visto un desfile de putas o de heterosexuales.

Y los hombres que te consigues por ahí están deprimidos hablándote de la ex esposa, unos diciéndote que ellos fueron los estúpidos y otros diciéndote que se casaron con una bruja, claro, no faltan los grandes cuenteros, los habla paja, también te encuentras con «don Músculo», bellos y fibrosos que no sirven ni para conversar ya que sólo hablan de pastillas, proteínas y carbohidratos. Ni qué decir de los sobrados, te invitan a dos tragos y una cena y ya creen que pagaron «la tarifa» para que tú les abras las piernas, como si una estuviese muerta de hambre en todos los sentidos, los conectados y adictos al trabajo, no por eso son productivos, ojo con éstos, no paran de hablar por el celular y revisar sus e-mails, éstos pueden morir si se les acaba la batería, en fin, como dice un amigo mío que es gay... «la calle está dura y aburrida».

Aquí en Miami es de ponerse a pensar, primero lograr que un hombre te hable y se fije en ti es casi que misión imposible, ya que donde te metas hay un mínimo de veinte televisores a la redonda, todos con programas deportivos, nada de programas de decoración, hombres desnudos o modelando, para por lo menos distraerse una, así que nadie te mira, y si tienes suerte y logras medio conquistar la atención de alguien, comienzas a vivir un nuevo embarque, ya que los gringos siempre han sido más calmados y cuidadosos a la hora de lanzarse al ataque; el gringo, después de dos horas de conversación, te pregunta: ¿Te puedo agarrar la mano? Allá en mi pueblo, sales con un latino y tú eres la que tiene que estar pendiente de la mano de él, ya que si te descuidas, no te digo la mano lo que te agarra... el culo completo, pero mi asombro ha sido con el latino que vive aquí, está tan americanizado que está perdiendo su esencia, su vagabundearía, su picardía.

Aquí los hombres están asustados y yo los entiendo, ya que aquí hay mucha ley absurda, demasiadas demandas por quítame esta paja del hombro. Si la besas y ella sabe cuánto ganas, ahí mismo te mete demanda por «acoso sexual» para sacarte una buena tajada, o lo poquito que tenga el candidato.

¿Será que los hombres están más cautelosos por culpa de nosotras mismas? ¿Porque estamos siempre con ese «deseo de cobrar», de desplumarlos?

¿Será que las mujeres nos estamos superando cada día más en nuestra soledad, luchamos por lograr nuestros sueños, mientras ellos sólo piensan en ver el béisbol, tomar tragos y andar detrás de las jovencitas y tener sólo sexo casual y ya?

Ver deporte, tomar alcohol y tener sexo... ¿será por eso que ese tipo de hombres ya no nos resulta tan atractivo?

¿Por qué se nos está haciendo tan difícil poder tener una buena conversación entre dos personas? ¿Por qué sólo hablamos por los celulares? Y no somos capaces de hablar de frente el uno al otro.

Hay epidemia de hombres cuarentones con niñas de veinte, ¿será que están desesperados sintiendo «la andropausia» y quieren quemar sus últimos buenos cartuchos antes del primer infarto...? ¿Se quedarán esas niñas adorables y de culitos duritos de enfermeras con ellos...? ¿Se quedarán si no tienen buenas bases económicas?

¿Por qué no quieren salir con mujeres de su edad sino con jovencitas? ¿Qué es lo que están ocultando que las mujeres maduras sí pueden ver?

¿Por qué los hombres jóvenes sólo buscan mujeres maduras y no jovencitas? ¿Será que quieren aprender algo, un poquito de todo? ¿O es acaso que no cuadran con la mente de algunas jovencitas porque son más maduros?

¿Por qué será que, cuando una mujer cuarentona se divorcia, se reinventa, despega hacia arriba y prospera, pero la mayoría de los hombres (no todos) se hunde y fracasa?

Y la respuesta tal vez sea muy sencilla, los hombres nacieron con dos cabezas y difícilmente logran pensar con una o con la correcta, ya que cuando tienen que pensar con la de arriba, piensan con la de abajo, y cuando tienen que pensar con la de abajo, entonces piensan con la de arriba y así cualquiera se equivoca.

En cambio las mujeres tenemos una sola cabeza que sabemos manejar según la ocasión.

¿Por qué si estamos en un mundo tan globalizado y la comunicación es inmediata no logramos comunicarnos?, ¿decirnos realmente lo que queremos y deseamos el uno del otro?, ¿somos sólo capaces de hablarnos por teléfono o por Internet?

¿Por qué sólo somos capaces de expresar lo que sentimos sin que nos vean?, ¿por timidez o porque nos da miedo expresarlo de frente y que nos miren a los ojos?, ¿o es acaso ésta una nueva alternativa para mentir, manipular y para lograr el objetivo?

¿Por qué el orgullo y la estupidez nos envuelven a tal punto de bloquearnos y no aceptar nuestros propios errores y somos incapaces de reconocerlos y pedir perdón?

¿Por qué entonces por más que salimos, nos relacionamos y vivimos, no logramos crear esa auténtica química entre dos personas? ¿Es tan grande el miedo de volver a equivocarnos? ¿Nos da terror que alguien nos pueda hacer daño nuevamente? Dejamos pasar una vez más esa oportunidad que estamos como locos buscando y no dejamos entrar a nadie que durante un momento nos hace sentir ¿porque de pronto estamos frente a ese ser especial que nos gusta y nos asustamos? Nos da miedo volver a perder nuestra libertad.

¿Es que acaso nosotros cambiamos después de noventa días?, ¿es ése acaso el tiempo exacto que dura la magia en una relación, que comenzamos a querer acondicionar, hostigar, controlar y manejar a esa persona para limitarle su espacio y es donde estropeamos todo sin darnos cuenta?

Será por eso que nos sentimos fracasados, y entre la soledad y el desamor entonces nos acobardamos y decidimos regresar con nuestras antiguas parejas, y con el tiempo terminamos sintiéndonos más estancados que antes y más resignados a nuestra propia suerte,

¿nos da tanto miedo la soledad?, sin darnos cuenta de que lo más terrible *es sentirse solo estando acompañado.*

Una amiga me dijo una vez: «Me sentía muy sola... por eso me divorcié.»

Yo la verdad aún no lo sé, cada cabeza es un mundo, pero en mi mundo he decidido darme unos seis años de «libertad total» para disfrutar de mi soledad, de mi día a día sin grandes planes a futuro. Hay días que en verdad añoro muchísimo el dormir con alguien bien abrazada, tener a alguien para consentirlo, pero creo que a todas nos pasa, casadas y solteras, pero créanme que luego veo a mi alrededor y prefiero mil veces más mi soledad, veo matrimonios acostumbrados y enganchados en sus propios fracasos personales, sólo acostumbrados el uno del otro, pero lucen pálidos y resecos, sólo basta estar dentro de un restaurante y ver a los casados estancados, aprendes a diferenciarlos inmediatamente de los otros, no hablan, cada quien mira en sentido diferente, o es el hombre que habla y habla y ella sólo pone cara de estar escuchándolo mientras echa un taco de ojo a los hombres a su alrededor. A esas mujeres las he visto ir al baño y dar su número de celular a un mesonero espectacular del restaurante. Sin embargo, te das cuenta de cuál es la pareja de amantes o novios, ésos no miran para los lados, ésos no se quitan la mirada de encima, notas la magia, la complicidad, el mundo a su alrededor no importa, ni la decoración del lugar.

Siempre he escuchado a mi corazón, mi corazón jamás me ha fallado, sólo hay que saber escucharlo, por eso he recapacitado sobre mi vida, ya que el promedio de una persona es de unos ochenta años, así pues, tomé los primeros cuarenta años más o menos para aprender y los otros cuarenta años que me deberían de quedar serán para disfrutar de lo aprendido. Hoy a mis cuarenta y cinco años soy una mujer «felizmente divorciada», voy a vivir sola los próximos seis años, ya que por lo general no nos damos ese tiempo en la vida, nos criamos en la casa de nuestros padres, luego nos mudamos a vivir con un esposo/a e hijitos, siempre con un superior cuestionando nuestros actos. Hoy en día sé exactamente qué es lo que quiero y qué es lo que no quiero en mi vida, mis hijos ya crecieron y están más o menos encaminados, comenzando sus propias vidas, ya les di las bases, ellos aprenderán con sus propios errores a vivir, yo siempre estaré allí, pero ahora es el momento de tomar el control de mi propia vida y disfrutarla según venga. Y tal vez dentro de unos años, cuando ya sienta que ha llegado el momento, entonces tal vez negocie parte de mi libertad y termine a la orilla del mar, al lado de ese hombre que sepa conversar a mi lado, leer un buen libro, cenar juntos, que disfrutemos acariciándonos nuestras arrugas y recordemos nuestras aventuras de vida, rodeados de nuestros hijos, nietos o futuras generaciones.

24

Encontré a un hombre

Alguien por ahí me dijo una vez que no había nada más bello que un día tras de otro... Con el tiempo vivido vas dándote cuenta de que siempre lo mejor es lo que sucede y que los tiempos de Dios son perfectos, por eso siempre he creído que hay que vivir cada día muy intensamente; el ayer es pasado, de hecho el minuto que acaba de pasar es pasado, y te servirá de experiencia sólo para vivir el presente y convencerte de que no existe el futuro, el futuro sólo es una película de ciencia ficción que nos creamos en nuestra mente para lograr metas, la sociedad con sus leyes y su publicidad nos acondiciona la mente para vivir a largo plazo, a futuro. Siempre nos venden el mañana, nunca el presente, es como ese dibujo del burro con la zanahoria enfrente de su cara, así vamos por la vida tratando de alcanzar ese futuro y nos olvidamos de vivir el presente. Mis hijos y mis nietos me enseñaron eso, sólo hay que observar a un niño, ellos sólo viven el momento, no les importa ni el pasado ni el futuro, sólo disfrutan y viven el momento... así de simple es vivir.

Un día conversando con una amiga me dijo que la vida era como llenar un álbum de barajitas, al principio está lleno de páginas vacías y a medida que vas viviendo, vas llenándolo con tus propias barajitas, y entonces comienzas a ver que poco a poco empiezas a decir «ésta la tengo, ésta la tengo repetida, ésta la voy a cambiar por ésta», unas que no las cuidaste como era debido se te pierden y te duele mucho, ya que estás segura de que no las volverás a conseguir, otras ya no las quieres porque ya completaste esa página y vas entonces esforzándote por conseguir las barajitas que te faltan, y así es exactamente la vida y así lo he comprendido yo.

Hoy en día sé exactamente qué tuve, qué tengo y qué es lo que deseo tener, sé exactamente qué es lo que no deseo volver a tener, qué es lo que ya no me interesa tener y lo que realmente no me hace falta tener.

Por eso la búsqueda de la felicidad se hace más fácil y sencilla, ya que puedes mantenerte enfocada en vivir un día a la vez.

Hay que preguntarse qué es verdaderamente lo que estás buscando en ese hombre, para qué lo quieres y qué requisitos tiene él que llenar para ti; al igual los hombres deberían plantearse lo mismo con la mujer que están buscando.

Lo quiero para comenzar una nueva vida con él, para formar una familia, lo quiero para que me mantenga y me dé todos mis caprichos, lo quiero para obstinarlo pidiéndole todo lo que yo podría hacer pero me da flojera hacer, lo quiero para que me dé un estatus social, para que me dé estabilidad emocional, para que llene mi soledad, sólo lo quiero de semental para tener mis hijos... en fin, cada quien debería preguntarse para qué quiere un hombre, o una mujer.

Yo a estas alturas de mi vida ya he llenado muchas hojas de mi maravilloso álbum, ya me casé dos veces, esa barajita la tengo repetida, así que no deseo volverme a casar, tengo unos hijos maravillosos —ya no quiero ni puedo tener más—, ellos son el motor de mi vida y esa página ya la llené también, es una de las páginas más bellas de mi álbum, tengo por ahora dos nietos espectaculares y esa hoja de mi álbum aún tiene espacios vacíos para colocar nuevas y preciosas barajitas. Económicamente me mantengo sola dentro de una vida sencilla muy sabrosita, sin grandes caprichos, ya que las barajitas de las casas grandes con piscina, carros costosos y lujos las pegué hace rato, así que ciertos juguetitos no me crean ninguna ansiedad. Estatus social también lo tengo, estabilidad emocional es mi página principal en mi álbum de vida y la que más disfruto y cuido con recelo... hay tres barajitas muy valiosas en mi vida las cuales tengo y no voy a cambiar: mi estabilidad e independencia económica, mi cuerpo y mi libertad, por lo tanto no estoy buscando un hombre para casarme, ni para tener hijos, ni para que me mantenga, sólo estoy buscando un hombre para quererlo, consentirlo y disfrutarlo... quiero un hombre que *me quiera tal cual soy*, que yo sienta que me desea y que sea adicto a mi cuerpo, a mi olor y a mi piel, que no invada mi espacio, que me respete, que sea inteligente, culto, con buena conversación, buen amante, exitoso, divertido, aventurero, que sepa disfrutar de una buena cena tanto como el simple hecho de estar en silencio disfrutando de un paisaje.

Quiero a un hombre que se parezca lo más posible a mí.

Ya que me equivoqué buscando a hombres distintos a mí, siempre busqué lo opuesto a mi personalidad y comprendí que eso no funciona, por lo menos no en mi caso, ya que al estar con personas tranquilas, reposadas, más calmadas y menos aventureras que yo, con el tiempo me resultaron aburridas, tediosas, y se convirtieron en cargas que yo tenía que empujar, entusiasmar, y eso me agotaba y me ponía de mal humor ya que vivía insatisfecha.

Soy una mujer todoterreno, muy inquieta, muy creativa, y odio la rutina en todos los aspectos de mi vida, así que necesito a alguien que se levante con el mismo entusiasmo de vivir, conocer, disfrutar y moverse, al igual que yo, un hombre que me rete, que sepa pedirme lo que desea, que me quiera enseñar un mundo que aún no conozco, que quiera jugar conmigo, que me haga cosquillas, que me acaricie y que haga volar mi imaginación en todos los sentidos.

Por eso cambié muchas barajitas en el trayecto de mi vida y seguiré cambiando hasta encontrar las correctas y las que más feliz me hagan.

Cuando logras estar feliz por dentro y por fuera como persona, cuando sientes que para ser feliz sólo te necesitas a ti misma sin tener algo o a alguien, cuando no sientes ansiedad, esa ansiedad que bloquea todo, las cosas fluyen solas, y como por una extraña magia del universo, un día, sin pensarlo, sin desearlo, sin presentirlo, es cuando de pronto suena el teléfono y tu vida cambia.

Es él, el que menos pensabas que iba a llamarte... aquel hombre que conociste hace unos meses atrás, aquel hombre con el que saliste a cenar y con su conversación te hizo pensar, te hizo centrarte, enfocarte, y cambió tu vida, ese hombre que te pareció fascinante y que pensaste que algún día volverías a ver en una que otra fiesta, ya que pertenece a tu mismo grupo de amigos, es él... y sientes cómo tu cuerpo se enciende por dentro de sólo sentir su voz, tratas de calmarte ya que sólo quieres brincar de la emoción y gritar: ¡¡¡¡Síííííí!!!!!, tratas de no sonar ansiosa para no delatarte, entonces respiras varias veces y hablas lo más dulce posible para crear un nuevo comienzo, lo más divino posible, y oyes que él te está llamando para invitarte a pasar cuatro días a su lado, te está llamando para que conozcas New York, ya que hace un tiempo le comentaste que no conocías esa ciudad, y él, sin tú pedírselo, organizó todo, organizó su vida y su tiempo, él se va a desenchufar de su rutina y su trabajo para disfrutar cuatro días solo a tu lado, para que disfruten juntos una ciudad que él muy bien conoce y a la que le encanta ir.

Y es donde comienzas a vibrar de emoción, ya que pasaste una vida soñando con tener esas dos barajitas juntas en tus manos, conocer New York con semejante «caramelote», es sentir que la vida es bella en cada minuto... Ya para cuando ha terminado esa llamada mágica, cuelgas el teléfono y sólo explotas de emoción, sientes cómo todo tu cuerpo se esparce de felicidad por toda la habitación, la emoción va creciendo cada día, disfrutas cada momento mientras preparas la maleta, ¿qué me pongo?, ¿qué me llevo?, quieres lucir perfecta cada minuto a su lado, preparas tu cuerpo, tu cabello, tus uñas, estás llena de emoción, estás ansiosa, feliz, y al fin llega el momento en que te encuentras dentro de una película que una vez soñaste y viste desde fuera, pero esta vez es simplemente maravilloso ya que ves la película contigo y con él en cada escena.

Y llegó el día y nos encontramos en la puerta de embarque de Miami rumbo a New York, vernos y abrazarnos fue sólo el comienzo feliz de una nueva aventura en nuestras vidas, ya que no importa cuántas veces hayas ido a un sitio, era la primera vez que íbamos juntos a New York, así que cada momento sería nuevo para ambos.

Tal era la explosión de nuestro entusiasmo que desde Washington inmediatamente nos captaron desde el radar y mandaron colocar «alerta naranja en New York», ya que este par de locos divertidos llenos de pasión iban rumbo a la Gran Manzana, yo con mis dos nuevas bombas francesas en mi pecho y él con su poderoso misil entre las piernas, dos terroristas llenos de amor y deseo proyectando felicidad y paz.

Conocer New York fue realmente maravilloso, es mucho más excitante y rápida de lo que alguna vez pude habérmela imaginado, a diferencia de otras ciudades que visitas, conoces y dices: «Bueno, ya la conocí, ya no vuelvo más.» New York te envicia, te impacta, te envuelve, y cada minuto te hace sentir que tienes que volver muchas veces para saboreártela más y más, disfrutarla, explorarla, conocerla y vivirla. Es tan inhóspita que te reta, las cosas más extrañas las ves en New York, y todo sucede tan rápido que no te da tiempo a pensar, te empuja a vivir el momento, tienes que estar pendiente de ese preciso momento porque, si no, pierdes su encanto. Sientes que en verdad estás en el centro del mundo... y allí estaba yo de pronto en el centro del mundo, en el Rockefeller Center, frente a ese hombre con el que había soñado toda mi vida, disfrutándolo y descubriendo que ese hombre que yo soñé tener alguna vez con todos los requisitos que a mí me llenaban ¡EXISTÍA! Fue un momento mágico en mi vida, ni siquiera me importaba si yo era lo que él había soñado, para mí eso no tenía ninguna importancia, de hecho estaba segura de que yo era totalmente diferente al común denominador de mujer que él siempre había buscado, sólo me sentía feliz por mí, por mi momento, ese momento de saber que él era real y que era conmigo con quien deseaba estar ahora; todo me pareció que se paralizaba a mi alrededor, sólo él y yo teníamos movimiento, él estaba hablando y sonriendo, pero yo no lo escuchaba, sólo lo miraba. Y así como salvas un documento en la computadora, me enfoqué y absorbí ese momento y me lo guardé en el alma para siempre, volví a la realidad, cada quien volvió a su movimiento, y sólo le dije: «Qué bello eres», él por supuesto se sorprendió y se rió una vez más sin entender qué había sucedido.

Esos días en New York fueron para mí una verdadera «luna de miel», él se dedicó a mí, todo era: «Quiero llevarte, quiero enseñarte, quiero que conozcas, quiero que disfrutes de esto, de aquello.» Los almuerzos y las cenas eran en los mejores sitios, se esmeraba por conseguir las reservaciones, la mesa más adecuada, la botella de vino apropiada. Al igual que yo, seleccionó su ropa para estar lo más atractivo posible para mí, me llevó a Broadway a ver *Aida*, producida por Disney Theatrical, la música de Elton John y la letra de Tim Rice, estábamos a diez filas del escenario en los asientos perfectos, viendo una obra que trataba de dos personas que se habían amado con pasión en otra vida y se habían reencontrado en ésta, era imposible privarme del atrevimiento de pensar que lo mismo estaba sucediendo con nosotros, ya saben cómo somos nosotras las mujeres, que nos transportamos en nuestras propias fantasías y las vivimos intensamente, así que yo sentía que también nosotros nos estábamos reencontrando.

También fuimos al museo Metropolitan, al Guggenheim, caminamos por todas las avenidas maravillosas de la ciudad tomados de la mano, comiendo helados, riéndonos, disfrutando de un tiempo maravilloso, jugueteamos por Central Park. En las noches nos recorrimos los barcitos de jazz uno al lado del otro; fueron y serán unos días inolvidables en mi vida, viví con intensidad cada momento a plenitud y cada minuto que pude lo consentí, lo acaricié y lo traté como a un rey, ya que él estaba haciendo lo mismo conmigo.

En la intimidad del hotel nos amamos con pasión, con tranquilidad, despacito, con locura, con creatividad, inventamos momentos locos y divertidos, y tan sensuales que sólo descansábamos cuando dormíamos, ya que si estábamos despiertos, no teníamos ni que hablar, sólo sentíamos la atracción de dos imanes de querer volver a hacerlo una y otra vez.

Cuando regresé a mi casa, pegué esas dos barajitas en mi álbum, en una de esas páginas nuevas y vacías. La acaricio y la cuido como una de mis preferidas, no sé si llenaré esa página, sólo sé que esas barajitas las tengo, las viví, las disfruté, y ahí están en el álbum de mi vida. Me hacen sentir que soy una mujer afortunada, ya que he logrado tener lo que todas las mujeres deseamos a lo largo de nuestras vidas, ese romance divino y mágico, ese romance que se pierde con el matrimonio, con las infidelidades descubiertas, con el tiempo, con los hijos, con los problemas y el día a día.

Yo tengo ese romance tal vez una vez al mes, cada dos meses, cada seis meses, pero lo tengo varias veces al año con mi «hombre ideal», otras mujeres no sé si lo tienen al menos una vez al año, no seré la «señora de fulano de tal», de hecho no quiero serlo, ya que veo a mi alrededor a las «señoras» y en la mayoría de los casos no deseo vivir ni un solo día de sus vidas, sé muy bien lo que es estar allí donde ellas están, en esos pedestales avalados por un papel, por eso me cuido mucho de no volver a entrar en ese círculo vicioso, rutinario, y cuido mucho ese romance divino, no permito que nadie me lo contamine. Así que trato de ignorar los comentarios nocivos de esas «señoras» que en el fondo de su corazón sí desearían entrar en mi mundo de «felizmente divorciada» y sentirse tan llenas de vida como lo estoy yo, por eso no quiero que él se case conmigo, no quiero tener hijos con él, no quiero que viva conmigo, no quiero que me mantenga, no quiero que me asfixie ni invada mi espacio, no quiero nada de esas cosas que lentamente matan el romance, esa magia que sientes por dentro como un cosquilleo que te estremece el cuerpo, ese dormirse abrazados, ese despertarse juntos de vez en cuando y despacito darnos besitos y decir bajito: «Hola, bello, buenos días...» Sólo lo quiero así como está y como es, como dos «compañeros de aventuras», como dos «amantes libres», sin esperar nada a cambio, ni siquiera una llamada, ni un «¿Cuándo nos volvemos a ver?» Ni creer que somos novios o nos pertenecemos de aquí en adelante, nada de esas cosas ni esas exigencias están planteadas, simplemente cada uno de nosotros regresa a su mundo y dejamos que nuevamente la brisa y la magia del universo vuelva a fluir para un posible reencuentro deseado por los dos, para volver a vivir una nueva aventura, sin ningún compromiso, sólo pensando que puede ser que habrá, tal vez, otro «aquí y ahora».

Índice

OTROS TÍTULOS
DE LA COLECCIÓN

DIOS MÍO... ¿POR QUÉ?

Abbé Pierre

El Abbé Pierre, fundador del movimiento Emmaüs de ayuda a los sin techo, nos ofrece en este libro su verdadero testamento espiritual. A los noventa y tres años y tras una intensa vida de fe cristiana, se atreve a afrontar preguntas, convicciones e interrogantes con total libertad de espíritu y una sinceridad conmovedora.

El pecado original, el celibato y la castidad en los sacerdotes, el fanatismo religioso, el lugar de la mujer en la Iglesia, el matrimonio homosexual... Nada escapa a su reflexión sobre el sentido de la vida cristiana.

Fuerte y valiente, este libro ha provocado una conmoción en la sociedad francesa, país en el que ha vendido 150.000 ejemplares en diez días.

Apreciado por su labor con los pobres y por cantarle las cuarenta a gobernantes y papas, una vez más el Abbé Pierre ha vuelto a sorprender.

VORACIDAD

Juan Bas

Voracidad es una novela provocadora presidida por un ácido humor negro. Juan Bas realiza un despiadado retrato satírico de la España gobernada por la derecha, del sexo, de la televisión, del oficio de buscavidas, de la venganza e incluso del amor por Internet. Contada en primera persona por Pacho Murga, un amoral señorito bilbaíno venido a menos (que ya protagonizó la exitosa *Alacranes en su tinta*), que relata sus andanzas por una corte de los milagros actual.

Una novela diferente que el lector no podrá evitar devorar página tras página hasta su impactante desenlace.